KB244814

김정식 작품 연구

A Study on the Poetic Works of Kim Jeong-Sik

소명출판

지은이 전정구(全廷球, Chon Chongku)는 문학박사, 문학평론가로 1952년 전북 익산에서 출생했다. 전북대학교 국어교육과를 졸업하고, 동 대학원에서 박사과정을 수료했다. 전북대 국문과 교수, 미국 플로리다 대학 객원교수, 전라문화연구소장, 학술진흥재단 책임전문위원을 역임했으며 현재 전북대 사범대 국어교육과 교수로 재직중이다. 동아일보 신춘문예 문학평론에 당선되었고, 대한민국문학상, 풍남문학상, 김달진문학상 등을 수상했다. 주요 저서로는 『글쓰기의 모험』, 『약속 없는 시대의 글쓰기』, 『언어의 꿈을 찾아서』, 『소월 김정식 전집』(편), 『소월의 시어와 쓰임새』(공저), 『문학이론연구』(공저) 등이 있다.

김정식 작품 연구

1판 1쇄 인쇄 2007년 02월 10일
1판 1쇄 발행 2007년 02월 28일

지은이 / 전정구
펴낸이 / 박성모
펴낸곳 / 소명출판
출판고문 / 김호영
등록 / 제13-522호
주소 / 137-878 서울시 서초구 서초동 1621-18 (란빌딩 1층)
대표전화 / (02) 585-7840
팩시밀리 / (02) 585-7848
somyong@korea.com / www.somyong.co.kr

ⓒ 2007, 전정구

값 17,000원

ISBN 89-5626-241-1 93810

김정식 작품 연구

A Study on the Poetic Works of Kim Jeong-Sik

전정구

소명출판

이 책은 김정식 작품의 원본 확정 작업을 비롯하여 작시법의 특징과 예술적 성과를 시학적 측면에서 조명한 것이다.

4장으로 구성되어 있다. 1장과 2장은 김정식 작품 원본의 오류에 관한 문제를 다룬 것이다. 3장은 개작 과정에 나타난 작시법의 특징을 분석한 것이고, 4장은 교열본 작성 작업으로 정본 / 비판본 확정을 위한 수정 결과 및 관련 자료를 정리한 것이다. 소월 탄생 백 주년에 출간하려고 했다. 늦춰졌음에도 불구하고 미진하기 짝이 없다.

김정식에 관한 논문 한 편을 쓴 시기가 1980년대 초반이었다. 25년의 세월이 흘렀고 박사논문도 그의 작품을 대상으로 했다. 자료를 수집하고 그것을 검토한 몇 편의 글을 발표했다. 학문의 길에 대한 어려움을 토로한 선배 학형의 심정을 이해할 수 있었다. 개작 과정에 나타난 작시법의 변화를 이론화 / 논리화하는 작업은 의미 있게 다가왔으나 정본 / 원본 확정과 연구사 정리는 고통과 회의의 연속이었다.

선학의 업적을 능가하는 그 무엇을 이루리라는 의욕 또한 컸다. 돌이켜 보면 부질없는 만용이었다. 호랑이 얼굴을 그리려다 고양이 모습조차 완성하지 못한 자괴감이 앞선다. 후일을 기약한다는 약속으로 일단 정리하는 기회를 갖기로 했다.

주변의 도움 덕택으로 이 자리를 지키고 있으며 미진한 작업의 보완이 가능할 것이다. 내 가족과 선후배 교수 및 동학과 후학의 격려가 큰 힘이 되었다. 출간을 맡아 준 소명출판에도 고마운 마음을 전한다.

2007년 2월
모악산을 바라보며
전정구

김정식 작품 연구

제 1 장

김정식 작품의 재원과 형성 과정

1. 서언

    어느 한 작가의 작품을 연구하기 위해서는 그 작가의 작품에 관한 면밀한 문헌학적 검토가, 그것의 본격적인 연구에 앞서 수행되어야 한다. 문헌 검토는 작품 연구의 예비 단계로서 어떠한 비평 방법을 동원하든 간에 기본적인 출발점이 되어야 한다. 20세기 이전의 구비평은 물론이고, 문학 텍스트의 언어기법이나 구성 혹은 조직 등에 관심을 표명해온 20세기 이후의 신비평에서도 문헌 검토는 중요한 의의를 지닌다. 특히 문학 텍스트의 의미를 자족적인 텍스트 자체의 언어 구조나 형식에서 확인하려는 뉴크리티시즘이 대두된 이래, 접근 대상의 순수성 확보라는 측면에서 문헌학적 검토의 필요성이 새롭게 인식되어 왔다.[1]

    이러한 인식의 예를 웰렉이나 카이저에서 확인해 볼 수 있다.[2] 이들은 예비 작업의 하나인 문헌학적 검토의 필요성을 강조하고 있다. 연구 대상이 되는 문헌의 진본 여부에 대한 검토 작업 없이는 연구 결과의 정당성을 보장받기 어렵고 끝내는 그 작가가 쓴 텍스트의 순수성 여부, 나아가 그것에 대한 분석 작업의 성과까지 부정될 소지가 있다.[3]

특히 소월 김정식의 작품에서 문헌학적 검토라는 예비 작업이 필요한 이유는, 첫째 소월시의 재원(材源)과 선대 시작품과의 관계, 둘째 소월이 자신의 작품에 대하여 끊임없이 수정을 한 결과 하나의 시작품에 대하여 2종 내지 3종의 진본(眞本)이 현존하고 있는데 어느 것을 결정본/정본으로 확정해야 하는가 하는 문제, 셋째 그의 스승이었던 안서 김억과의 시작상(詩作上)의 수수(授受)관계 및 가필 가능성과 독창성 여부이다. 이러한 문제를 해결하는 것은 소월시 전집 발간의 기본 원칙을 세우는 관건일[4] 뿐만 아니라 소월시의 발생 과정/형성 과정을 이해하고 형식적/구조적 측면에서 그의 작시법의 특징을 파악하는 길이기도 하다.

---

1) 이 부분에서의 신비평은 19세기적인 구비평에 대한 반동으로 20세기 이후 대두된 새로운 경향이나 접근 방법, 즉 러시아 형식주의, 프랑스 구조주의, 영미의 뉴크리티시즘 등을 포괄하는 의미이다.

2) R. Wellek and A. Warren, *Theory of Literature*, Penguin Books, 1970, pp.57~69 및 W. Kayser, 김윤섭 역, 『언어예술작품론』, 대방출판사, 1982, 39~50면 참조.

3) 이러한 예의 전형으로 F. Bowers("Textual Criticism", J. Thorpe ed., *The Aims and Methods of Scholarship*, New York : MLA, 1970)는 F. O. Matthiessen이 『백경』을 분석하는 데 범한 실수를 들고 있다.

4) 김영민·전정구, 『문학이론연구』, 새문사, 1989, 17~37면 참조. 그 중요성에도 불구하고 이러한 작업이 갖는 의의는, 보다 진전된 소월시의 논의를 위해서는 부차적이고도 한정적이다. R. Wellek(Ibid, p.69)이 지적한 대로 이러한 작업은 실제적인 분석과 해설을 위하여 기초를 제공하는 것에 불과하다. 어떠한 이유로도 이러한 작업이 예비 작업의 성격을 벗어나서는 안 된다. 필자도 이러한 제한적인 범주에서 소월시의 문헌 검토 작업을 수행할 것이다.

2. 시적 재원

『진달내쏫』이 발간되기 전에 발표된 시들은 예술적으로 차원 높게 형상화된 완성작이 아닌 것들이 상당수 있다. 그것들은 선대(先代) 시인의 작품을 모방하거나 습작하는 단계의 미완성 작품들이다.[5] 감상적이며 낭만적인 애상을 담고 있는 이러한 시들은 소월시다운 특징을 지니지 않은 것들이 많다. 시집 발간 이전의 시들 중에는 민요(民謠)와 한시(漢詩), 일본시(日本詩)와 서구시(西歐詩) 등에서 시적 소재나 제재를 차용한 것들이 다수를 차지하고 있다. 소월은 과거의 유수한 작품들을 시적 재원(材源)으로 활용했다.

「첫치마」라는 작품이 이러한 사례이다. 이 시의 초고는 「속요(俗謠)」(『동아일보』, 1921.4.7)이다. 소월은 이 작품을 「첫치마」로 제목을 바꾸고 약간 수정하여 『개벽』(1922.1)에 다시 발표했다. 시집에 수록된 「첫치마」는 두 번의 개작 과정을 거쳐 완성작의 형태를 갖추게 되었다. 「속요」라는 제목에 암시되어 있듯이, 「첫치마」의 초고는 소월의 순수한 창작품이 아닐 가능성이 있다. 소월이 당대에 전해지던 민요／속요를 수집했거나 그것을 자신의 스타일에 맞게 바꾸어 놓은 작품을 자신의 이름으로 발표했을 것이다.

처음 활자화된 초고를 개작하여 예술적 완성도를 높인 시집 수록본 「첫치마」를 구전 민요의 단순한 모방작으로 폄하해서는 안 된다. 마지막 손질을 가한 이 작품은 소월의 시작법이 반영된 자작시로서 손색이 없을 만큼 완성도가 높은 작품이다. 그러나 당시 간행된 잡지에 각 지방의 민요를 발굴하여 발표하거나, 투고 형식을 빌어서 게재한 예가 있었던 것으로 미루어 볼 때 「첫치마」의 재원(材源)은 구전민요 계통이었

---

5) 논의가 진행되는 과정에서 밝혀지겠지만, 시집 발간 이전에 발표된 상당수의 시들이 미완성 습작품이다. 소월시의 연구 대상이 『진달내쏫』인 것도 이러한 사실과 관련이 있다.

을 것이다.

「팔벼개노래調조」도 유사한 예이다. 소월은 채란이가 부르던 노래라고 밝히면서 이 시를 수필 형식의 글에 인용하였다.[6] 기생이 부르던 노래이거나, 혹은 그것에 약간의 수정을 가하여 변용시킨 작품이 「팔벼개노래調조」이다. 잡지에 여러 번 게재된 「박녕쿨타령」도 소월이 습작기에 자신의 시적 재원(材源)으로 삼았던 전통 민요의 일부로 판단된다. 이러한 작품들은 소월의 순수 창작품으로 보기 어려운데, 개작 과정을 거치지 않은 구전 민요 계통의 소월시는 독창성이 의심된다.

흰달이란 필명으로 『동아일보』(1924.11.24)에 발표한 「나무리벌노래」와 「俚謠이요」 그리고 「巷傳哀唱항전애창명쥬쌀기」(『영대』, 1924.12)를 소월이 시집에 수록하지 않은 것은 편수의 증가에 따른 분량의 문제일 수도 있지만, 순수한 창작시가 아니었기 때문일 수도 있다. 이 작품들은 제목은 물론이고 형식과 내용에서 전통 민요와 유사하며 당대에 전승된 민요를 옮겨 적었거나 그것을 모방한 작품으로 추측된다.

> 쌀기쌀기명쥬쌀기
> 집집이다자란맛쌀아기
> 쌀깃쌀기는다닉엇네
> 내일은열하루식집갈날
>
> —「巷傳哀唱명쥬쌀기」 부분

> 감장치마 흰저구리
> 씨름에큰 맛쌀아기
> 움물길에 나지마라
>
> —「俚謠」 부분

「俚謠이요」나 「巷傳哀唱항전애창명쥬쌀기」는 형식과 내용 및 제목에서 전

---

6)『삼천리』, 1935.10.

통 민요와 큰 차이가 없다. 민요풍의 이러한 작품을 자신의 스타일로 변용시키지 않은 경우, 즉 그것들이 지면에 발표된 작품일지라도 습작 수준의 모방작에 머물 경우, 소월은 그것들을 시집에 수록하지 않았다.

「사욕절」(『개벽』, 1923.5)이라는 제목으로 소월은 다섯 작품을 발표했는데, 첫째 작품 「못닛도록 생각나겠지요」는 「못니저」로, 둘째 작품 「예前엔 밋처몰랏서요」는 「예전엔 밋처몰랏섯요」로, 셋째 작품 「해가 山마루에 저믈어도」는 「해가 山마루에 저므러도」로, 다섯째 작품 「자나깨나, 안즈나 서나」는 「자나깨나 안즈나서나」로 개작하여 시집에 수록했다. 그러나 개작되지 않은 넷째 작품 「눈물이 쉬루르 흘러납니다」는 미수록 시로 남아 있다.

소월의 개작 작업이 자구 수정에 그치는 부분적인 형태의 변화에 머문 경우가 있는 반면에 시 형식과 내용을 전면적으로 바꾸어 또 다른 형태의 창작이 아닌가 추정하게 만든 사례도 있다. 「녯님을짜라가다가 꿈깨여歎息탄식함이라」(『영대』, 1925.1)가 후자의 대표적인 예이다. 소월은 이 작품의 제목을 「招魂초혼」으로 바꾸고 전면 개작에 해당할 정도로 수정을 가했다. 이러한 까닭에 「招魂초혼」의 초고본 「녯님을짜라가다가 꿈깨여歎息탄식함이라」를 별개의 작품으로 취급할 수 있는 개연성이 있다.7) 그러나 이것은 초고본과 개작본을 혼동하는 과오를 범하는 것이다. 초고본을 중시하거나 그것을 정본으로 삼는 원전 확정의 일반 관례를 소월시에 그대로 적용할 수 없는 이유가 여기에 있다.

「님에게」와 「님의말슴」은 한 작품을 두 편으로 분리한 개작의 사례에 속한다. 이 두 작품의 원형은 「그사람에게」(『조선문단』, 1925.7)이다. 소월은 1연과 2연을 분리하여 「님에게」와 「님의말슴」으로 개작하였다. 결정본의 우선권이 있는 판본은 최초의 초고본이 아니라 개작된 후자이다. 이외에 내용의 일부를 고치고 제목을 바꾼 예도 많다. 「慰勞위로」를 「氣

---

7) 오하근, 『원본 김소월전집』, 집문당, 1995.

分轉換기분전환」으로, 「濟物浦제물포에서 밤」을 「밤」으로, 「바람의봄」을 「바
람과봄」으로 제목을 바꾼 경우가 여기에 해당한다.

소월의 개작 작업의 특징은 환골탈태이다. 환골(換骨)과 탈태(奪胎)는
선대 시인의 작품을 모방하는 두 가지 방식이다. "전자는 다른 말을 씀
으로써 생각을 모방하는 것을 뜻하고, 후자는 어떤 다소 다른 생각을
씀으로써 말을 모방하는 것"을 의미한다.8) 『영대』나 『동아일보』에 발표
한 소월의 작품들에 이러한 특징이 나타나 있는데, 이것들은 당대에 불
리던 민요 / 속요를 환골탈태(換骨奪胎)했거나 자기 스타일로 바꾼 작품
일 가능성이 있다. 「대수풀노래」의 독창성이 의심되는 것은 이러한 이
유 때문이다. 소월 특유의 번역 스타일을 보여주는 이 작품은 유우석의
「죽지사(竹枝詞)」를 본받아 지은 것이다.9)

　　이는 劉禹錫의竹枝詞를 本받음이니 모다 열한篇이라. 그말에 가다가다 野
　　한點이 있을는지는 몰나도 이또한 제게 메운格이라하리니 꾀長鼓에 마추며
　　춤에도 마추어 노래로 노래할수있을이로다.10)

"이는 劉禹錫의竹枝詞를 本받음"이나 "꾀長鼓에 마추며 춤에도 마추
어 노래로 노래할수있을" 것이라는 구절에 암시되어 있듯이, 「대수풀노
래」는 소월의 자작시로 취급하기 어렵다. 「대수풀노래」의 처음 부분 체

---

8) 유약우(劉若愚) 저, 이장우(李章佑) 역, 『中國詩學』, 동화출판공사, 1984, 111면.
9) 「죽지사(竹枝詞)」는 원래 악부(樂府)의 명칭이었다. 당(唐)의 유우석이 낭주에 폄직
　　되어 갔을 때 굴원(屈原)의 구가(九歌)를 모방하여 지은 신사 구수(新詞 九首)가 그 시
　　초이다. 우리나라에서도 조선후기에 다수의 「죽지사」가 전해져 오고 있다. 이에 관한
　　좀 더 자세한 논의는 장효현, 「조선 후기 죽지사 연구」(『한국학보』, 일지사, 1984년 봄)
　　를 참고하기 바람.
10) 「대수풀노래」의 처음 부분이다. 그러나 또 다른 이본 「대수풀노래」의 체제는 이것
　　과 다르다. 육필원고로 발견된 「대수풀노래」에는 산문으로 된 서두 부분이 없다. 육필
　　본에서 소월은 번역 작품으로 보일 여지가 있는 처음 부분을 삭제한 것으로 판단된다.
　　소월의 육필유고본 작품의 인용은 전정구의 『소월 김정식 전집』 1~3(한국문화사,
　　1994)에 의한다. 이하의 육필원고의 인용도 이 책에 의한 것으로 이후 『소월 김정식
　　전집』으로 표기한다.

제가 「蘇小小_{소소소}무덤(墓蘇小小)」이란 번역시의[11] 그것과 유사하다는 점
도 독창성을 의심하게 만드는 대목이다. 유우석의 「죽지사(竹枝詞)」를 본
받아 지은 「대수풀노래」는 소월의 창작시가 아니라 번안작(飜案作)으로
분류되어야 한다. 번역시로 보이는 서두 부분을 제거한 육필유고본 「대
수풀노래」에서 소월은 향토지명을 사용하여 조선 특유의 토속적 분위기
를 조성했지만 이본에 속하는 이 작품 또한 창작시가 아니다.

　　　왕란성굽에잔듸돗고
　　　모란봉아래물맑앗소
　　　서도사람의제노래에
　　　북관각씨우지마오

— 「대수풀노래」 부분[12]

　인용된 부분은 유우석의 「죽지사(竹枝詞)」 구수(九首) 처음에 해당한다.
소월은 자신의 정서나 감정에 맞게 원시의 지명을 향토의 지명으로 바
꾸었다. 이러한 점에서 소월은 이 작품을 자작시로 환골탈대히려고 했
던 것으로 보인다. 한국적 향토색을 부여하기 위해 소월은 지명을 바꾼
「대수풀노래」를 비롯하여 평소 자신이 애송하던 많은 한시들을 번역했
고[13] 그것들을 시적 재원(材源)으로 활용했다. 시집 발간을 전후하여 『동
아일보』(1925.2.2)·『조선문단』(1926.3)·『삼천리』(1934.8)에 발표한 번역 작
품과 소월 사후 발견된 육필본이 여기에 해당한다.
　선대 작품을 번역하는 일이 시적 재원을 확보하는 예비 작업의 일환
이었고 그것은 동시에 시 창작술을 심화시키는 과정이기도 했다. 원시

---

11) "蘇小小는錢塘에살든名妓이니南齊째의사람이라 녯樂府에「我乘油壁車郎乘青聰馬
何處結同心西陵松柏下」라는 蘇小小가부르든노래가 잇나니라"(「蘇小小무덤」, 『조선
문단』, 1926.3).
12) 번역된 부분의 원문은 "白帝城頭春草生 / 白鹽山下蜀江青 / 南人上來歌一曲 / 北人
莫上動鄉情"(釋清潭 外 譯註, 『續國譯漢文大成』, 誠進社, 昭和五十三年 참조)이다.
13) 소월은 상당수의 한시를 번역하여 『삼천리』(1934.8)를 비롯한 여러 잡지에 발표했다.

를 변용하여 그것과 다른 스타일의 작품을 만드는 작시법의 심화 과정
이 번역 활동이었다는 점은 명백하다. 그의 작시술(作詩術)이 번역 과정
에 나타나 있다. 소월과 김억이 번역한 백거이(白居易)의 「한식야망음(寒
食野望吟)」14)을 비교해 보기로 하자.

> 서울이라 城門밧 거츤뫼까서
> 한식왓다 누군지 서러이우네.
>
> 넓은들 바람불어 지전이날고
> 놉고나즌 무덤엔 풀빗파랏타.
>
> 버드남겐 돌배꼿 어리여서도
> 죽고살고 사람은 이별이고야.
>
> 아득한 황천서야 운들알거랴
> 져녁비만 쓸쓸이 옷을적시네.

—김억 역, 「寒食野望吟」

김억은 백거이의 「한식야망음(寒食野望吟)」을 원문에 충실하게 번역하
여 원시의 내용 전달에 치중하고 있다. 시행 수도 원시의 그것과 같이
8행으로 처리했다. 소월은 번역어의 선택과 시행 배치, 그리고 원시의
의미전달에서 김억과 상당히 다른 번역 태도를 보여준다. 소월은 원시
로부터 받은 느낌이나 인상을 중시했고, 그것들을 자기 스타일로 표현
하기 위해 16행의 번역시 형태를 취하고 있다.

> 가지가지엇득한놉흔나무에
> 가마귀와 까치는울고 지즐째

---

14) 원문은 "丘墟郭門外 / 寒食誰家哭 / 風吹曠野紙錢飛 / 古墓壘壘春草綠 / 棠梨花映
白楊樹 / 盡是死生離別處 / 冥漠黃泉哭不聞 / 蕭蕭暮雨人歸去"이다.

二月에도 淸明에 寒食날이라
들려 오는哭소리오 오哭소리

거츤벌에는 벌에부는 바람에
조희돈은 흐터져 써다니는곳
무덕이쏘무덕이널닌무덤에
푸릇푸릇봄풀만도다나누나

드믄드믄둘너선白楊나무에
청가싀의흰꼿치줄로달닌곳
아아모두아주긴깁흔서름의
참아말로다못할자리일너라

가도 가도 쏘가도사라못가는
黃泉에서 哭소리 어이드르랴
서럽어라 저문날 쑤리는비에
길손들은 제각금 도라갈네라

—김소월 역, 「寒食」

　소월은 첫 구 "丘墟郭門外"를 "가지가지엇득한놉흔나무에 / 가마귀와 짜치는 울고 지즐째"로 번역했다. 그것은 원시의 내용과 다르게 각색시킨 것이다. 둘째 구도 이러한 현상이 나타나 있다. "寒食誰家哭"을 소월은 "二月에도 淸明에 寒食날이라 / 들려 오는哭소리오 오哭소리"로 번역하여 청각적 이미지를 강조했다. 소월의 번역시에는 생생하고 박진감 넘치는 청각적 이미지가 교묘하게 배합되어 있다. 인간의 소리와 자연의 새소리, 즉 '哭소리'와 '가마귀와 짜치의 울음소리'를 대비시켜 청각적 이미지를 강조한 소월의 번역시와 그렇지 않은 김억의 번역시는 서로 다른 인상과 느낌을 준다.
　직역에 가까운 번역 태도를 보여준 김억과 달리 소월은 원시를 자작시 스타일로 바꿈으로써, 번역 과정 자체가 창작 과정과 유사하다. 자작시로 혼동할 만큼 소월의 번역 작업은 독특한 측면을 지녔는데, 선대 작품을 환골탈태(換骨奪胎)하는 그의 재능이 번역시에 그대로 반영되어 있다. 이러한 재능이 유감없이 발휘된 예는 왕지환(王之渙)의 「등관작루(登鸛雀樓)」, 왕유(王維)의 「송별(送別)」, 두목(杜牧)의 「박진회(泊秦淮)」 등의 번역 작품이다. 「등관작루(登鸛雀樓)」를 우리말로 옮긴 「관작루(鸛雀樓)에 올나서」는 자작시로 착각할 정도로 창의적인 번역이 돋보인다.

> 해는山꼿겨넘고
> 물은바다로든다
> 트록눈은보쟈고
> 한다락으로올낫네.

—「鸛雀樓에 올나서」¹⁵⁾

소월은 작자 미상의 「이주가(伊州歌)」(『삼천리』, 1934.8)와 최호의 「장간행(長干行)」(『삼천리』, 1934.8)을 각각 두 편으로 나누어 번역하거나, 4구로 된 왕유의 「송원이사안서(送元二使安西)」(『삼천리』, 1934.8)를 8행으로 번역했다. 평소 애송하던 한시들을 자기 스타일로 변주하는 작업이 습작 활동의 일환이었다.

> 으슴푸러한煙氣는
> 나무가지에 서리고
> 희즈멋한모래밧
> 달빗츤아롱질 째
> 곳은
> 술집
> 갓가히

---

15) 육필원고 번역 작품으로 원문은 "白日依山盡 / 黃河入海流 / 欲窮千里目 / 更上一層樓"(王之渙, 「登鸛雀樓」)이다.

배가 닷는 秦淮라

쟝사치 게집은
나랏일도 모르고
부르나니 져 노래
後庭花가 무어냐

—「秦淮에배를대고」¹⁶⁾

　소월은 원시의 1구를 본문의 분위기만 살려 '자기 스타일'로 번역했
다. 즉 "으슴푸러한煙氣는／나무가지에 서리고／희즈멋한모래밧／달빗
츤아롱질 째"로 옮긴 것이나, "곳은／술집／갓가히" 등 낱말 하나로 시
행을 만든 2구의 경우가 그렇다. 소월의 한시 번역 작품은 창작시와 같
은 느낌을 준다. 왕유(王維)의 「송별(送別)」을 번역한 작품도 '왕손'을 '우
리'로 바꾸는 등 원시의 의미와 번역시의 내용이 큰 차이를 보인다. 이
작품은 번역시라는 사실이 알려지지 않았다면 자작시로 오해될 만큼
소월의 독창적 번역이 돋보인다.

쓸쓸하다멧골집
자네보내고 가고난니짜
외로워라 싸리문
져문날에 후리네.

봄철 풀은해마다
다시풀으건마는
가이업다 우리는
가고어이고 못오나.

—「보냄」¹⁷⁾

---

16) 원문은 "煙籠寒水月籠沙／夜泊秦淮近酒家／商女不知亡國恨／隔江猶唱後庭花"
　　(杜牧, 「泊秦淮」)이다.

  소월은 1925년에서 1934년 사이에 잡지와 신문에 여러 편의 번역시를 투고했으며, 그의 사후 육필원고 형태로 다수의 번역 작품이 발견되었다. 이러한 점에서 번역 / 번안에 가까운 『동아일보』(1921.4.27) 발표작인 「門犬吠문견폐」·「莎鷄月 사계월」·「銀臺燭 은대촉」·「一夜雨일야우」·「春菜詞춘채사」 등도 소월의 자작시가 아닌 것으로 판단된다.

> 夢事는何田런고자던잠을깨우치니
> 膚薰이繞凝軟王屏에燕脂는冷冷鎖金帳인데
> 알쾌라이어내곳고庭中沙鷄月만泣月色을하소라
>
> —「莎鷄月」

> 洞房에달이지고
> 入珠簾曉星토록님의靑衫一夜中에스을고난몸이어다
> 오히려銀臺雙柄은 熹微하게붓나니
>
> —「銀臺燭」

  고시조 형태를 띠고 있는 점, 한자 어구를 빈번하게 사용한 점, 소월적인 시어법이 거세된 고어체로 일관한 점에서 「莎鷄月사계월」과 「銀臺燭은대촉」은 소월 특유의 작시법이 성숙되지 않은 습작 단계에서 번역했던 한시나 고시조의 모방작이나 번안작으로[18] 판단된다. 이와 유사한 작품들로 「門犬吠문견폐」·「一夜雨일야우」·「緘口함구」 등이 있다. 이 작품들은 한시의 직설적 번역에 가깝다는 점에서 소월의 창작품이 아니라 선대 시인의 모방작이나 번안작일 가능성이 높다. 한시 번역 작품이 상당수의 유고로 발견된 것은, 소월이 평소 한시를 애송했고 즐겨 번역했다는 사실을 입증하는 것이다. 육필본 중 중국의 '악양자(樂羊子)'가 등장하는 무제시(無題詩)도 한시의 번안 작품으로 의심된다.

---

17) 원문은 "山中相送罷 / 日暮掩柴扉 / 春草年年綠 / 王遜歸不歸"이다.
18) 전정구, 『소월 김정식 전집』 2, 한국문화사, 1994의 '번안시' 항목 참조.

넷날의樂羊子그리운안해
樂羊子三年머러도라와도
안해가 나무라서보내젓소
당신은 못지안소, 안악이하는말이
樂羊子 넷날이라밋지를못해서도
당신은쏙바로닛습니다,
말마시오, 山日月이 변하라지아니햇소.

— 「넷날의樂羊子*」[19]

　상당한 개작 흔적을 보여주는 이 작품은 원래 한시를 소월이 자기 스타일로 변형시켜 놓은 것으로 판단된다. 이러한 스타일의 창작 관행이 한시 번역에만 국한되지 않는다. 육필원고에는 일본어 표기의 시뿐만 아니라, 영어 표기의 시도 있다.[20] 그는 일본시나 영시 등을 평소에 암송했던 듯하고, 암기했던 이러한 시들을 자기 스타일에 맞게 고치는 작업을 즐겼던 듯하다. 유고로 발견된 영문시(英文詩)와 일문시(日文詩)가 이러한 예이다.

若も君が女ならわたしの妻になりませう.
若も君が花ならわたしの胸に飾りませう.
若も君が酒ならわたしの喉を燒きませう.
若も君が烟ならわたしの鼻にかをりませう.
若も君が風ならわたしの懷にすさびませう.
若も君が蟋蟀なら悲しき夜長を一緒に泣きませう.
若も君が庶鳥古鳥なら靑き空を一緒に翔びませう.

---

19) 육필유고로 발견된 작품으로 원문을 확인하지 못했다. 제목에 '*'가 있는 것은 원 제목이 아니라 필자가 부여한 제목이다. 무제시(無題詩)에 제목을 부여한 이유에 대하여는 제2장 '3. 제목처리'를 참고하기 바람.

20) 수첩에 기록된 유고의 상당수가 일본어로 표기되어 있다. 이러한 작품들 중에서 몇 편은 수정 작업을 거쳐 자작시 형태로 지면(地面)에 발표되었다. 그리고 육필유고로 발견된 영문시에 일본어로 주석을 달아놓은 작품도 있다.

若も君がみみづなら土の裏で一緒に啼きませう.

若も君が幽靈なら暗闇で一緒に踊りませう.

若も君が石なら海の中へ一緒に轉げませう.

—「若も君が*」[21]

일본어로 표기된 「若も君が*」의 시상전개가 「개여울의노래」와 비슷하다. 「개여울의노래」의 시적 재원(材源)은 위의 일본어 시였을 것이다.[22] 이 일문시는 소월의 창작품이라기보다는, 그 당시에 소월이 암송하고 있던 일본시나 혹은 영시를 일본어 표기로 옮겨 놓은 작품일 가능성이 있다. 육필유고 「死の契約」도 마찬가지이다.

死の契約が──わが荒源たる胸の底に,

行き來する二三人の舊き友を眺めては,

「噫, 今にあなた等も階用無きものだね.」

—「死の契約」[23]

시상전개는 물론이고 시행 배치와 시의 내용에서 「死の契約」과 「깁피밋든心誠」은 유사한 측면이 많다. 두 번의 개작 과정을 거쳐 시집에

---

21) 김소월 사후에 발견된 육필원고본 일본어 표기 작품이다. 출처는 김종욱(『원본 소월 전집』(하), 홍성사, 1982)이다. 육필원고(같은 책 첫머리 부분의 사진 자료)에 대한 김종 욱의 판독과 그 번역(같은 책, 936~937면)에 문제가 있다. 필자가 잘못 판독한 부분을 바로잡았다. 이하에 인용되는 육필시도 마찬가지이다. 일본어 표기 작품을 우리 글로 옮긴 내용은 다음과 같다. "만약에 당신이 여자라면은 내 아내로 삼았을 것을. / 만약에 당신이 꽃이라면은 내 가슴에 꽂았을 것을. / 만약에 당신이 술이라면은 내 목젖을 태웠을 것을. / 만약에 당신이 연기라면은 내 코위에 향기였을 것을. / 만약에 당신이 바람이라면 내 마음에 나부꼈을 것을. / 만약에 당신이 귀뚜리라면 슬프고 긴긴 밤을 같이 울 것을. / 만약에 당신이 뜸부기라면 푸르디 푸른 하늘 같이 날 것을. / 만약에 당신이 지렁이라면 진흙속에서 함께 울 것을. / 만약에 당신이 유령이라면 깜깜한 어둠 속에 같이 춤출 것을. / 만약에 당신이 돌덩이라면 바닷물 속으로 함께 구를 것을."

22) 「개여울의노래」도 전면적인 모방작은 아닐지라도 선대시의 모방이나 영향을 배제하기 어려운 측면이 있다.

23) 「死の契約」의 우리말 번역과 이하에 인용되는 외국어 표기 작품의 번역은 전정구가 펴낸 『소월 김정식 전집』 1~3을 참조하기 바람.

수록된 「깁피밋든心誠」은 「死の契約」을 번안하는 과정에서 탄생된 작품으로 추정된다. 「깁피밋든心誠」과 「개여울의노래」는 충분한 수정 작업을 거쳐 시집에 수록되었음에도 불구하고 독창성이라는 측면에서 논란의 여지가 있다. 소월은 평소 친숙했던 외국시를 자기 스타일로 바꾸는 번역 과정에서 시 창작 기법을 익혔는데, 육필유고 작품에는 일본어 표기의 시뿐만이 아니라 영어 표기의 시들이 있다. 이러한 작품들은 소월의 자작시가 아니라, 영시나 일어시를 번안하는 과정에서 습작의 형태로 기록해 놓았을 것이다.

소월은 한시뿐만 아니라 일어시와 영시를 애송했으며, 이 작품들을 자기 스타일에 맞게 우리말로 옮기는 과정에서 시적 소재나 시상을 얻었고 그것들이 소월시의 중요한 재원(材源)이 되었다. 육필시들은 소월의 자작(自作)이라기보다는 자신이 평소 암송하고 있던 유수한 선대시를 한글로 번역했거나, 혹은 그것을 일본어로 옮긴 것이었으며, 소월은 그 과정에서 창작의 기법을 연마했던 것으로 판단된다.24)

> IF this great world of joy and pain
>
> Revolve in one sure track;
>
> IF freedom, set, will rise again,
>
> and virtue, fallen, com'back;
>
> Woe to the purblind crew who fill
>
> the heart with each days care;
>
> Nor gain, from past or future, skill
>
> to bear, and to forbear!

「IF THIS GREAT WORLD OF JOY AND PAIN」을 소월은 "기쁨이나아

---

24) 수첩에 기록된 형태로 발견된 소월의 유고의 상당수가 일본어로 표기되어 있다. 이 것들 중 몇 편은 후에 수정 작업을 거쳐 발표되었다. 그리고 육필유고로 발견된 영문 시에 일본어로 주석을 달아놓은 작품도 있다.

픔”으로 번역했다. 다음의 육필원고 작품이 그것이다. “기쁨이나아픔의
세상일이 / 긴그한길노만 오구가면. / 몸에걸님, 잇다가도, 푸러도지면, / 한
번셔방엔, 몸다시, 깨끗시하면. / 망할즛청맹간이 뱃샤공신세 / 날날이근심
으로 가슴을파는. / 안이, 넷때 또압날에모음도, 쓸데없이 / 참으랴, 참고또
더견듸랴!” 영문시와 번역시의 대체적인 의미는 큰 차이가 없다. 그러나
원시와 번역시는 상당히 다른 느낌을 준다. 한글본 육필원고는 영어시의
번역임에도 불구하고 소월의 독특한 창작 관행이 반영되어 있다.

Sun of the sleepless! melancholy star!

Whose tearful beam glows tremulously far,

That show'st the darkness thou canst not dispel,

How like art thou to joy remember'd well!

So glares the past, the light of other days,

Which shines, but warms not with its powerless rays;

A night-beam sorrow watchth to behold,

Distinct, but distant clear, but oh, how cold![25]

「SUN OF THE SLEEPLESS」의 행간 사이에 일본어 표기가 보인다. 소
월은 평소 암기했던 영시나 일본시를 우리말로 옮기거나 영어시를 일
본어로 바꾸어 환골탈태하는 작시 관행을 지니고 있었음을 알 수 있다.
　소월은 외국시들을 시 창작 과정에서 적극적으로 수용했고, 자신의
글에 원어 그대로를 인용할 만큼 암기력이 뛰어났다. 그의 스승 김억의
시관(詩觀)에 반기를 들고 이의를 제기했던 「詩魂시혼」에 인용한 시몬즈

---

25) 이 시의 일본어로 표기된 이본은 다음과 같다. “このねむらざるひ, ふざけほし! / そ
　がひかりはおそれわななきつ / なみだぐむ, けむりやく, はるかに, / あれ, はてなき寒
　影しめせしを / なれはどうせ, 散らすにもをよばじ, / なれ, いみじくおもひだせしも /
　すてにほるびしげらくこそ如何にせむ! / さばかりすぎしときをきらめく / よそのひは
　あり, さてかがやくとも / ちからなきしやせんをばぬるしけれ. / 夜はそがにぶきまなざ
　しもて / みるにひたすらねずばんす, / あざやかなる, しかしとほき_ / あきらかなる, し
　かし, 噫, いかにさむし!”

의 시가 원시와 차이가 있는 것은, "그 시를 외워서 인용"했기 때문이다.[26] 시몬즈의 시를 인용할 때 원시의 본문을 확인했다면, 「詩魂시혼」의 인용시와 원시가 다를 수 없었을 것이다. 소월은 스승 김억의 번역 작업을 도와주기에 충분할 만큼 외국시에 일가견이 있었다. 타고르 작품을 번역하면서 소월로부터 받았던 도움을 밝힌 일이나, "이 시집의 원서를 빌려준, 나의 사랑하는 소월군에게 고맙은 뜻을 들입니다"라는 감사의 말[27] 등에 이러한 점이 잘 드러나 있다.

김억의 외국시 번역 작업을 도와주고 그에게 원서까지 빌려주었던 사실은, 소월이 영시와 일본시에 큰 관심을 보여 왔고 조예가 깊었을 것이라는 추측을 가능케 한다. 많은 번역 작업을 했던 김억 못지않게 소월은 외국의 유수한 시작품들을 접해 왔고 그것들에 심취해 있었다. 김억과의 논쟁 이후 그에게 보낸 편지에 한시를 번역하여 적어 보낸 일이나, 시집 발간 이후 많은 수의 한시 번역 작품을 잡지에 실었던 점은 소월이 유수한 선대 작품들에 매우 정통해 있었다는 사실을 입증해 준다. 소월은 영미시나 일본시에도 일가견이 있었고 우리 민요에 대한 관심도 대단했었다.

소월은 시집이 발간된 1925년 전후의 시기에 「박녕쿨타령」 등 민요 계통의 작품을 여러 잡지에 투고했고, 다수의 한시 번역 작품을 발표했다. 그는 친숙했던 민요나 한시, 그리고 영시나 일어시 등 선대 시인의 유수한 작품을 시 창작에 십분 활용했다. 그것들이 소월시 형성의 재원(材源)이 되었다. 소월시가 수많은 독자들의 사랑을 받으며 읽힐 수 있는 주요 요인 중의 하나는, 선대 작품들에 대한 깊은 이해를 바탕으로 그것들을 자신의 시작품에 독특하게 반영했기 때문이다.

소월은 어디에선가 빌려온 시상이나, 시적 소재를 자신의 스타일로

---

26) Kevin O'Rourke는 "소월이 「詩魂」에서 시몬즈의 시 「At the Dogana」를 인용하고 있는데, 그 시를 외워서 인용한 것 같은 인상"(Kevin O'Rourke, 『한국 근대시의 영시영향 연구』, 새문사, 1984, 87면)이 든다고 지적했다.

27) 김억 역, 「서문대신에」, 『잃어진 진주』, 평문관, 1924.

바꾸는 개작 과정에서 진가(眞價)를 발휘했다. 육필원고나 개작되기 이전의 작품에서 소월 스타일의 독창적인 작시법을 확인하기 어렵다. 그의 시들이 여러 사람의 입에 오르내리면서 한국 시단에서 가장 많이 애송되는 시인의 반열에 오를 수 있었던 것은 그의 시적 재원이 전래민요·일본시·영시·한시 등 선대의 유수한 시적 자산을 광범위하게 섭취했기 때문이다. 동시에 소월시의 초기 작품들이 상당수 습작 단계의 미완성 작품에 머무는 것도, 그것들이 단순히 선대 시인들이나 외국 시인들의 작품을 모방하거나 그 작품들로부터 받은 인상을 메모하는 정도에 그쳤기 때문이다. 이러한 제반 사실에 비추어 볼 때, 소월은 처음부터 완성된 시를 쓰지 않았다. 그의 시의 소재나 제재는 전대의 시들로부터 차용된 것들이 상당 부분을 차지하고 있다. 그의 시적 재능은 개작 과정에서 빛을 발했고, 오늘날 애송(愛誦)되는 대부분의 시들은 고심어린 개작 과정에서 예술적 형상화를 이룬 작품들이다.

이러한 점에서 볼 때 육필원고를 비롯하여 미완성의 형태로 전해오는 작품의 독창성 여부를 검증하는 작업이 요구된다. 완성작의 형태로 발표되었지만 시집에 수록되지 않은 작품에 대한 자작시 여부를 가리는 작업도 필요하다. 미수록 시로 남아 있는 「제비」라는 작품이 이러한 사례에 속한다. 소월은 생전에 두 편의 「제비」를 발표했다. 『개벽』(1922.7)에 발표한 것과 시집에 수록된 「제비」가 그것이다. 개벽본 「제비」가 시집에 수록되지 않은 작품이다. 시집에 「失題실제」라는 동일한 제목의 시가 두 편 실려 있는 것으로 볼 때, 제목이 같기 때문에 '개벽본'을 제외시켰던 것은 아니다. 『개벽』에 수록된 작품은 소월의 자작시가 아닌 것으로 판단된다. 개벽본을 통해 소월의 창작 관행과 자작시 여부를 살펴보기로 하자.

오늘 아츰 먼동 틀때
江南의더운나라로

제비가 울고불며 쩌낫습니다.

잘 가라는듯시
살살 부는 새벽의
바람이 불째에쩌낫습니다.

어이를 離別하고
쩌난 故鄕의
하늘을 바라보든 제비이지오

길가에서 쩌도는 몸이길내,
살살 부는 새벽의
바람이 부는데도 쩌낫습니다.

—「제비」

「을퍼진가을의노래」에서 인용된 '기레기'는 김억 "自身의손에서反
譯"된 작품이다.28) 이 작품은 소월의 이름으로 발표된 '개벽본' 「제비」
와 소재만 다를 뿐이며 시상의 전개나 시행 배열 등에서 차이가 없다.
표절의 혐의를 받을 만큼 이 두 작품은 유사하다.

오늘아츰에도 南쪽으로
江南의
기레기가 울며울며 쩌낫습니다.

잘게셔요 나는감니다 고
갈바람이
솔솔부는데도 쩌낫습니다.

어니를離別하고

---

28) 김안서, 「을퍼진가을의노래」, 『조선문단』, 1925.10.

제故鄕의
하늘을 그립어하든 기레기지요

써도는 몸이길내
갈바람이
솔솔부는데도 써낫습니다.29)

　소월의 이름으로 발표된 '개벽본(開闢本)' 「제비」는 순수한 자작시가 아니다. 이 작품은 애송하던 선대시를 번안하는 과정에서 습작의 형태로 기록해 놓았을 것이다. 1925년 시집 발간에 즈음하여 소월은 자작시와 번안 작품을 선별하여 「제비」의 경우처럼 자작시로 취급할 수 없는 것은 시집에 수록하지 않았던 것으로 추정된다. 『진달내꼿』의 미수록 시와 육필원고본 작품 중에는 소월의 순수 창작시가 아닌 것들이 상당 수 있다. 그 작품들에 대한 위상은 소월의 창작 관행과 관련하여 면밀한 검토가 필요하다.

　그의 초기 시를 비롯하여 미수록 작품의 내용과 형식은 전대의 시들로부터 차용된 것들이 다수 있다. 시적 형상력이 부족한 습작 단계에 머무는 그 작품들은, 선대 시인의 작품을 모방한 것이거나 그 작품을 자신의 스타일로 완벽하게 수정하지 못한 것들이다. 오늘날 애송되는 대부분의 작품들은 개작 과정을 통해 예술적 완성도를 높인 작품들이다. 소월은 끊임없이 바꾸고 덧붙이고 다듬고 덜어 내는 퇴고의 작업을 거쳐 한 편의 작품을 완성해 내는 스타일의 시인이었다.

　개작 과정에서 환골탈태의 특이한 능력을 보여준 소월은 처음부터 완성된 시를 쓰지 않았다. 「봄과봄밤과봄비」와 「忍從인종」 등 문학사상사에 의해 발굴된 육필원고의 경우, 소월이 끊임없이 개작한 결과 고친 부분 어디를 완결된 것으로 판단해야 할지 난감한 대목이 있다. 원고상

---

29) 김안서, 앞의 글.

태의 불량보다는 판독이 불가능할 정도로 수없이 고쳤기 때문이다. 육
필원고는 어느 부분이 최종적으로 손질한 것인가 분간하기 어려울 정
도로 소월은 끊임없이 수정 작업을 했다.[30)

소월의 창작 관행에 비추어볼 때, 시집 수록본이 그의 순수한 창작
의지가 가장 잘 반영된 정본이고, 최초의 초고본이나 육필원고는 완성
본이 아니다. 특히 시집 미수록 시의 일부는 한시, 혹은 외국시의 내용
을 차용하거나 모방한 번안 작품들로 의심된다. 즉 일본어나 영어로 표
기된 작품을 비롯하여 선대 작품을 변용한 흔적을 보여주는 번역시풍
의 초기 시, 그리고 육필원고로 발견된 작품의 일부는 소월시 고유의
독창성이 결여된 미완성작이거나 번안작(飜案作)일 가능성이 높다.

시집에 수록되지 않은 작품 중에는 선대 작품을 모방한 흔적이 나타
나 있거나 예술적 형상력이 부족한 습작품 수준에 머무는 것들이 많다.
이러한 작품들은 소월의 순수한 창작품으로서의 위상을 부여하기 어렵
다. 소월시의 원전 확정과 관련하여 시집에 수록되지 않은 시들의 성격
을 규명하는 작업이 중요한 이유가 여기에 있다. 그의 시 창작 스타일
과 시적 재원의 문제는 소월시의 탄생 과정을 밝히는 키포인트로서『진
달내꽃』에 수록되지 않은 작품들과 선대 시작품들과의 영향이나 모방
여부를 판단하는 중요한 단서가 될 수 있다.

3. 형성 배경

『진달내꽃』에는 신문이나 잡지에 발표된 작품들이 70여 편 수록되어

---

30) 소월은 개작에 심혈을 기울였다. 그의 사후 발견된 육필원고 사진 자료(김종욱, 『원
  본 소월전집』(하), 홍성사, 1982)에 수많은 개작 흔적이 나타나 있다.

있다. 이것들은 수정 작업을 거친 작품들로 최초에 발표된 초고본이나 재고본과는 상당한 차이가 있다. 소월은 개작을 즐겨 행했던 시인이었고, 이미 활자화된 작품까지도 서슴없이 손질을 가하는 스타일의 시인이었다.『문학사상』의31) 육필원고에는 판독하기 어려울 정도로 수없이 고친 흔적이 나타나 있다.32) 소월의 경우 자신의 창작 의지가 반영된 믿을 만한 진본들을 다수 남겨 놓았다. 일반적으로 결정본을 확정하는 과정에서 초판과 마지막 판이 중시된다. 그러나 관례상 저본(底本)으로 사용하는 우선권은 초판에 부여된다. 왜냐하면 초판과 더불어 텍스트는 그 작가로부터 해방되어야 하고, 초판과 더불어 텍스트는 독자에게 스스로 작용하기 때문이다. 이러한 이유로 초판본 텍스트는 매우 중시된다.33)

소월시의 경우 결정본 확정의 일반적인 관례에 따른다면 최초의 활자본이나 육필원고가 결정본으로 유력해진다. 그러나 소월시는 이러한 관례에 따를 수 없다. 소월은 처음부터 완성된 시를 쓰지 않았기 때문이다. 그의 초고본들은 대부분 예술적으로 형상화되지 못한 미완성의 습작시들이다. 그의 개작 과정은 시적 형상화의 과정이었다. 소월은 하나의 시상이 잡히면 그것을 개작 과정을 통하여 보다 완벽한 작품으로 완성시키는 스타일의 시인이었다.「엄마야 누나야」라는 시의 탄생 과정은 이러한 추론의 정당성을 뒷받침해 준다.「春朝춘조」라는 습작소설에 이 작품의 최초의 모습이 나타나 있다.

> 엄마야 오늘도 해가쩟고나
> 죽으신 엄마는 그리도곱고

---

31)『문학사상』, 1977.11.
32)「기회」·「상쾌한아츰」·「봄바람」등 초고본 육필원고는 무수한 개작의 흔적을 보여주고 있다.
33) 결정본 확정 과정에서 초판과 마지막 판을 중요하게 취급하나, 일반적으로 결정본 확정을 위한 저본의 우선권은 초판에 부여한다(W. Kayser, 김윤섭 역,『언어예술작품론』, 대방출판사, 1982, 43면 참조).

사랏는 엄만은 웨 니악한지……
엄마야 오늘도나이럿코나
오늘도 이럿케 너생각한다.34)

이 단상(斷想)은 죽은 엄마에 대한 그리움만 나타나 있다. 여기에 누
나에 대한 그리움이 추가되면서 「엄마야 누나야」(『개벽』, 1922.1)라는 시
로 개작되었고, 「엄마야 누나야」라는 같은 제목으로 최종 개작되어 『진
달내꽃』(1925)에 수록되었다. 시집 수록본이 완성작으로 개작된 정본에
해당한다. 『신여성』(1931.2)에 발표된 「孤獨고독」은 4백자 원고용지의 육필
본에다가 동아일보 구독용지의 육필본 2연을 덧붙인 작품이다. 소월은
천재적인 영감의 시인이라기보다는 각고의 노력 끝에 작품을 완성시킨
시인이었다. 동아일보 구성지국 구독자대장 용지에 쓰인 「四方사방발샥
리」는 수많은 개작의 흔적을 보여주고 있다. 이것은 하나의 작품을 완
성하기 위해서 수많은 수정 작업을 가했던 사례의 하나이다.

1.
무겁은짐축기고닷는사람은
崎嶇한제발압만보지말고서,
째로는고개드러四方山川의,
싀언한이風景을바라보시오

2.
먹이의달고쁩은입을쌀으고
榮辱의苦와樂도맘에쌀넛소,
보시오, 해는져도달이쓴다오
그믐밤날굿거든쉬어가시오

3.
무겁은짐축기고닷는사람은

---

34) 김소월, 「春朝」, 『학생계』, 1920.10.

숨차다고갯길을탄치말고서
째로는맘을눅여坦坦大路의
이제도잇슬것슬생각하시오

—「四方발쌕리」

「四方_{사방}발쌕리」는 각 연마다 일련번호가 붙어 있다. 일련번호로 연구분을 표시한 것으로 보이는데, 그것은 특별한 의미가 없다. 그리고 띄어쓰기가 되어 있지 않아서 음보 단위의 설정이 명확하지 않고 리듬과 호흡 등에서 소월의 작품다운 특징이 부족하다. 이러한 이유로 그는 이 작품의 제목을 「苦樂_{고락}」으로 바꾸고 내용 일부를 수정하여 『삼천리』에 다시 발표했다.

무겁은짐 지고서 닷는사람은
崎嶇한 발뿌리만 보지말고서
때로는 고개드러 四方山川의
시언한 세상風景 바라보시오

먹이의 달고쓴은 입에 딸리고
榮辱의 苦와樂도 맘에 딸녓소
보시오 해가저도 달이 뜬다오
그믐밤 날궂거든 쉬어가시오

무겁은짐 지고서 닷는사람은
숨차다 고갯길을 탄치말고서
때로는 맘을눅여 탄탄대로의
이제도 잇슬것슬 생각하시오

—「苦樂」[35]

---

35)「고락(苦樂)」,『삼천리』, 1934.11.

개작된 「苦樂고락」은 불필요한 일련번호를 제거하고 한 줄을 비워둠으로써 시연 단위를 시각적으로 명확히 표시했다. 개작시는 음보 단위의 띄어쓰기가 규칙적이고 일정한 배열로 정제되어 있다. 음보 단위의 명확한 설정으로 인하여 이 작품의 운율과 리듬이 보다 선명하게 되었다. 이외에도 「慰勞위노」를 「氣分轉換기분전환」으로 제목을 바꾸었는데, 소월은 시상이 떠오르면 그것을 메모했다가 고심하여 다시 고치는 창작 습관을 지녔다. 그는 처음부터 완벽한 시를 쓰지 않았고 개작 과정을 통하여 시를 완성하는 스타일의 시인이었다. 최초의 발표작이 대부분 예술적으로 형상화되지 못한 습작품의 성격이 강한 이유가 여기에 있다. 소월시는 최후의 손질이 가해진 개작본이 예술적 완성도가 높고, 결정본으로서의 자격을 갖추었다.[36) 대부분의 소월시 연구가들이 시집 수록본을 연구 대상으로 삼고 있는 현실도 이러한 사실과 무관하지 않다. 이러한 점에서 소월시를 논하는 자리에서 인용시는 『진달내꼿』 수록분으로 제시하고 그 출처를 시집 발간 이전의 잡지로 밝힌 것이나,[37) 처음 활자화된 작품을 소월시의 결정본으로 확정하려는 대도[38)는 미완성 습작품과 완결된 결정본을 혼동하는 잘못을 범하는 것이다. 「招魂초혼」의 초고본 「녯님을짜라가다가 꿈깨여歎息탄식함이라」를 「招魂초혼」과 별개의 작품으로 취급하는 것도 소월의 시 창작 관행에 대한 배려를 고려하지 않은 것이다.[39)

시집 출간 이전에 신문이나 잡지에 발표했던 작품들을 개작하여 『진달내꼿』에 재수록했던 점에 비추어 볼 때, 소월이 최초의 시작품을 발표했던 1920년에서 시집 발간 이전까지 발표된 시들은 대부분 예술적으로 차원 높게 형상화된 완벽한 작품들이라고 보기는 어렵다. 오산학교 시절

---

36) 소월이 최후의 손질을 가한 작품이 결정본이 되어야 한다. 일반적으로 김동리의 「무녀도」나 최인훈의 「광장」의 경우도 최종 개작한 작품이 결정본으로 취급되고 있다.
37) 김용직, 『한국근대시사』, 새문사, 1982, 368~379면.
38) 하동호, 「소월시의 서지」, 『김소월연구』(김열규·신동욱 편), 새문사, 1982.
39) 오하근, 『원본 김소월전집』, 집문당, 1995.

에 '草잡은' 작품들을 끊임없이 개작하여 완성시킨 작품이 『진달내꼿』
수록 시이다. "推稿에 추고"를 가했다는 김억의 회고는[40] 소월이 천재적
인 영감의 시인이 아니라 각고의 노력 끝에 시를 완성하는 시인이었다는
사실을 암시한다. 그리고 "이렇게 귀향해 버린 뒤로 아주 완성해버린 것"
이라는 언급은, 최종적으로 손질을 가한 결정본이 시집 수록 시이고, 소
월의 개작 과정이 시적 형상화의 발전 과정이었음을 뜻한다.

4. 김억의 영향

　김억이 소월의 시작(詩作) 활동에 관여했고, 직접 소월의 작품에 손질
까지 가했던 사실은 널리 알려져 있다. 소월의 감수성이 가장 예민했을
것으로 판단되는 오산학교 재학시절에 김억이 그의 스승이고, 그 시절
에 『진달내꼿』에 수록된 아름다운 시편들의 초(草)가 잡혔다는 사실 등
은 김억의 영향력이 소월시의 형성(形成)에 크게 작용했을 것이란 추측
을 가능케 한다.

　　그때 나는 五山학교에서 영어와 작문을 가르치는 젊은 교사였는데 素月이
　이렇게 해서 나와는 사랑하고 따르는 교사와 제자가 된 것입니다. 나는 春園
　을 스승으로하여 獵人日記를 읽고 시를 쓴 사람이요 素月은 또 나를 따라 獵
　人日記를 읽고 시를 쓴 것입니다. (…중략…) 素月의 「진달내꽃」 속에 수록된
　그 아름다운 시들이 거지반 이 아늑하고 따사롭고 고요하고 그러나 한 많고
　엄숙한 五山에서 草가 잡혀졌던 것입니다.[41]

---

40) 김억은 「소월의 생애」(『여성』, 1939.6)에서 다음과 같이 회고하고 있다. "五山에서
　草잡은 시편들을 (…중략…) 推稿에 추고를 가하다가 (…중략…) 완성해버린 것이 많
　습니다."

김억은 소월의 시작(詩作)에 영향을 끼친 스승이었고 그를 중앙문단에 데뷔시키기도 했던 후견자였다. 오산학교 시절부터 시작된 김억의 도움으로 소월이 중앙 문예지에 작품을 발표했고 1920년 이후 2~3년 동안 스승의 영향력이 작용했다. 이 시기에 발표된 소월시에는 김억의 가필이나 수정 가능성이 있으며, 그의 영향력이 적지 않게 작용했을 것이다. 그러나 이 기간에 발표된 작품들은 고심어린 소월의 개작 작업을 거쳐 『진달내꽃』에 다시 수록되었다.

> 五山에서 草잡은 시편들을 그는 東京으로 서울로 끌고 다니며 推稿에 추고를 가하다가 이렇게 귀향해 버린 뒤로 아주 완성해버린 것이 많습니다. 「진달래꽃」 중의 대부분이 그런 것인데 물론 귀향한 뒤에 新作한 것도 많이 시집에 수록되기는 되었습니다.[42]

김억이 지적하고 있듯이 시집에 수록된 시편들은 초고가 아니라, 소월이 다시 손질을 가한 개작본이다. 소월은 『진달내꽃』에서 시작(詩作) 활동의 대부(代父)로 영향력을 행사하려는 김억의 그늘에서 벗어나려고 노력했을 것이다. 자신의 독창적인 시학을 공표하려는 의도의 일환으로 「詩魂시혼」(『개벽』, 1925.5)을 발표했던 사실도 이러한 점과 관련이 있다. 시집이 나오기 1~2년 전부터 김억도 소월의 이러한 입장을 이해했던 것으로 보인다.

타고르 작품을 번역하면서 소월의 도움을 받은 일이나, 『잃어진 진주』의 「서문 대신에」에서 자신의 시론을 펴는 가운데 소월의 「금잔듸」와 「진달래꽃」을 예로 들면서 "나의 미래만흔 사랑하는 벗 김소월군" 운운하면서, "이 시집의 원서를 빌려준" 소월군에게 고맙다는 말을 쓴 것[43]

---

41) 김억, 「소월의 생애」, 『여성』, 1939.6. 인용한 원문의 의미를 훼손하지 않는 범위에서 현대 독자가 읽기 쉽게 표기했고, 띄어쓰기도 현행의 것을 감안했다. 이하도 같다.
42) 김억, 위의 글.
43) 타고르, 김억 역, 『잃어진 진주』, 평문관, 1924.

등에서 은연중 암시되었듯이, 1924년을 전후하여 소월은 김억과 대등한 입장에서 활동하는 동반자의 관계에 있었다.

이 시기에 소월은 자신의 확고한 시관(詩觀)을 가지고 있었다. 그는 시집이 발간되기 직전 「詩魂시혼」에서 자신의 창작관을 밝히고 있다. 이 글을 발표함으로써 소월은 스승인 김억과는 다른 독자적인 시론(詩論)을 공식적으로 표명한 셈이다. 당시 김억의 문단적인 위상에 비추어 볼 때, 소월의 이러한 글은 당돌한 도전이었다. 그것은 김억이 관여하고 있던 중앙 문단과의 결별을 선언한 것이나 다름없었다. 어째서 이와 같이 위험스런 도전을 감행했는지는 의문이나, 소월이 김억의 시관에 승복할 수 없었다는 점만큼은 분명하다.

> 나의 愛慕하는 師匠, 金億氏가 拙作 「님의 노래」(…중략…) 를 評하심에, "넘어도 맑아, 밋까지드려다 보이는 江물과 가튼 시다. 그 詩魂 自體가 넘어 얏다."고 하시고, 다시 拙作 "자나깨나 안즈나서나 (…중략…)"를 評하심에, "詩魂과 詩想과 리듬이 步調를 가즉히 하야 거러 나아가는 아름답은 詩다." 고 하섯다. 여긔에 對하야, 나는 첫재로 가튼 한 사람의 詩魂 自體가 가튼 한 사람의 詩作에서 今時에 얏닷것다 깁퍼젓다 할 수 없다는 것과, 또는 詩作마다 새로히 別다른 詩魂이 생기는 것이 안이라는 것을, 좀 더 분명히 하기 위하야, 누구의 것보다도 自身이 제일 잘 알 수 잇는 自己의 詩作에 대한, 氏의 批評 一節을 一年 歲月이 지난 지금에 비로소, 다시 끄으러 내여다 쓰는 것이며, 둘재로는 두個의 拙作이 모두다, 그에나타난 陰影의 點에 잇섯서도, 亦是 各個 特有의 美를 가지고 잇다고 하려함입니다.44)

김억의 시평(詩評)에 대해 수긍할 수 없다는 불만과 함께 다분히 비난의 의미까지 담고 있는 「詩魂시혼」을 발표함으로써 소월은 스승의 영향을 청산하고 그와 결별했다. 이 사건 이후 소월과 김억의 시작상의 수수관계는 끊어졌고, 스승과 제자라는 인간적인 관계까지 소원하게 되었

---

44) 김소월, 「시혼(詩魂)」, 『개벽』, 1925.5.

다. 번역시집 『망우초(忘憂草)』를 받고[45] 김억에게 보낸 편지에서 "멧해
만에 先生님의手跡을 뵈오니 感慨無量"하다는 말과 함께 "저가 龜城
와서 明年이면 十年이옵니다. 十年도 이럭저럭 짤븐歲月이 아닌모양
이옵니다"라면서 "닛자하시는先生님의 닛지 아니 하시고 주신 忘憂草
책"을 읽겠다고 한 것은, 1925년 이후 10여 년 동안 스승과 제자의 교류
가 없었음을 보여주는 증거이다. 『진달내꽃』에 김억의 영향이 배제되었
다는 사실은 소월 사후 김억이 편집한 『素月詩抄』[46] 수록 시를 검토해
보면 확실하게 알 수 있다.

김억이 편찬한 소월 시집의 시들은 『진달내꽃』의 작품들과 다르다.
『소월시초』에는 1925년 이전에 소월이 잡지나 신문 등에 발표했던 초
고나 재고를 선별한 작품, 또는 김억이 자신의 뜻대로 수정하거나 가필
하여 변형시킨 작품이 실려 있다. 김억이 펴낸 소월 시집에 수록된 시
는 원본으로서의 자료적 가치가 없을 만큼 훼손의 정도가 심하다.

『소월시초』에서 김억은 현대어에 가까운 표기로 고쳐 놓았으며, 한자
로 된 표기를 한글로, 한글로 표기된 것을 한자로 멧대로 바꿔 놓았다.
「들도리」를 「들놀이」로 제목을 고치거나, 「愛慕애모」에서 "봄구름잠긴곳
에"를 "봄구름 잠긴뜻이"로 시어를 교체하여 본문의 내용을 바꾸었다.
'그립은'을 '그리운'으로, '져무도록'을 '저무도록'으로, '닭소래'를 '닭
소리'로 고친 것은 어휘의 음상이 주는 그윽하고 깊고 고아한 맛을 제
거하고 있는 셈이다. 『소월시초』에서 김억은 소월시다운 특성을 소멸시
켰다. 심각한 훼손은 띄어쓰기이다. 『진달내꽃』에 수록된 「山有花산유화」
는 김억이 제멋대로 띄어쓰기를 함으로써, 본래 이 시에서 구현하고자
했던 소월식의 리듬패턴이나 음보 단위가 파괴되어 있다.

　　山에는 꽃피네

---

45) 김억 역, 『忘憂草』, 한성도서, 1934.
46) 김소월, 『素月詩抄』(김억 편), 박문서관, 1939.

꼿치피네
갈 봄 녀름없이
꼿치피네

—「山有花」, 『진달내꼿』

山에는 꽃 피네
꽃이 피네
갈 봄 여름 없이
꽃이 피네.

—「山有花」, 『素月詩抄』

소월시의 띄어쓰기 특징은 어휘 단위가 아니라 어절 단위로 되어 있다. 띄어쓰기는 소월시에서 시어의 품사를 구분하기 위한 시각적 배려 이상의 의미를 갖고 있다. 이것은 음보나 리듬패턴을 형성하는 요소로 기능하고 있다. 『소월시초』에 수록된 작품들은 소월시 본래의 리듬을 파괴한 변형된 것들이다. 『소월시초』는 「소월(素月)의 행장」에서 강조한 민요시로서의 "노래적인 성격을 갖는" 소월시적인 특징을 제거한 자가당착의 모순을 보여주고 있다. 눈으로 읽는 시가 아니라 입으로 낭송하는 시가 소월시이다. 김억은 이 점을 간과했다. 「바람과봄」이 좋은 예이다.

봄에 부는바람, 바람부는봄,
적은가지흔들리는 부는봄바람,
내가슴흔들리는바람, 부는봄,
봄이라 바람이라 이내몸에는
꼿치라 술잔이라하며 우노라.

—「바람과봄」, 『진달내꼿』

봄에 부는 바람, 바람 부는 봄.
적은 가지 흔들리는 부는 봄바람.

내가슴 흔들리는 바람, 부는 바람.
봄이라, 바람이라 이내몸에는
꽃이라 술잔이라 하며 우노라.

—「바람과 봄」, 『素月詩抄』

소월과 달리 김억은 각 시행에 마침표를 찍어 앞의 행이 다음에 이어지는 행과 고립된 느낌이 들도록 했다. 규칙적인 음보설정이 불가능한 김억의 것과 3음보의 정제된 형식을 추구한 소월의 것은 이질적일 만큼 차이가 있다. 「바람과봄」의 3행을 소월은 '부는봄'으로 했는데 김억은 논리적으로 '부는 바람'으로 고쳤다. 모순되는 것처럼 보이는 이 구절을 고친 것이 타당한 듯하나, 김억의 수정 작업은 시를 읽는 독자의 상상력을 차단시킨 것이다. 원시에서 "내가슴을 흔들리게 하는 것"은 바람과 봄이 되는데, 김억이 수정한 시는 단지 바람일 뿐이다. 김억이 고친 시는 바람이란 동의어의 반복만이 두드러진다.

김억이 펴낸 『소월시초』는 소월시의 고유한 특성을 없애버린 이본(異本)이다. 『소월시초』를 엮으면서 김억은 『진달내꽃』을 염두에 두지 않고 자신의 취향에 맞게 고쳤다. 『소월시초』와 『진달내꽃』의 「접동새」는 시적 의미의 진폭이 크다.

접동
접동
아우래비접동

—「접동새」, 『진달내꽃』

접동
접동
아 울오라비 접동

—「접동새」, 『素月詩抄』

‘아우래비’는 아홉 오라버니를 의미하는데, ‘아 울오라비’는 ‘아’라는 감탄사와 우리 오라버니의 뜻으로 해석된다. 김억의 「접동새」는 소월의 그것과 의미가 전혀 다르다. 더욱 이상한 것은 『소월시초』의 서문격인 「김소월(金素月)의 추억(追憶)」에서 김억은 문제의 이 부분을 또 다른 의미의 시어로 바꾸어 놓았다는 점이다.

접동
접동
누나접동[47]

암송(暗誦)의 착오로 오류를 범했다고 하더라도 김억의 이러한 자세는 무성의하고 무책임했다는 비난을 면하기 어렵다. 1925년 발간된 『진달내꼿』이 소월에 의해 선별되었고, 최종적인 창작 의지가 반영된 원본이라는 점에서 김억은 이 시집에 수록된 시들의 원형을 보전하고 그것을 존중할 필요가 있었다. 『소월시초』를 엮으면서 자신의 취향에 맞게 고친 이유는 『진달내꼿』에 수록된 시편이 김억의 마음에 들지 않았을 것이란 점이다. 그는 자신의 의견을 감안했거나, 혹은 존중했던 초고나 재고를 선호했을 것이다. 이것은 김억의 영향이 짙게 나타난 작품이 시집 발간 이전에 발표된 작품이라는 사실을 암시한다.

한 시인이 다른 시인으로부터 받은 영향관계를 밝히는 것은 쉽지 않다. 전대 시인과의 영향 그리고 외국 시인의 영향까지를 감안해야 하는 소월의 경우는 그 어려움이 더욱 가중된다. 그러나 김억과 소월과의 시작상의 수수관계에서 비교적 소월의 창작 의지가 순수하게 반영된 시편이 『진달내꼿』에 수록된 작품들이라는 점은 인정된다.

---

47) 「夭折한 薄倖詩人 金素月의 追憶」(『素月詩抄』)에서 김억이 인용한 「접동새」의 일부이다.

5. 결어

　이 글은 소월시의 정본을 확정하기 위한 예비적 단계에서 제기될 수 있는 몇 가지 문제를 살펴본 것이다. 첫 번째는 소월의 초고본과 『진달래꽃』에 수록된 작품 중 어느 것을 정본으로 정하느냐 하는 문제이다. 소월시의 형성 과정 / 발생 과정을 고찰한 결과 초기 시는 소월의 독창적인 창작품이라기보다는 선대 시인의 작품을 모방하거나, 습작의 성격을 보여 주고 있다. 그의 초기 시는 문학적 형상력이 빈약하거나, 소월시로서의 개성이나 독창성이 부족하다. 따라서 시집에 수록된 작품이 정본에 해당한다.

　둘째, 소월시에 대한 김억의 가필이나 수정 가능성에 관한 문제이다. 시집 미수록 시나 소월의 초기 시에는 김억의 수정이나 가필 가능성이 있다. 그러나 소월이 최종 손질을 가한 마지막 판본, 즉 『진달래꽃』 수록 작품은 김억의 영향에서 벗어나 있다. 이러한 점에서 시집 미수록 작품의 위상에 관한 논의가 필요하다. 시집 미수록 작품 중에는 육필원고로 발견된 것도 있고, 시집의 한정된 분량 때문에 소월이 제외시킨 완성본이나 또는 개작이 진행되는 과정의 미완성 작품도 있을 것이다.

　민요나 한시로부터 시상이나 소재, 혹은 내용을 차용했거나 그것들을 환골탈태한 작품을 비롯하여 일본어나 영어로 표기된 시의 처리에 관한 문제도 논의가 필요하다. 이러한 작품 중에는 재래의 민요 혹은 한시 · 일본시 · 영시를 그대로 모방하거나 번역한 것이 상당수 있다. 순수한 소월의 창작품 범주로 분류하기 어려운 작품이 일부 발견된다.

제 2 장

원본 교열의 원칙과 방향

1. 서언

개작을 통해 예술적 완성도를 높여간 소월 김정식의 경우 원본 확정과 관련하여 이본과 정본, 『진달내꽃』의 교열[1]은 중요하게 다루어야 할 문제이다. 소월의 작품에는 다수의 개작본이 존재하고 시집에 수록된 작품에서도 식자공의 오타와 편집상의 착오나 실수가 발견된다. 이러한 것들 중 일부는 시인이 착각을 일으켰을 수도 있지만 인쇄 과정상의 잘못으로 판단되는 것이 대다수를 차지하고 있다. 거꾸로 된 활자, 한자어 오용, 어절의 띄어쓰기 잘못 등 원본 『진달내꽃』의 오류는 원작자의 창작 의도에 위배되는 것이다. 소월 전집 발간에서 최초의 판본을 영인하

---

1) 전정구, 「『진달내꽃』 교열 원칙과 그 실제」, 『현대문학이론연구』, 한국현대문학이론연구회, 1993.6.

는 작업에 만족할 수 없는 이유가 여기에 있다.

사후에 편찬된 전집은 물론이고 시인이 살아 있을 때 편찬된 시집일지라도 오류 가능성을 배제할 수 없다. 따라서 한 시인에 대한 연구는 원전 확인과 교열 작업이 출발점이 되어야 한다. 교열 작업과 원전 확인은 작품의 원형, 즉 작품의 순수성을 확보하기 위한 기초 연구에 해당한다. 판을 거듭하게 됨에 따라 발생한 오류를 바로잡은 교열본을 작성한 다음에 정확한 연구 성과를 기대할 수 있다. 이 글은 『진달내꼿』 수록 작품을 비롯하여 시집에 수록되지 못한 작품 등 김정식 시작품 전편을 대상으로 오류를 바로잡는 작업의 일환으로 작성되었다. 따라서 소월 전집을 발간하는 데 필요한 원전 확정의 제반 문제와 교열의 원칙을 검토하는 데 이 글의 목적이 있다.[2]

2. 원문 오류

원전 교열의 중요성을 인식하지 못했기 때문에 우리가 읽어 온 소월 텍스트에는 잘못된 부분이 상당히 있다. 시인 자신의 실수이든, 혹은 편집 과정상의 착오이든 잘못된 부분을 교열하는 것이 필요하다. 최초의 판본에 나타난 오류를 교열하는 것은 원문의 훼손과 차원이 다른 문제이다. 잘못된 부분을 바로잡는 교열 작업은 작품의 올바른 의미를 파악하고 시인의 창작 의도를 복원한다는 점에서 기초 연구에 속하는 중요한 작업이다. 그것은 시인이 원래 의도했던 정확한 의미를 되찾는 일이고, 작품의 정확한 의미를 독자에게 제공하는 데 필수적이다. 한자어의

---

2) 전정구, 『소월 김정식 전집』 1~3, 한국문화사, 1994.

오기와 관련하여 몇 가지 사례를 제시하면 다음과 같다.

「女子여자의냄새」의 3연 1행 "다시는葬死지나간 숩속엣냄새"에서 '葬死'는 '장례와 죽음'을 뜻한다. 한자어 사용이 문맥상 어색하다. '葬死'는 "장례를 치르는 일"을 뜻하는 '葬事'의 오타이다. 「님과벗」 4행 '苦椒'의 '초(椒)'는 가을에 맺는 열매가 작고 동글동글하며 녹갈색을 띠는 산초나무를 지칭한다. "붉은열매 넉어가는밤"에서 '붉은열매'와 '녹갈색의 산초열매'는 같은 것이 아니다. 고추의 한자어에 해당하는 '苦草'가 문맥상 어울리기도 하나, 고초당초(苦椒唐椒)의 '고초'를 지시하는 것일 수도 있다.

「물마름」 6연 3행의 "茶毒된三千里에 북을울니며"에서 '다독(茶毒)'은 사전에 등재되지 않은 한자어이다. '차와 독'을 뜻하는 '다독'은 문맥상 어울리지 않는다. 이 단어는 "씀바귀의 독, 심한 고통, 혹은 부친상에 비유되는" 의미를 지닌 '도독(荼毒)'의 오자(誤字)이다. '荼毒'은, 소월의 현실 인식이나 역사의식의 중요한 측면을 밝혀낼 수 있는 핵심어에 해당한다. 그는 당시의 한반도를 '荼毒된三千里'로 파악하고 있었다. 만일 이 부분을 '茶毒'으로 읽는다면 문맥이 통하지 않고, 소월의 역사의식이나 현실 인식을 파악하기 어렵다.

7연 1행 '茶北洞'도 마찬가지이다. 소월의 착오에서 비롯된 것인가, 혹은 편집자의 실수인가 분명치 않다. 올바른 지명은 '多福洞'이다. 조선 순조 11년(1811) 홍경래가 지역차별에 대한 불만과 조정의 부정부패에 항거하여 일으킨 민란(民亂)을 다룬 부분이 7연과 8연이고, 홍경래가 거사의 본거지로 삼았던 곳은 가산(嘉山) '多福洞'이었다. 다복동에서 난을 일으켜 정주성에서 한 많은 생애를 마감한 홍경래라는 인물을 소재로 삼았다는 점에서, '茶北洞'이라는 지명은 '多福洞'이 정확한 한자 표기이다. 지명이 잘못된 예는 「나는 세상모르고 사랏노라」에도 나타난다. 3연 3행의 '啼昔山'은 '帝釋山'으로 표기하는 것이 맞다. 정주 부근에 있는 '제석산'의 한자어 표기는 '帝釋山'이다.

한자어 표기의 오류가 나타나기도 한다. 「默念묵념」 3연 4행의 "熙耀히 나려빗추는 별빗들이"에서 '熙耀'는 '照耀'가 문맥상 어울린다. 「希望희망」의 2연 1행 '소살(蕭殺)'도 '숙살(肅殺)'이 정확한 한자어 표기이다. "가을바람이 쓸쓸하게 부는 모양"으로서의 '소슬(蕭瑟)'의 오타일 가능성도 있다. 그러나 이러한 의미보다는 "쌀쌀한 가을 기운이 풀이나 나무를 꺾어 누르는 모양"으로서의 '肅殺스럽은'이 문맥상 자연스럽다.[3] 「莎鷄月사계월」의 '金帳'은 '비단장막'을 뜻한다. 정확한 한자어는 '錦帳'이다. 「꿈자리」 18행의 '狐單'도 '孤單'으로 교열해야 한다.

「집생각」, 2연 2행의 '향탑(香榻)'은 일본어판 『대한화사전(大漢和辭典)』[4]에 등재되지 않을 정도로 희귀한 한자어이다. 전후 문맥상 이 한자어는 '향합(香盒)'이 맞다. "길고 좁은 평상이나 의자"를 뜻하는 '榻'에 '香'을 붙이는 것은 일상적인 한자어 사용 관례에 어긋난다. 그 뜻이 "향을 놓은 의자나 평상", 또는 "향기로운 평상이나 의자"인데 어색하다. 소월이 한자어를 자기의 독특한 스타일로 조합하여 사용한 예는 없다. 이러한 점에서 '香榻'은 '향안'과 관련하여 '香盒'으로 교열할 필요가 있다. 『진달내꽃』에서 한자어 사용의 오류가 가끔 나타나는데, 시집 발간과 관련하여 최종 교열 작업에 저자 / 소월이 참여하지 않은 것으로 판단된다.

「農村相농촌상 市街相시가상」은 육필원고로 발견된 소월의 산문이다. 판독 과정에서 오독된 부분이 있고, 의미가 통하지 않는 대목이 있다. 대표적인 예로 "유두분장(油頭粉墻)의 冶客"을 들 수 있다.[5] 이 구절은 "예쁘게 단장한 모습"을 뜻하는 "유두분장(油頭扮裝)의 冶容"을 잘못 판독한 것이다. 이것은 시인의 오류가 아닌 후세 판독자의 착오라는 점에서 문제가 심각하다. '游衣從食'도 "아무 일도 하지 않고 놀고 먹음"을 뜻

---

3) 송희복(『초혼』, 솔, 1995)은 이 부분을 "나무가 오래되어 쇠약해졌다는 뜻"의 '소살스러운'으로 잘못 해석하고 있다.
4) 諸橋轍次, 『大漢和辭典』, 大修館書店, 昭和六十一年 修訂版.
5) '冶客'으로 판독한 후 의미가 통하지 않자 다시 '冶客'(『문학사상』, 1977.11)으로 고쳤다.

하는 '유수도식(游手徒食)'을 오독한 것이다.

「窓_창을 열어놓아*」도[6] 원문의 오류가 발견된다. 이 작품에 유장경의 시 구절이 나온다. 평소 암송했던 한시 구절을 옮겨놓은 "柴門開犬吠"는, 원시의 그것과 다르다. 원문은 "柴門聞犬吠"이다. 소월시 전반을 살펴볼 때 한자어 구사가 정확하고, 한자어를 조합하여 자기 스타일로 만들어 쓴 예가 없다. 한시 원문의 인용에서 나타난 오류를 바로잡는 일은 원래의 창작 의도를 복원시키는 작업의 일환이다.

한자어뿐만 아니라 우리말의 경우도 오타가 발견된다. 「失題_{실제} 2」 3연 6행의 "밟고호젓한 보름달"에서 '밟고'의 의미는 '밝다'이다. "달빛츤 밝고"(「月色」), '어둡고밝은'(「서울밤」) 등의 용례처럼 「失題_{실제} 2」의 '밟고'는 '밝고'의 잘못된 표기이다. 「粉_분얼골」 2연 3행의 '목노리'에 대해서는 여러 가지 해석이 있다. '울대뼈'로 해석하는 것이 그러한 예이다.[7] '목놀이'로 파악할 수도 있으나, "줄그늘우헤 그대의목노리"는 가야금 같은 현악기의 '줄그늘'을 타고 흐르는 노래소리, 즉 '그대의 목소리'를 뜻한다. '목노리'가 평북방언이나 소월식의 신조어, 혹은 독특한 의미를 지닌 시어일 가능성도 희박하다.

「녀름의달밤」 3연 2행의 "稀微하게흐르는 푸른말빗치"에서 '푸른말빗치'는 '푸른달빗치'의 오타이다. 소월 시어의 어절 색인[8] 결과 '푸른말'이 소월의 독특한 어휘 구사와 관련된 것도 아니다. 「月色_{월색}」 3행의 '상각하는'은 '생각하는'이 바른 표기이다. 「不運_{불운}에우는그대여」 9행 "暗青의이기어"의 '이기'는 '이끼'를 뜻한다. 『시집』의 표기 관행에 맞게 "暗青의이끼어"로 고쳐야 한다. 「夫婦_{부부}」 2행의 '하늘이 무어준'에서 '무어준'은 전후 문맥상 '맺어주다' 정도의 뜻을 함축한다. 11행의

---

6) 제목의 '*' 표시는 원제목이 아니라 필자가 부여한 제목이다. 2장의 '3. 제목 처리' 부분을 참조하기 바람.

7) 오하근, 『정본 김소월전집』, 집문당, 1995, 60면.

8) 전정구·김병선, 『소월의 시어와 그 쓰임새』 1~2, 한국문화사, 1994.

‘緣分의 긴실’이 지시하는 것처럼, 이 부분은 “부부의 인연을 맺어준다
는” 전설상의 ‘월하노인(月下老人)이나 월하빙인(月下氷人)’의 고사와 관련
이 있다. ‘무어준’이 ‘맺어준’이나 ‘묶어준’에 대응하는 평북방언일 가능
성이 있다. ‘묵거세운듯’(「旅愁」), ‘묵거가지고’(「비난수하는맘」)의 용례가 있
으나, 이 경우와는 다른 것으로 판단된다.

　「저녁째」 3연 3행의 “문득, 멀지안은갇숩새로”에서 ‘갇숩새’는 ‘갈숩
새’이다. ‘갇숩새’는 ‘갈대숲의 사이’를 뜻한다. ‘마른갈숩피’(「마른江두덕
에서」), “갈닙들은 그윽한노래부를째”(「녀름의달밤」) 등의 용례가 있다. 「비
난수하는맘」 3연 4행의 “밤에매든든이슬은”에서 의미상 ‘매든든’으로
끊어야 하는가, 혹은 ‘든이슬’로 구분을 해야 하는가 모호하다. 이 부분
은 전후 문맥상 ‘밤에 맺은 이슬은 곧다시 떨어진다’로 해석된다. 따라
서 ‘밤에 맺은 이슬’로 해석하여 이 부분을 ‘밤에매든이슬’로 교열할 필
요가 있다.

3. 제목 처리

　내용이 다른 작품인데도 불구하고 같은 제목이 붙어 있는 소월시가
다수 있다. 전집을 발간할 경우 이 시들을 “어떻게 구분하여 표시해 주
어야 하는가”라는 문제가 생긴다. 시집 수록 시 가운데에서도 이러한
문제가 발생하고 있다. 「失題실제」라는 제목의 시가 두 편 있다. 동일한
제목의 시가 두 편일 경우 혼란이 일어나는 것은 당연하다. 시집에 수
록된 순서에 따라 「失題실제 1」과 「失題실제 2」로 구분하여 표시함으로써
혼란을 피하는 방법이 있다. 소월이 생전에 발표한 「斷章단장(1)」과 「斷
章단장(2)」가 『문예공론』(1929.6~7)에 수록되어 있다. 같은 제목의 시들을

'아라비아 숫자'로 구분하여 표시한 선례가 있다. 이것이 같은 제목의 시들을 구별하는 방법이다.

「꿈」이라는 제목의 두 편도, 시집에 수록된 순서에 따라 「꿈 1」과 「꿈 2」로 구분하여 표시하는 것이 타당하다. 시집에 수록되지 않은 시작품 중에 「記憶기억」이라는 제목의 시가 있다. 동일한 제목의 시가 『진달내꽃』에 또 한편 수록되어 있다. 소월 전집을 엮을 때 혼란을 피하기 위해 제목 뒤에 각각 '1'과 '2'로 구분하여 표시해야 한다.9) 「제비」도 시집 수록 시와 미수록 시를 서로 구별하기 위해 제목 뒤에 숫자(1~2)를 붙여야 한다. 같은 제목의 시들을 '1과 2'로 구분하여 표시하는 것을 전집 편찬의 원칙으로 삼아야 한다. 그러나 구분이 가능한 번역시 「伊州歌이주가」와 「伊州歌이주가·쏘」, 「長干行장간행」과 「長干行장간행·쏘」의 제목에 숫자를 덧붙일 필요는 없다.

제목에 사용된 부호도 문제가 된다. 「죽으면?」에 '의문 부호(?)'가 붙어 있는 경우가 여기에 해당한다. 제목에서 의문부호나 마침표가 사용될 이유가 없다. 「고만두 풀노래를 가져 月灘월탄에게 드립니다.」처럼 미수록 시에 이러한 부호가 붙어 있다. 제목에 마침표를 사용한 예를 결정본/정본이 수록된 시집에서 확인할 수 없다. 「제이,엠,에쓰」에는 쉼표(,)가 사용되었다. 이 시의 이본에는 쉼표가 없다. 『진달내꽃』 수록 시 전편을 통해 쉼표, 마침표, 의문 부호가 제목에 등장한 예는 없다. 군더더기처럼 붙어 있는 부호를 제거할 필요가 있으나, 신중히 판단할 문제이다.

제목과 본문에 쓰인 단어의 표기가 일치하지 않은 경우도 있다. 「눈물이 쉬루르 흘러납니다」와 이 작품의 본문 "눈물이 수루르 흘레납니다"가 이러한 사례이다. 본문에 "눈물이 수루르 흘레납니다"가 반복되는 것으로 보아 제목의 표기가 본문의 그것과 같았을 것으로 추측되기

---

9) 민음사판 『정지용전집』 1(김학동 편, 1988, 수정증보판)에서도 여러 편의 「바다」라는 작품을 구분하기 위해 제목 뒤에 '1~9'로 표시하여 혼란을 피하고 있다.

도 하고, 제목의 표기를 편집자가 당대에 통용되던 표기로 바꾸었을 가능성도 있다. 본문과 제목 표기의 일관성을 유지하는 것이 바람직하다. 그러나 「먼後日후일」처럼 제목 '먼후일'과 본문 '먼훗날'이 다른 예도 있다.

「門犬吠문견폐」의 본문 "門犬吠개소리"는 "聞犬吠개소리"의 오타이다. 소월의 산문 「窓창을 열어놓아*」에서 인용된 유장경(劉長卿)의 시구는 "柴門聞犬吠"이다. 이 구절은 '개가 짖는 소리를 듣는다'는 의미이다. 「門犬吠문견폐」는 '문에서 개가 짖는다'이다. '개가 짖는 소리를 듣는다'로 해석해야 한다면 제목을 「聞犬吠문견폐」로 고쳐야 한다.

제목의 오류에 관한 문제도 있다. 「五日오일밤散步산보」의 제목은 본문의 내용과 어울리지 않고 시제의 불일치가 나타난다.[10] 이 시는 '五日'이라는 특정한 어느 날의 밤풍경을 노래한 것이 아니다. '五月'이라는 계절의 밤풍경을 소재로 삼은 것으로 보아야 한다. "초여드래 넘으며 / 밤마다 달빗은 밝아" 온다는 내용 또한 '5일'과 모순된다. "들에 건일기" 좋은 계절이 "바로지금"이라는 내용, 그리고 "우거진 아카시아숲아래 배어오는 香氣"와 "밤일하는 農夫" 등이 오월과 관련이 있다. 마지막 연의 "이 靑풀판이 좃쿠나"와 "프릇스름한문의여"도 초여름 직전의 밤풍경에 해당하는 것으로 '특정한 날의 밤 풍경'에 대한 내용으로만 해석하기 어렵다. 제목 '五日'은 '五月'의 오류이다. 이것은 편집 과정상의 실수로 판단된다.

편집 과정의 실수로 작품 제목에 오자가 나타난 사례가 있다. 「붉은潮水조수」의 초고본 제목은 「붉은朝水조수」(『동아일보』, 1921.4.9)이다. 초고본 본문이 '潮水'로 표기되어 있는 것으로 판단할 때 제목의 '朝水'는 편집상의 오류이다. 이외에 문제되는 것은 육필원고를 판독한 '無題詩'이다. 판독시는 대부분 제목이 붙어있지 않아 혼란스럽다. 필자는 소월시전집을 발간하면서 본문 첫 구에서 '7자 이내'로 제목 붙일 것을 제안했

---

10) 오하근, 앞의 책, 438면.

다. 이러한 제안을 수용한 사례가 있다.11) 일문시(日文詩)와 영문시(英文詩) 번역본도 본문 첫 구절의 7자 범위에서 제목을 부여할 필요가 있다. 번역 한시 가운데 무제(無題)인 작품은 원시의 제목을 그대로 사용하는 것이 바람직하다. 「이주가(伊州歌)」나 「장간행(長干行)」의 번역시에서 소월은 번역의 대상이 된 한시 제목으로 번역시의 제목을 삼았다. 이와 같은 방법으로 제목을 부여하여 혼란을 피하는 방법을 소월 김정식 전집 편찬의 원칙으로 정해야 한다.

4. 본문 표기

　시집에 수록되지 않은 시는 발표 시기에 차이가 있고 발표매체도 다르나. 때문에 표기가 일치하지 않는 것이 당연하다. 그러니 「俚謠이요」 1행 '흰저구리'와 5행 '힌저고리'의 경우처럼, 짧은 한 편의 시에서 표기가 다른 것은 문제이다. 상이한 표기를 사용하여 어떤 시적 효과를 의도한 것이 아니라는 점에서 소월의 창작 관행에도 어긋난다. 단순한 민요풍의 짧은 시에서 같은 단어의 표기가 달라야 할 이유가 없다. 시집 미수록 시뿐만 아니라 시집에 수록된 시에서도 표기가 다른 경우가 발견된다.

　표기의 혼란을 바로잡는 일은 원본의 훼손의 문제와 관련하여 논란의 여지가 있다. 그러나 『진달내꼿』은 표기의 일치를 시도할 필요가 있다는 것이 필자의 판단이다. 그 이유는 많은 손질을 가했던 최종 개작시 70여 편이 시집에 다시 수록되어 있는데, 소월은 시집을 발간하기 위해 일정한 시기에 집중적으로 수정에 몰두했다. 짧은 기간에 원작자

---

11) 위의 책, 315~329면.

에 의해 손질이 가해진 시집 수록 시에서, 같은 의미의 단어가 표기 형태를 달리해야 할 필연성이 없다.

표기의 혼란을 바로잡는 것은 원본의 순수성을 보전하는 문제와 다른 시각에서 접근해야 한다. 미수록된 작품에서 그 정도가 심각한 경우 시집 수록 시와 비슷한 논리가 성립된다. 육필원고 시와 더불어 잡지나 신문지상에 발표된 미수록 시의 창작시기는 표기가 다를 만큼 긴 기간이 아니다. 대략 5년이라는 기간에 소월시가 창작되었고, 이 기간은 한국어 표기 일반에 변화가 있지는 않았다. 이러한 점에서 미수록 시의 표기통일이 필요하다. 미수록 시의 표기 형태에 대한 일정한 기준이 마련되어야 하고, 그 기준에 위배되지 않는 범위에서 표기의 일관성을 유지하는 교열 작업이 필요하다. 필자는 시집 수록 시의 교열 원칙의 범위에서 미수록 시 표기의 일관성을 유지하는 준거가 있어야 한다는 입장을 지지한다. 구체적인 사례를 살펴보기로 하자.

「將別里장별리」 3연 3행에서 시집의 표기와 다른 "우에나 아레나"가 나타난다. '우에'는 상(上)을, '아레'는 하(下)를 뜻한다. '아레'의 형태는 '알에'를 연철시킨 것이다. 연철 표기가 소월시에 간혹 나타난다. '알에'로 분철시킨 표기는 그대로 수용해도 무방하다. 그러나 이것을 연철시킬 때 문제가 발생한다. 시집 시에서 '하(下)'를 뜻하는 표기 형태는 '아래'가 대부분이고, 드물게 '아레'라는 표기가 보인다. 소월시 표기의 일관성을 위해 '아레'를 '아래'로 바꾸는 작업이 필요하다. 표기 형태에서 보면 'ㅐ'와 'ㅔ'가 혼용되고 있다. 「五日오일밤散步산보」 1연 1행의 '여드래'에서도 표기의 혼란이 나타난다. '여드레'로 바꾸어야 하고, 「生생과돈과死사」 9연 3행의 '어쎄'를 '어째'로 일관성 있게 표기할 필요가 있다.

「故鄕고향」 1연 4행의 '어는덧'도 '어느덧'을 의미한다. 「제이,엠,에쓰」 3연 6행의 '사량'을 '사랑'으로, 「술」 5연 1행의 "몰이외다"를 "물이외다"로 바꾸어야 한다. 「生생과돈과死사」 4연 1행의 '슬품'도 '슬픔'으로, 「忍從인종」 5연 1행의 '줄겁어도'를 '즐겁어도'로 바로잡아야 한다. 「春崗

」 1연 1행 "속님푸른고흘잔듸"를 "속님푸른고흔잔듸"로, 「거츤풀허
트러진모래동으로」 2연 2행 "어린적놀돈동무새그리운맘"을 "어린적놀
든동무새그리운맘"으로 교열할 필요가 있다. '놀돈'은 '놀든'이나 '놀
던'의 오타로 판단된다. 4연 2행에서 '놀든'의 용례가 나타난다. 「니불」
의 4행 '인재에의'를 '인제에의'로 바꾸어야 한다. 표기의 불일치나 어
색한 표기 는 당대의 표기 관행을 고려하여 수정하는 작업이 요구된다.
이러한 점과 관련하여 표기상의 과도현상에 관한 문제도 논의되어야
한다.

「니불」의 첫구절 "구룸의깊머리씰"에서 '깊머리씰'은 당시의 표기 관
행에 비추어 볼 때 자연스럽지 못하다. 표기상의 과도현상(過度現象)이
나, 혹은 한글 표기 미숙으로 판단된다. 초기 시나 육필원고에서 필요
이상의 분철의식이 강하게 나타난다. 개작 과정에서 낭송의 편리함과
유연한 소리효과를 뒷받침하는 표기를 선호했다는 점에서 고려할 필요
가 있다. 소월이 연철을 통해 구어체 표기가 지닌 시어의 리듬을 살려
내려고 노력했던 것은 사실이다. 그러나 육필원고에 나타닌 특이한 표
기는 시어의 소리효과나 방언의 효과, 혹은 리듬에 대한 배려와 관련이
없다. 따라서 '긴머리결', 혹은 '기인머리결'을 뜻하는 '깊머리씰'을, 음
절수와 리듬을 고려하여 '긴머리씰'로 교열하는 것이 바람직하다. 특이
한 표기나 방언형의 표기가 나타나는 표기 형태는 존중하되 그렇지 않
은 표기에 대하여는 문제를 제기하고 교열하는 작업이 필요하다.

「그녯날들을*」 2연 3행의 표기에서도 「니불」의 첫 구절과 유사한 현
상이 나타난다. 이것은 한글 표기의 미숙으로 해석할 수 있다. 「푸른밤
창쌀마다*」를 비롯한 몇 편의 유고 작품에서 소월의 작시법과 무관한
표기현상이 보인다. '푸른밤창쌀'을 '푸른밤창살'로 표기하는 것이 자연
스럽다. 한글 표기의 미숙이나 표기의 과도현상은, 낭송의 편의나 평안
방언의 소리효과를 배려한 것으로 해석하기 어렵다.

「어려듯고 자라배와 내가 안것은」 1연 1행 '어럽은'은 '어렵은'의 오

자 가능성이 있다. 1연 5행의 '그도보면'은 '그로보면'이 문맥상 자연스
럽다. 2연 6행의 "그만하고 갑시사"의 경우도 "그만하고 갑시다" 정도
가 어울린다. 그러나 이러한 것들은 음상이나 어조, 혹은 의미의 변화와
관련되어 있다는 점에서 '원문훼손'에 대한 우려가 있다. 3연 3행의 '가
르켜'와 '가르커'는 표기의 일치가 필요하므로 '가르켜'로 통일하는 것
이 바람직하다. '가르커'가 중세국어나 평북방언에서 가능한 표기라면
이후 다시 수정해야 할 것이다. 「벗마을」 6연 1행의 "지금도고요한밤자
리숙에서"의 '숙에서'는 '속에서'의 오자이다. 「불탄자리」 3연 4행 "여
봐라 이마음아 자려며불안을 내바려려"에서 '자려며'는 '자려면'을 뜻
한다. 「斷章단장(1)」 3연 5행의 "나, 뭇낫네"는 "나, 못낫네"가 바른 표기
이다. 4연 2행의 "말하마듸"를 "말한마듸"로 바꾸어야 한다.

　「斷章단장(2)」 1연 5행 "사랑 목숨은 하나"의 경우는 "사람 목숨은 하
나"로 읽혀지기도 하나, '사랑과 목숨은 하나'라는 의미일 수도 있다. 7
행의 "찬밤도잠자는/ 새벽"은 "찬밤도잠자는/ 새별"의 오타 가능성이
있으나 확실치 않다. 3연 8행의 '죽어업서전'은 '죽어업서진'이 문맥상
자연스럽다. 「祈願기원」의 1연 1행 '하올'을 '타올'로, 2연 1행의 '테니쓰
시아이'는 '테니쓰시압이'로 바꿀 필요가 있다. '시아이'는 일본어 '음사
(音寫)'로 판단된다. 그러나 일본어 음사로 표기할 필요가 있는지 의문이
다. 3연 1행 '도ー교ー의'는 장음을 의식한 것이나, '도ー교' 뒤의 장음
표시는 의미가 없다. 「봄바람」 4연 4행의 '레ー트 푸드'는 '붉은 두건'을
뜻한다. 영어 발음을 살려 '레ー드 후드'로 표기하는 것도 고려할 필요
가 있다. 그러나 외국어 표기가 시대마다 다르다는 점에서 외국어 표기
원칙을 정하는 문제는 쉽지 않다.

　소월시에 일본식 한자어가 가끔 나타나며, 현재 통용되지 않는 한자
어가 보인다. 이러한 한자어를 현행 한자어로 바꾸는 작업도 고려해야
한다. 잘못 사용된 한자어는 그것이 편집상의 오기이든, 시인의 실수든
바로잡아야 한다. 민족문학유산의 하나인 소월시의 올바른 이해를 위해

오류가 발생한 부분에 대한 교열 작업이 요구된다.[12]

「記憶기억」 2연 7행에 '灯'이 나타나는데, 이 글자는 식민지시대 쓰인 한자어로 판단된다. 현재 통용되는 한자어는 '燈'이다. 「안해몸」 2연 1행의 '烟氣'도 현재 통용되는 한자어는 '煙氣'이다. 원본의 순수성을 해치지 않는 범위에서 현재 사용되는 한자어로 교체하는 작업을 고려할 필요가 있다. 「紙鳶지연」 1행의 "午后의네길거리"에서 '午后'를 '午後'로, 「旅愁여수」 1연 4행의 "支向도 업서라"의 '支向'도 '指向'으로 바꾸는 것도 생각해 볼 문제이다. 당시 소월이 쓴 산문에 '支向'의 예가 보이나, 현행 한자어 쓰임에 맞게 '指向'으로 통일할 필요가 있다. 「愛慕애모」 1연 2행 '暎窓'은 '映窓'과 뜻이 같은 한자어이다. '暎窓'의 '暎'은 '映窓'의 '映'과 동자(同字)이다. '暎窓'은 "방을 밝게 하기 위해 방과 마루 사이에 낸 두 쪽의 미닫이"를 뜻한다. 현재 일반적으로 통용되는 한자어는 '映窓'이다. 「몹쓸꿈」의 1연 2행의 '暎窓'도 같은 경우에 속한다.

「銀臺燭은대촉」의 '熹微하게 붓나니'에서 '熹微'는 '熺微'와 동자(同字)이다. '稀微'의 오타일 가능성도 있다. 그러나 '熹微'가 더 적절하다. '熹微'는 "햇빛이 밝지 않음"의 뜻을 지니고 있다. 소월의 창작시로 알려진 작품 중에는 번안시일 가능성이 큰 작품이 있다. 『동아일보』(1921.4.27)에 게재된 「莎鷄月사계월」을 비롯한 여러 편이 이러한 예이다.

---

12) 김소월의 『진달내꽃』(매문사, 1925), 김안서의 『素月詩抄』(박문서관, 1939), 백순재·하동호의 『못잊을 그사람』(양서각, 1966), 백순재의 『못잊어』(정음사, 1973), 김종욱의 『원본 소월전집』(상)·(하)(홍성사, 1982), 윤주은의 『밧고랑우헤서』(교문사, 1986), 오하근의 『원본 김소월전집』(집문당, 1995) 등을 비롯하여, 『문학사상』을 필두로 소월의 미발표 작품 발굴에 정성을 쏟아온 문학잡지사는 물론이고, 수많은 소월 시집 편자의 노력에 힘입어 이 글이 작성되었다. 소월시의 발굴과 보존을 위해 노력한 잡지사, 편찬자, 연구가의 연구 성과는 소월시를 집대성하고 교열하는 필자의 작업에서 분명하게, 때로는 보이지 않게 큰 밑거름이 되었다.

5. 부호와 본문 괄호

「斷章(단장)(1)」의 각 연을 구분하기 위해 연과 연의 사이에 'X'를 삽입하였다. 그러나 한 줄 띄우면 연 구분이 가능하다. '斷章'이라는 제목이 의미하듯, 각각의 '章'을 끊어서 독립성을 강조하는 의미가 있으나, 불필요한 부호를 사용한 예이다. 「斷章(단장)(2)」의 연과 연 사이에 삽입된 '○'도 마찬가지이다.13) 시집 수록 시의 경우 불필요한 부호가 사용되지 않았다. 미수록 시의 정본을 확정하는 작업에서 참고해야 한다. 괄호 속 한자어나 풀이말도 문제이다. 이 경우는 운율과 관련하여 장애 요인으로 작용하고 있다.

『진달내꼿』에서는 한자어를 괄호 속에 넣은 예가 없다. 「浪人(낭인)의봄」 1연 4행의 '시름(愁)'에서 괄호 속에 있는 한자어 '愁'는 독자의 이해를 돕기 위해 덧붙여 놓은 것이다. 그것이 편집자에 의한 것인지, 혹은 소월의 첨가인지는 확실치 않다. 그러나 그것은 소월의 창작 관행과 연관성이 없다. '시름(愁)'에서 괄호 속의 한자어를 삭제하여, 자수의 정형률을 회복하는 것이 바람직하다. 2연 3행의 '불슷는(부러스치는)'도 '부러스치는'을 축약시킨 시어의 의미를 괄호 속에서 부연 설명한 것이다. 괄호 속의 단어는 자수율을 파괴하면서 소월시의 묘미를 반감시킨다. 3연 4행의 '슬지는(스러지는)'도 마찬가지이다.

「둥근해」 1연 3행 '자톄(自體)'의 괄호 속 한자도 불필요 하다. 「浪人(낭인)의봄」과 마찬가지로 괄호 속의 한자어로 인해 자수율에 의한 리듬이 깨진다. 4연 2행의 '신비(神秘)'와 5연 4행의 '생명(生命)' 그리고 6연 4행과 7연 3행의 '내머리(頭髮)'와 '문(門)'의 괄호 속 한자어도 군더더기이

---

13) 「비오는날」 5행의 "비가오네"에 사용된 큰따옴표도 꺽쇠로 바꾸어야 한다. 같은 시에서 서로 다른 부호가 사용된 것은 이 작품이 습작시, 혹은 미완성 작품이었기 때문이다. 그러나 통일시킬 필요가 있다.

다. 5연 4행 '바다을'은 대부분의 작품에서 '바다를'로 표기되어 있다. 소월시에서 격조사 '를'이나 '는'이 사용되는 자리에 '을'이나 '은'이 오는 사례는 드물다. 격조사 앞의 어휘가 'ㅎ이나 ㄱ곡용어 / 종성체언'이기 때문으로 판단되나 확실치 않다.

「바다까의밤」 1연 4행과 6행의 '둘(兩人)'과 '몽상(夢想)'에서 괄호 속의 한자어를 삭제하고, 2연 2행 '햇가은'을 '햇가는'으로 바꾸어야 한다. 「둥근해」의 격조사 수정의 사례와 유사한 경우이다. 2연 끝 행의 자수율이 전체 시행에서 파격을 이루는데 그 이유가 명확치 않다. 편집자의 실수로 판단되나, 시어의 자수에 관한 문제제기로 그친다. 「봄못」 2연 4행 '물면(面)'도 의미를 분명히 하기 위해 괄호 속에 한자어를 삽입한 것이다. 「三水甲山실수갑산」 3연 2행 '내故향'이라는 단어도 어색하다. 한 단어에서 한글과 한자어를 섞어 쓴 경우는 거의 없다. 본문에서는 '내고향'으로 표기되어 있다. 「흘러가는 물이라 맘에 물이면」 4행과 9행의 '불신(不信)'과 '년갑(年甲)', 「義의와 正義心정의심」 1연 1행의 '무엇인고(地位, 爵祿)', 4연 1행의 '낫(出)스랴만', 5연 3행의 '그럿튼한(如一)' 등 괄호 속 한자어도 삭제할 필요가 있다. 「길차부」 6행 '남아잇나요' 다음에 마침표 대신 '쉼표(,)'를 사용하고 있다. 그러나 다른 시행의 경우 시행이 맺어지는 곳에서는 예외 없이 '마침표(.)'가 사용되었다. 6행에서도 쉼표가 사용되어야 할 이유가 없는 것으로 판단된다.

6. 이본과 미수록 시

소월 시집에 수록되지 않은 작품의 경우는 원문의 훼손은 말할 것도 없고, 이본과 정본의 혼동을 비롯하여 시어 표기와 한자어 오자 등 정밀한 교열 작업이 필요하다. 소월 시집 편자에 따라 서로 다른 이본을 수록하고 있는데, 김억이 엮은 『소월시초』 수록본을 중시해 왔기 때문이기도 하다. 이 시집에 수록된 작품은 원문이 훼손되었다. 『진달내꽃』에 수록된 시들과 대조하면 이러한 사실을 알 수 있다. 『소월시초』는 원본으로서 가치가 없다. 특수한 경우를 제외하고 김억의 수정이 가해진 '변형된 소월시'를 기초 자료로 취급하는 것은 타당하지 않다.[14]

　다수의 이본이 존재하는 미수록 시의 정본을 다시 확정해야 하고, 원형이 훼손된 시들을 복원하는 작업이 필요하다. 특히 여러 지면에 발표된 동일한 여러 시편들 중 어느 것을 초고나 재고, 혹은 결정본으로 처리할 것인가 하는 문제는 결정하기가 어렵다. 초고를 끊임없이 고친 소월의 경우는 생전에 발표된 작품이 원본에 가깝다. 소월 생전에 발표된 작품들이 원본 확정의 결정적 자료로 취급되어야 한다. 그렇지 않은 경우는 시집이 발간된 1925년 전후에 발표된 작품과, 소월이 발표한 산문 등에 인용되거나 수록된 작품을 중시해야 한다. 소월 사후 발굴 형식으로 잡지에 소개된 작품과 '문학사상사'에 의해 판독된 육필원고는, 소월 시 전집의 발간을 위한 기초 자료로서 가치를 인정했다. 그러나 여러 번 개작한 흔적을 보여주고 있는[15] 『문학사상』[16] 발굴 육필원고들은 판독 과정에서 오독된 것들이 상당수 있다. 「기회」, 「상쾌한아츰」, 「봄바람」이 대표적인 사례이다.[17] 판독의 오류는 원고 보존상태의 불량에서 기인되기도 했지만, 정상적 판독이 불가능할 정도로 소월이 수정을 가했기 때문이기도 하다. 「봄과봄밤과봄비」나 「忍從인종」처럼 어느 부분

---

14) 「대수풀노래」가 이러한 사례에 속한다.
15) 「기회」, 「상쾌한아츰」, 「봄바람」의 초고본 육필원고들은 무수한 개작의 흔적을 보여주고 있다. 김종욱(『원본 소월전집』) 및 필자가 구한 육필원고 복사본 참조
16) 『문학사상』, 1977.11.
17) 필자가 편찬한 『소월 김정식 전집』 2와 다른 전집에 수록된 「봄과봄밤과봄비」와 「忍從」을 비교해 보기 바란다. 김종욱(『원본 소월전집』)이 판독한 육필원고에 다수의 오류가 있었다. 이후의 소월 시집 편찬자들이 김종욱 판독본을 그대로 옮겨 놓았기 때문에 판독의 오류가 고쳐지지 않았다.

이 개작된 것인가 분간하기 어려울 정도로 시어와 시행 그리고 시연의 순서가 뒤바뀌어 혼란스럽다. 잡지나 신문지상에 발표했거나 발굴의 형식을 거쳐 판독된 작품들을 중시하되 원형훼손 여부를 면밀히 검토하여, 훼손된 부분을 바로잡는 재수정 작업이 필요하다.

일어와 영어 표기 작품은 『문학사상』(1977.11)의 '未發表 金素月 自筆 遺稿 詩集'에 소개된 것이다. 그러나 필자가 육필원고 사진 자료를 판독한 결과, 문학사상사에 의해 판독된 영어와 일어 표기 시의 상당 부분에서 오류가 발견되었다.[18] 필자는 문학사상사에 의해 최초 번역되어 공개된 판본을 존중했다. 그러나 번역상의 오류와 시행 배열을 비롯하여 원문과 다른 부호나 기호는 교열했다. 「황혼녁*」은 원문에 없는 '꺽쇠(「 」)' 표시를 번역시의 마지막에 삽입했고, 몇몇 일어 번역 작품은 원시와 다르게 시행을 배치했다. 필자가 펴낸 교열본 소월시 전집에서 이러한 오류를 바로잡았다. 그러나 최초 번역된 원문을 존중한다는 의미에서 오독되거나 오역된 최소한의 부분만을 교열했다.[19]

---

18) 관련 전문가들의 도움을 받아 잘못된 부분을 바로잡고 시행의 배치를 합리적으로 조정한 소월시 정본을 필자의 전집(『소월 김정식 전집』 1~3, 한국문화사, 1994)에 반영했다.
19) 미수록 시 교열본 작성에서 소월은 물론이고 편집자나 식자공의 실수가 있는 부분을 바로잡았다. 시제목도 잘못된 부분이 있다면 교열의 필요성을 제기했다. 시어 표기나 시어의 의미 구분에서 문제가 발생할 경우, 시집 수록 시의 교열 원칙을 참조하여 해결의 근거로 삼았다. 미수록 시 배열은 지면에 발표된 순서를 따라야 하고, 창작 연대가 앞설지라도 발표된 지면의 연도를 중심으로 배열 순서를 정하는 것이 옳다. 동일한 잡지나 신문에 게재된 작품에서 배열상 특별한 의미가 없는 경우, '가나다' 순서로 수록의 선후를 정했다. 육필원고 판독시, 외국어로 표기된 번역시, 기타 작품은 연대가 불확실한 경우, 수록지의 연도를 감안하여 '가나다' 순서로 배열했다.
　필자가 펴낸 전집 수록 시는 발표 당시의 표기대로 원형을 살렸고, 같은 작품이 여러 편 있을 경우 어느 한 작품을 결정본으로 확정하는 작업도 수행했다. 결정본 확정의 우선순위는 첫째 소월의 수정 작업이 최종적으로 가해진 작품, 둘째 소월의 생전에 활자화된 작품, 셋째 소월 사후에 발굴된 작품들 중 이본이 있는 경우 시집이 발간된 1925년 전후시기의 작품을 교열본의 기초 자료로 삼았다. 전집 편찬자들에 의해 소월시의 표기는 물론이고 내용까지 손질이 가해진 작품들은 배제했다. 특히 김억이 편찬한 『素月詩抄』는 훼손의 정도가 심하다. 원본 확인이 어려운 경우를 제외하고 김억본이나 북한에서 출간된 시선집에 수록된 소월 작품은 결정본 확정의 자료로 취급하지 않았다. 발굴 형식으로 잡지에 게재된 작품은 필자가 다시 판독한 것을 기초 자료로 활용했다.

7. 결어

  소월의 작품 전반에 걸쳐 오자는 물론이고 편집상의 오류나 소월의 착오로 인한 실수도 교열해야 한다. 번역 대상이 된 한시를 비롯하여 초기 시나 육필원고본에 나타난 표기상의 혼란을 일관된 원칙하에 해결해야 한다. 제목이 동일한 작품들을 구분하는 문제를 비롯하여 육필원고본과 외국어로 표기된 무제시(無題詩)에 제목을 부여하는 일관된 원칙도 세워야 한다. 이러한 필요에 의해 이 글이 작성되었고 교열 사례와 원칙이 제시되었다. 한 가지 덧붙일 점은, 미완성 작품의 성격을 지닌 일부 육필원고는 교열본 작성 작업 자체에 대한 회의를 불러일으켰다. 이러한 작품을 '소월의 완성작으로 취급할 것인가'에 대한 논의가 있어야 한다.

  소월의 초기 시나 육필원고에서는 한글 표기의 미숙이나 표기의 과도현상(過度現象)이 발견된다. 표기상의 문제점은 『진달내꽃』에서 구어체 표기를 통해 시어의 소리효과나 리듬에 대해 배려를 한 것과는 작시법상 상당한 차이를 보인다. 「그넷날들을*」이나 「기쁨이나 아픔*」 등에서 표기의 과도현상이나 미숙한 한글 표기가 나타난다. 시집 수록 시의 표기법을 감안하고, 당시의 표기 관행을 참조하여, 한글 표기의 미숙한 점이나 표기의 과도현상을 최소한의 범위에서 교열할 필요가 있다.

  소월정본을 확정하는 일은 원본의 영인 작업으로 끝나지 않는다. 편집 과정에서 발생한 명백한 오류를 수정하고 창작 의도에 어긋나는 원작자의 실수도 바로잡을 필요가 있다. 개작을 즐겨했던 소월은 이러한 필요성이 대두된 대표적인 작가이다. 정본 소월전집이나 표준판 소월전집의 발간을 위해서 교열 작업이 필수적이다. 그러나 교열 작업의 최종 목표는 원작자의 창작 의도를 복원하는 것이다. 이러한 목적 외에 수행되는 교열 작업은 원본의 순수성을 훼손할 우려가 있다.

제3장 개작 과정에 나타난 김정식의 작시법

1. 서언

소월(素月) 김정식(金廷湜)은 열세 살에 「긴—熟視」를, 열다섯 살에 「먼後日」을 발표한 것으로 북한문학사에 기록되어[1] 있다. 그러나 문헌으로 확인된 소월의 최초 작품은 『창조』에 게재된 「그리워」를 비롯한 5편이고,[2] 『근대사조』에 발표된 「긴—熟視」는 소월 최승구의 작품이다. 소월

----

1) 정홍교·박종원(『조선문학개관』 I, 인동, 1988, 359면)과 박충록(『한국 민중문학사』, 열사람, 1988, 246면) 등에서 「먼후일」의 발표 시기를 소월의 나이 15세(사실은 16세임) 때인 1917년으로 밝히고 있으나, 문헌 확인을 거치지 않은 것으로 판단된다.
　「쎌지엄의勇士」(1914.11.3)에서 최승구가 사용한 필명이 '素月'(『학지광』 1, 태학사, 1983, 111면)이었다. 소월 작품인 「긴—숙시」는 황석우가 발행한 『근대사조』(大正五年 : 1916.1)에 수록된 최승구의 작품이다. "素月(崔承九)君 (…중략…) 君의 「글」은 이번 號에 올리웠스나"(「잡기잡고(雜記雜告)」, 『근대사조』)의 기록에 나타난 것처럼 「긴—熟視」는 김정식의 작품이 아니다.

은 1920년 이후 잡지나 신문에 다수의 작품을 발표했고, 자선(自選) 시집
『진달내꽃』을 1925년에 발간했다.3) 그가 왕성하게 작품 활동을 한 시기
는 1920년에서 1925년 사이였다. 시집을 간행한 이후 세상을 떠난 1934
년까지는 "시생활에 있어서는 공백시대"였다.4)

시작 활동의 공백 이후 소월에 대한 문단의 관심은 그의 갑작스런 죽
음에서 비롯되었다.5) 그를 애도한 안서의 글이 발표된 이후 그의 시작
품에 관한 연구는 막대한 양에 이른다. 「내가 본 김소월군을 논함」이란
김동인의 단편적인 논의를6) 비롯하여 600편을 상회하는7) 소월에 관한
연구를 몇 가지 유형으로 나누면 다음과 같다.

첫째 유형은 전기적 사실이나 생존시의 시대환경적인 요인을 중심으

---

2) 『창조』, 1920.2.

3) 『진달내꽃』, 매문사, 1925.

4) 오장환도 「자아의 형벌」(『신천지』, 1948.1)에서 이러한 점을 지적하고 있다. "소월은
그의 시집이 간행된 그 다음해 즉 1926년에 구성으로 가서 1934년 그가 세상을 떠날
때까지 한곳에서 살았다. 그러므로 그의 구성 생활은 그 초년을 제한다면 온전히 시생
활에 있어서는 공백시대이다."

5) 소월의 생몰년대를 남한과 북한이 다르게 기술하고 있다. 소월은 1902년 8월에 출생
하여 1934년 12월에 생을 마쳤다. 그러나 북한의 엄호석(『김소월론』, 조선작가동맹출
판사, 1958, 27면)과 박충록(앞의 책, 246면)은 1903년 9월 출생, 정홍교·박종원(앞의
책, 359면)은 1903년 10월에 출생하여 1935년 12월에 사망한 것으로 기록하고 있다.
남북한의 연도계산 방식에 차이가 없다면 남한의 기록이 맞다. 김억의 애도사(「요절
한 박행시인 김소월에 대한 추억」, 『조선중앙일보』, 1935.1.14)와 애도시(「조시」, 『신동
아』, 1935.2)가 발표된 것은 1935년이다. 오장환(위의 글)도 소월의 사망 연도를 1934년
으로 밝히고 있다.
사망 원인은 자살(김정호)·각기병(김윤식)·뇌일혈(김억) 등 다양하다. 『조선일보』
(1934.12.27)의 "청년시인 소월김정식(素月金廷湜) 씨는 (…중략…) 지난이십사일 아츰
에 뇌일혈로급작히별세하야"의 보도내용으로 판단할 때 김억의 설이 유력하다.

6) 김동인, 「내가 본 김소월군을 논함」, 『조선일보』, 1929.12.11~12.

7) 김종욱(『원본 소월전집』(상)·(하), 홍성사, 1982), 윤주은(『소월의 이름을 부르노라』,
태성출판사, 1994), 전정구(『소월 김정식 전집』 1~3, 한국문화사, 1994), 이선영(『한국
문학논저 유형별총목록』, 한국문화사, 1994)이 조사한 「소월 김정식 관련연구문헌」에
따르면 소월에 관한 문헌은 500편을 상회한다. 이들이 조사한 목록에 누락된 연구 문
헌과 1994년 이후에 발표된 연구물을 필자가 조사한 바에 의하면 600편이 넘는다. 이
와 같이 방대한 연구 문헌에는 제목만 달리하여 발표한 중복된 것과 연구 성과물로
취급하기 어려운 글이 포함되어 있다.

로 소월의 작품을 이해하려는 방법[8] ─ 역사 전기적인 연구 방법이다. 김억의 「소월의 생애와 시가」, 김영삼의 『소월정전』 등은 소월의 전기적인 사실에 초점을 맞춘 연구에 속한다. 김윤식의 「식민지의 허무주의와 시의 선택」과 김우창의 「한국시와 형이상」은 소월 생존시의 시대역사 환경적인 요인을 중심으로 소월의 인간적 면모와 작품을 다루고 있다.

둘째 유형은 시적 언어나 상징 혹은 형태 구조나 운율 등을 분석하여 소월시를 이해하려는 방법[9] ─ 일종의 형식·구조적인 연구 방법이다. 김용직의 「소월의 시와 엠비규이티」와 이기문의 「소월시의 언어에 대하여」는 시어에 초점을 맞추어 소월의 시세계에 접근하고 있다. 고석규의 「시인의 역설」과 김동리의 「청산과의 거리」는 형이상학적인 관점에서 소월시를 다루고 있다. 오장환의 「조선시에 있어서의 상징」은 서구의 상징주의에 입각하여 조선시에 있어서의 상징세계의 가능성과 그 한계를 소월시와 관련하여 논의하고 있다. 오하근의 「소월시의 성상징 연구」는 소월시에 은닉(隱匿)된 성상징의 징후와 그것의 배후 의미를 해석하고 있다. 김춘수의 「형대상으로 본 한국현대시」는 소월시의 형태에 관하여, 김석연의 「소월시의 운율분석」과 성기옥의 「소월시의 율격적 위상」은 소월시의 리듬이나 운율을 분석하고 있다.

---

8) 김안서, 「소월의 생애와 시가」, 『삼천리』, 1938.11; 김영삼, 『소월정전』, 성문각, 1960; 김윤식, 「식민지의 허무주의와 시의 선택」, 『문학사상』, 1973.5; 김우창, 「한국시와 형이상」, 『궁핍한 시대의 시인』, 민음사, 1977. 이외에 친족에 의한 소월의 생애에 대한 증언/기록으로 김정호(「아버지 소월」, 『동아일보』, 1967.11.5)와 계희영(『약산 진달래는 우련 붉어라』, 문학세계사, 1982)이 있다.

9) 김동리, 「청산과의 거리」, 『문학과 인간』, 백민출판사, 1952; 김용직, 「소월의 시와 엠비규이티」, 『현대문학』, 1970.7; 이기문, 「소월시의 언어에 대하여」, 『백영 정병욱 선생 환갑기념 논총 1─국어학연구』, 신구문화사, 1983(이하 『국어학연구』로 약칭함); 고석규, 「시인의 역설」, 『문학예술』, 1957.2; 오장환, 「조선시에 있어서의 상징─소월시의 「초혼」을 중심으로」, 『신천지』, 1947.1; 오하근, 「소월시의 성상징 연구」, 전남대 박사논문, 1989; 김춘수, 「형태상으로 본 한국현대시─김소월의 시와 형태에 대한 약간의 비평」, 『문학예술』, 1955.10; 김석연, 「소월시의 운율분석─Sonagraph 실험에 의한 분석」, 『서울대 교양학부 논문집』 1, 1969.4; 성기옥, 「소월시의 율격적 위상」, 『관악어문연구』, 서울대 국문과, 1977.

셋째 유형은 한국시가의 전통과 관련하여 소월시의 내용이나 정서를 파악하려는 연구 방법[10] — 일종의 주제 연구이다. 이 방면의 성과는 서정주의 「소월시에 있어서 정한의 처리」와 천이두의 「임의 미학」이다. 이들은 한국적 정서의 중요한 특질로 거론된 '한(恨)'의 관점에서 소월시의 정서나 내용을 주제와 결부하여 설명하고 있다.

넷째 유형은 개작 과정을 통하여 소월시를 이해하고자 하는 연구 방법[11] — 일종의 발생 구조론적인 연구이다. 윤주은의 「소월시의 개작에 관한 연구」와 정한모의 「소월시의 정착과정 연구」는 개작 과정에서 나타난 소월시의 변모 양상의 유형과 그 의의를 논하고 있다.

다섯째 유형은 동시대 시인의 시와 소월시의 상호 관련성이나 독자성/이질성을 비교하거나, 외국 시인의 시와 소월시와의 영향관계를 살피는 연구 방법[12] — 일종의 비교문학적인 연구 방법이다. 조동일의 「김소월·이상화·한용운의 님」은 동시대의 다른 시인과의 상호 관련이나 비교를 통하여 소월시의 특성을 살피고 있다. 송욱의 「기분의 시학과 뉘앙스의 시학」과 장호의 「김소월과 엠마뉘엘 시뇨레」 등은 소월시에 나타난 외국 시인의 영향관계를 논의하고 있다.

이외에도 소월시에 나타난 자연관에 초점을 맞춘 문덕수의 「소월의 서정시에 나타난 자연관」, 소월이 남긴 유일한 시론인 「시혼」을 중심으로 그의 작품세계를 설명한 정익섭의 「소월시의 음영과 전통성」이 있다.[13]

---

10) 서정주, 「소월시에 있어서의 정한의 처리」, 『현대문학』, 1959.6; 천이두, 「임의 미학」, 『종합에의 의지』, 일지사, 1974.

11) 윤주은, 「소월시의 개작에 관한 연구」, 계명대 석사논문, 1976; 정한모, 「소월시의 정착과정 연구」, 『성심어문논집』, 1977.8.

12) 조동일, 「김소월·한용운·이상화의 님」, 『문학과지성』, 1976년 여름; 송욱, 「기분의 시학과 뉘앙스의 시학—김억·시몬즈·소월·베르레에느」, 『문화비평』, 1969.4; 장호, 「김소월과 엠마뉘엘 시뇨레—「초혼」과 「사랑의 노래」를 중심으로」, 『현대문학』, 1979.3.

13) 문덕수, 「소월의 서정시에 나타난 자연관」, 『김소월연구』(김열규·신동욱 편), 새문사, 1982; 정익섭, 「소월시의 음영과 전통성」, 『국어국문학』, 국어국문학회, 1959.

이러한 연구들은 소월시를 이해하기 위한 값진 성과를 대변하는 결실로서의 가치를 지니고 있다. 그러나 기존의 소월시 연구는 엄청난 양과 접근 방법의 다양성에도 불구하고 획일적인 성과의 반복이라는 한계점을 지니고 있다. 정한모의 지적처럼14) 소월시 연구는 정한론(情恨論)이라는 초기의 뚜렷한 업적 이래 제자리를 맴돌고 있는 실정이다. 한국시가의 전통적 정서인 정한과 관련시켜 소월시의 내용이나 정서를 설명한 정한론은, 서정주의 「소월시에 있어서 정한의 처리」와 천이두의 「임의 미학」의 성과로 집약된다.15)

소월시 연구는 "독창성이나 개별성보다는, 보편성이나 전통성 규명에 바쳐지고 있다"는 김현자의 지적처럼16) 정한론에 결부된 전통적 정서의 실체와 그 구현에 논의가 집중되어 왔다. 이러한 편중 현상과 다른 관점에서 시도된 연구는, 소월시의 발생이나 시적 형상화 과정에 관한 고찰이다. 이러한 작업은 방법적 전환을 시도하고 있다는 점에서17) 주목할 필요가 있으나 소월이 보여준 독창적인 시학의 전반을 규명하지는 못했다.

1) 연구 방법

소월 김정식에 관한 연구 문헌은 방대하다. 그럼에도 불구하고 그것에 상응하는 다양한 연구 성과를 거두지 못한 것이 사실이다.18) 정한론

---

14) 정한모, 「해설」(김열규·신동욱 편, 앞의 책).
15) '정한의 세계'로 요약되는 소월시의 내용이나 정서의 연구뿐만 아니라, '민요시형의 구현'이라는 소월시 형식이나 구조, 혹은 운율에 관한 성과 또한 성기옥(「소월시의 율격적 위상」, 『관악어문연구』, 서울대 국문과, 1977)의 범주를 벗어나지 못하고 있다.
16) 김현자, 『시와 상상력의 구조』, 문학과지성사, 1982, 14면.
17) 윤주은(「소월시의 개작에 관한 연구」, 계명대 석사논문, 1976.2)과 정한모(「소월시의 정착과정연구」, 『성심어문논집』, 1978.8)를 비롯하여 조남현(「개작과정으로 본 소월시의 이막」, 『문학사상』, 1976.12)이 있다.

으로 대변되는 소월시에 관한 연구 성과는 소월시 논의의 결산이자, 그의 작품을 이해하는 신뢰할 만한 해석모형이 되어 왔다. 그러나 동시에 정한론은 소월시의 새로운 이해를 가로막는 장애요인으로 작용하기도 했다. '정한론'으로 요약되는 소월시의 연구 성과에 대하여 반론이 제기된 적이 없다는 지적처럼, 소월시에 접근하기 위한 새로운 방법의 적용과 그것을 통한 다양한 이해의 길을 가로막는 장벽이 '정한론'이었다.

'내용이나 정서로서의 전통적인 정한표출'과 '형식(운율)으로서의 민요시형 구현'이라는 연구 성과를 넘어서기 위한 발상의 전환이 필요하다. 바꾸어 말하면 소월시의 내용과 형식을 파악하기 위한 방법적 전환이 없다면 어떠한 연구도 의미 있는 결과에 이를 수 없게 되었다. 한국 근대시사에서 가장 뛰어난 시인의 하나로 추앙받고 있고, 동시에 그 당대에서 현대에 이르기까지 폭넓은 시적 공감대를 형성해온 소월시의 가치를 정한론의 테두리에 가두어 두는 것이 최선인가에 대해서는 재론의 여지가 있다. 내용과 형식에 관한 천편일률적인 소월시 연구 방법 또한 벗어날 필요가 있다.

소월시의 내용과 형식을 한국시가의 전통과 관련짓는 구태의연한 방식보다는, '어떻게' 그리고 '왜' 예술적인가를 밝히는 작업이[19) 소월시

---

18) "보편성이나 전통성 규명에 집중되어 왔다"(김현자, 『시와 상상력의 구조』, 문학과 지성사, 1982, 14면)나, "정한론에 대하여 반론이 제기된 적이 없다"(정한모, 「해설」, 김열규·신동욱 편, 앞의 책)는 지적은 소월시 연구의 유사한 반복과 과도한 편중에 대한 언급이다. 이러한 점에서 '연구의 질이 연구의 양과 비례하는 것만은 아님'을 알 수 있다.

19) 소월시에 관한 엄청난 연구의 양에 비추어 본다면, 연구 태도나 방법적인 토대는 제한적이고 빈약한 측면이 많다. 즉 한국적 정서의 중요한 일면으로 거론되어 온 정한을 소월시에 대입하는 식의 연구가 그것이다. 이것은 소월시의 내재적인 특질보다는 외부적인 요인을 중시하는 방법이다. 정한의 정서를 시의 내부적 특질에서 확인하는 작업이 필요하다. 소월시가 '왜' 오늘날 독자들에게 공감되는가, 그리고 소월시가 '어떻게' 오늘날 독자에게 감동을 불러일으키는가를 밝히는 작업이 필요하다. 작품의 효과와 관련하여 독자의 문제에 접근한 '수용미학'이 이러한 방면의 연구에 도움이 된다. 본고에서는 할럽(R. C. Holub, *Reception Theory*, London : Methuen, 1984)과 이저(W. Iser, *The Act of Reading*, Baltimore and London : The Johns Hopkins Univ., Press, 1974)를 참조했다.

의 미학을 조명하는 유익한 방법이다. 동시에 보편적이고 전통적인 가치를 강조함으로써 본의 아니게 소월시의 독창적이고 개별적인 측면을 간과한 논의들의 한계를 벗어날 수 있다. 이러한 점에서 소월시가 '어떻게' 그리고 '왜' 예술적인가를 밝히는 작업은 소월시의 개별적이고 독창적인 측면—가장 소월시다운 본질적 속성인 언어 예술적 특성을 해명하는 관건이 될 수 있다. 뿐만 아니라 이러한 작업은, 민요시인·서정시인·민족시인이란 찬사 속에서 소월의 시편들에 바쳐진 방대한 양의 연구논문들이, 소월시에 간직된 전통적 정서의 구현이나 그 접맥 양상에 치중함으로써 소월시 연구의 초보 단계에 속하는 비판본, 혹은 정본조차 확립하지 못했던 불합리한 점을[20] 해소해 줄 수 있다.

  기본 자료의 확정이라는 측면에서 소월시 연구는 근본부터 다시 시작할 필요가 있다. 소월시 연구를 위한 기본 자료의 전면적인 재검토와 더불어 한국어의 구사에서 가장 뛰어났다는 평가를 받고 있는 소월이 어떠한 면에서 그런가를 밝히는 일이 본 연구의 핵심과제에 해당한다. 이러한 작업을 바탕으로 소월의 시문학사적 위상을[21] 재징립하고자 한다. 그러나 소월시의 독창적이고 개별적인 가치를 밝히기 위한 본고의 작업이, 보편적이고 전통적인 소월시의 미학을 조명해온 논의들의 성과를 전면적으로 부정하거나 배제하려는 데 목적이 있는 것은 아니다. 오히려 본고의 작업이 소월시의 예술적 특성을 밝혀줌으로써 기존의 연

---

20) 그동안 출간된 소월시 전집은 경쟁적으로 무분별하게 출판된 것들이 다수를 차지하고 있다. 소월 사후 편찬된 전집으로 참고할 만한 것들은 김억의 『소월시초』(박문출판사, 1939), 정음사판 『정본 소월시집』(정음사, 1962), 백순재·하동호의 『못니저』(예원사, 1974), 오세영의 『꿈으로 오는 한사람』(문학세계사, 1981), 김종욱의 『원본 소월전집』(상)·(하)(홍성사, 1982), 윤주은의 『밧고랑우헤서』(교문사, 1986), 전정구의 『소월 김정식 전집』 1~3(한국문화사, 1994), 오하근의 『정본/원본 김소월전집』(집문당, 1995) 등이 있다. 소월시의 결정본/정본을 확정하기 위한 노력을 보여준 전집으로는 백순재·하동호, 김종욱, 윤주은, 전정구, 오하근이 펴낸 것들이 있다.
21) 탁월한 모국어를 구사한 시편을 남겨놓은 소월 김정식이 어떠한 점에서 '이러한 평가에 값할 수 있는가'를 밝히는 것이 필자의 관심사이다.

구 성과에 새로운 빛을 던져주기를 기대한다. 이러한 기대는 문학에 있어서의 보편성과 특수성은 상호 배타적인 속성이 아니라 상호 보완적인 속성으로 이해되어야 한다는 예술 일반론의 전제, 즉 소월시의 보편적 가치는 소월시의 독창적인 가치—가장 소월적인 시학적 특성을 확인함으로써 검증될 수 있다는 문학일반의 원론적 전제에서 연유된 것이다.

한 시인의 삶이나 당대의 시대 상황을 고찰하는 것이 그 시인의 작품세계나 창작 과정을 이해하는 데 도움을 줄 수 있다는 전통적인 문학연구 방법의 유용성을[22] 우리는 부정하지 않는다. 그럼에도 우리가 소월시를 연구하는 데 있어 텍스트 외부적인 사실보다는 텍스트 그 자체에 논의의 초점을 맞추는 것은, 소월의 전기적 사실의 부족과 그것의왜곡 가능성 때문이다.[23] 그의 전기적 사실은 아직도 많은 부분이 베일에 가려져 있고 스승인 김억과 숙모인 계희영 그리고 아들인 김정호의증언이 고작이다.[24] 생전의 그의 모습을 담은 사진 자료조차 전해 내려오는 것이 없고[25] 소월의 전기에 초점을 맞춘 소설의 경우처럼[26] 연애

---

22) 역사 전기적인 문학 연구 방법의 한계를 넘어서서 새로운 비평 방법으로서의 형식주의, 혹은 뉴크리티시즘을 실천한 웰렉도, 문학 연구의 가장 확실한 방법은 "작품을쓴 작가의 생애와 그 시대에 관하여 연구하는 것"이라고 하면서 전통적인 비평 방법의 장점을 지적하고 있다. 그는 이와 같은 접근 방법에서 다루어야 할 중요한 몇 가지항목을 제시하고(R. Wellek, *Theory of Literature*, Penguin Books, 1970, pp.75~135) 있다. 웰렉은 '비본질적 접근 방법으로서의 역사 전기적인 문학 연구 방법'을 선호하지는 않았지만, '그 방법이 지닌 유용성'에 대해서는 인정했다.

23) 소월 연구의 난점은 '전기적 사실의 부족'과 '전기적 사실의 왜곡 가능성'(박호영, 「소월시의 위상」, 김열규·신동욱 편, 앞의 책)이다. 김근수도 「김소월의 생애를 둘러싼 허구들」(『문학사상』, 1975.10)에서 '전기적 사실의 허구 가능성'을 지적하고 있다.

24) 김억의 「소월의 행장」(『신동아』, 1931.1)과 「소월의 생애」(『여성』, 1939.6), 김영삼의『소월정전』(성문각, 1960)과 김용제의 『소월방랑기』(정음사, 1959, 『소설김소월』로 제목을 변경하여 1985년 상록사에서 재출간함)를 비롯하여 소월의 숙모인 계희영의 『내가 기른 소월』(장문각, 1968, 『약산 진달래는 우런 붉어라』로 제목을 변경하여 1982년문학세계사에서 재출간함)과 아들인 김정호의 「아버지 소월」(『동아일보』, 1967.11.5) 등이 있다.

25) 『조선일보』(1934.12.27)의 "청년민요시인 소월김정식별세"라는 보도에 이어 『동아일

담의 나열 등도 실제의 생애와 그것의 소설적 형상화 사이의 거리로 인하여 전기적 사실의 왜곡 가능성을 증대시킨 예이다. 이러한 점들은 소월의 삶이나 그 당대의 시대 상황, 그리고 그것들과 시작품 사이의 인과관계를 통하여 그의 작품세계를 유추하는 작업을 회의적이게 만든다. 이러한 이유로 우리는 소월이 남긴 문헌 자료에 철저히 의존하지 않을 수 없다. 그러나 보다 근본적인 이유는 현대문학이론가들이 지적해 왔듯이, 작가와 작품 사이의 인과관계를 파악하는 것이 궁극적으로 언어 예술작품의 미학성이나 그 효능을 밝혀주는 보조 작업에 불과하다는 견해를[27] 우리가 존중하기 때문이다.

문학작품의 예술적 가치나 그 인식은 그 자체에 표현된 언어적 특성에서 확인되어야 한다는 이론은 20세기 이후 러시아 형식주의와 프랑스 구조주의 그리고 영미의 신비평의 주요 강령이 되어 왔다. 그것은 문학 연구의 본질을 파악하려는 관심을 불러일으켰으며 소쉬르 이후 가장 인상적인 인문학의 과학적 접근 방법으로 각광받아 왔다. 구조주의적 모델에서 문학 연구의 빙법적 도대를 이끌이 내고자 하는 작업이 그것인데[28] 문학 담화 이론이나 시학이 여기에 해당한다. "어떤 언어적 메시지를 예술작품이 되게 하는 요인이 무엇인가를 밝히는" 문학 이론

보』(1934.12.30)에 소월의 죽음을 알리는 짤막한 기사와 함께 검은 두루마기를 입고 있는 흐릿한 모습의 사진이 게재되었다. 문학사상사에 의하여 소월의 초상화가 제작되어 문인들에게 배포된 적이 있다. 그러나 그것은 엄호석의 『김소월론』(조선작가동맹 출판사, 1958)에 있는 소월의 모습과 차이가 있다.

26) 김용제, 『소설김소월』, 상록사, 1985.

27) A. Jefferson & D. Robey, *Modern Literary Theory*, Newrsey : Barnes and Noble Books, 1982; D. W. Fokkema and E. Kunne-Ibsch, *Theories of Literature in the Twentieth Century*, London : C. Hurst and Co. Ltd., 1977; Tzvetan Todorov, R. Howard Trans., *Introduction to Poetics*, Minnesota Univ. Press, 1981; V. Erlich, *Russian Formalism*, The Hague : Mouton, 1970; W. Ray, *Literary Meaning*, Oxford : Basil Blackwell, 1984를 참고하기 바람.

28) 러시아 형식주의의 선구자들과 형식주의 이론／학파의 출현에 관한 논의와 이들이 마르크스주의자들의 핍박으로 동구로 가서 프라그 구조주의를 배태시켰던 점(V. Erlich, Ibid., Ch.1과 Ch.3 및 Ch.7과 Ch.8 참조)을 참고하기 바람.

이나[29] "특수한 텍스트가 하나의 예술작품이 될 수 있게 하는 일반 법칙을 수립하는" 접근 방법으로 알려진 구조시학은, 소월시의 예술적 특성과 미학을 규명해 내려는 우리의 작업 지침으로 손색이 없을 것으로[30] 판단된다. 필자는 이러한 이론을 밑바탕으로 하여 소월시의 미학과 예술적 특성을 밝히고자 한다.

2) 연구 범위

소월의 전성기는 「그리워」, 「夜야의 雨滴우적」, 「浪人낭인의봄」 등을 『창조』에 발표한 1920년부터 『진달내꼿』을 출간한 1925년에 이르는 5년간이다. 이 시기에 오늘날 애송되는 소월시가 창작되었거나 혹은 개작 과정을 거쳐 완성되었다. 소월의 독특한 작시법(作詩法)을 살펴볼 수 있는 문헌 자료들이 남아 있는 시기는 1920년에서 1925년까지이다.[31]

이 시기의 문헌 자료들을 통하여 그의 시학의 핵심에 자리 잡고 있는 시 창작 방법의 문제들을 밝혀낼 수 있다. 왜냐하면 소월의 개작 과정은 시적 형상화의 발전 과정을 반영하고 있기 때문이다. 따라서 필자는 소월시의 개작 과정에 나타난 각 단계의 변화를 몇 가지의 범주로 유형화하여 시적 형상화의 발생 과정과 발전 단계의 통일된 상황을 밝힘으로써 소월 시학의 근간이 된 언어예술적 특성을 파악하고자 한다. 다시

---

29) R. Jacobson, "Linguistics and Poetics", S. Chatman and S. R. Levin ed., *Eassay the Language of Literature*, Boston : Houghton Mifflim Co., 1967.

30) 시인의 생애와 시작품 사이의 인과관계를 통하여 작품성 / 예술성을 유추하는 방법보다는 작품 자체가 지니고 있는 시학적 특성을 밝히는 일이 소월시의 가치, 즉 소월시다운 본질적 측면을 해명하는 데 설득력이 있다.

31) "미완성 작품은 완성작보다 더 밀접하게 작가와 연관되어 있다"는 점에서, 그리고 이러한 초고의 속성을 "의도적으로 이용해 볼 수 있다"(R 야콥슨 외, 박인기 편역, 『현대시의 이론』, 지식산업사, 1992, 25~26면) 점에서 개인의 언어습관에 따른 작품의 개성과 한 시인의 독특한 작시법을 파악하는 일이 가능하다.

말하면 필자는 1920년에서 1925년 사이에 소월이 처음 창작한 작품과 그것을 수정하여 다시 발표한 작품 그리고 그 작품을 최종적으로 손질한 작품들—『진달내꼿』에 재수록된 작품들을 대상으로 그의 작시법의 변화와 그것의 통일된 상황을 조명하고자 한다. 이러한 점들은 소월이 개작 과정을 통하여 보여준 시어 표기의 변화에 따른 언어음성층의 변화를 비롯하여 구성 형태와 의미 구조의 변모 양상을 살피는 가운데 자연스럽게 밝혀질 수 있을 것이다.[32] 이상과 같은 목적을 달성하기 위하여 다음과 같은 절차에 따라 분석 작업을 진행하기로 하겠다.

첫째, 소월시의 개작 과정을 중심으로 시어의 소리효과와 관련된 언어 음성의 변화를 비롯하여 시행의 단위를 이루는 구문의 구성 형태와 의미 구조의 변화를 살피는 가운데 소월시의 작시법의 특성을 밝힌다.[33]

둘째, 이러한 일련의 작업을 통하여 소월의 시가 '어떻게' 그리고 '왜' 예술적인가를 해명하고, 이것을 바탕으로 하여 한국 근대시의 미학을 심화한 소월시의 가치와 의의를 조명해보기로 한다.[34]

---

32) 소월시의 개작 과정의 변화를 살피면서 필자는 다음과 같은 문제에 주목하고자 한다. 첫째, 소월시의 독특한 개작 과정을 어떻게 이해하고 받아들일 것인가. 둘째, 표면적으로 혼란스럽게 보이는 소월시의 개작 과정에서 일관된 작시 의지를 발견해 낼 수 있는가. 셋째, 일관된 작시 의지가 발견된다면 소월시에서 그것이 갖는 의의는 무엇인가. 이러한 의문에 답하는 것은 한 시인의 시적 형상력의 변화나 발전 과정을 고찰하는 중요한 작업의 일환이다. 구체적인 사례는 고위공(『게오르크 트라클 연구』, 정음사, 1984)을 참고하기 바람.

33) 소월 작품의 시학적 특징을 밝히기 위하여 야콥슨과 무카로프스키 등 형식주의자들의 이론을 원용했다. 이들은 문학 텍스트를 문학 텍스트답게 하는 성질을 그것에 사용된 언어에서 확인하려 했다. 즉 이들은 시어의 재료인 언어가 어떻게 사용되어 문학성/예술성을 가지게 되는가에 지대한 관심(R. Jacobson, "Linguistics and Poetics", J. Mukarovsky, *Standard Language and Poetic Language*, S. Chatman and S. R. Levin ed., op. cit)을 표명했다.

34) 서구의 이론에 소월의 시를 대입하는 식으로 논의를 도식화하는 우(愚)를 범하지 않기 위해 필자는 소월의 시 창작 스타일을 감안했다. 동시에 한국의 전통적인 시가—민요나 판소리를 논의하는 데 유용한 민속문학서(A. M. Merriam, 이기우 역, 『민족음악학』, 신아, 1988)도 참고했다.

2. 작시법의 특성

총 126편이 『진달내꼿』에 수록되었고[35] 총 편수의 절반을 상회하는 작품들이 수정 작업을 가한 것들이다. 이 글에서 논의 대상은 개작되어 시집에 수록된 작품들이다. 소월은 시집 발간 이전에 발표했던 상당수의 작품들을 완결된 작품이라기보다는, 미완성의 습작시로 생각했던 듯하다. 시집 발간에 즈음하여 그는 기존에 발표했던 작품들을 완벽하게 수정하려 했을 것이고, 그 결과 시집에 수록된 작품의 절반이 넘는 시들이 개작시로 대체되었다.[36]

초고나 재고를 개작하여 『진달내꼿』에 재수록한 소월의 수정 작업이 일관되고 규칙적인 변화 양상을 보여주는 것은 아니다. 시 창작은 한 시인의 내면의 오묘한 직관이나 신비한 창조력과 관련된 작업이기 때문에 기계적인 작업처럼 객관적으로 정확히 기술해 내는 데 한계가 있다. 최초의 발표본에서 수정되어 시집에 다시 수록된 결정본에 이르기까지 소월의 개작 작업은 서로 모순되는 변화가 드러나기도[37] 하고, 일관된 원칙으로 포괄할 수 없는 다양한 변화의 사례를 보여주기도 한다. 그러나 상호 모순되는 변화나 일관성이 결여된 수정 사례가 개작의 주요 부분을 차지하고 있지는 않다. 개작 작업은 소월시의 시작법이라고

---

35) 『진달내꼿』에 수록된 시의 총 편수가 127편인 것처럼 알려져 왔다. 이는 「旅愁」라는 작품이 시집의 총목차에 '旅愁(一)과 旅愁(二)'로 된 데서 비롯된 오해이다. 「旅愁」는 2연으로 구성된(전정구 편, 『소월 김정식 전집』 1~3, 한국문화사, 1994) 한 편의 시이다.
36) 이 책 뒤편 '소월 김정식 관련 자료'를 참고하기 바람. 필자에 의하여 확인된 개작시는 70편을 상회한다.
37) 개작 과정에서 '우에'가 '우헤'로, 한자 표기가 한글 표기로 바뀌었다. 그러나 예외적으로 맨 처음 발표된 「바다」에서 '배우헤'가 두 번째 고쳐진 작품에서 '배우에'로, 그리고 마지막 손질을 가한 시집 수록본에서 '배우에'로 표기되어 있다. 드문 예이기는 하지만 개작된 일부 시에서 한글 표기를 개작한 작품에서 한자로 고친 경우도 발견된다.

불러도 좋을 만큼 규칙적인 변화 양상을 보여준다. 이러한 점을 감안하여 다음의 두 가지 전제를 염두에 두고 필자는 소월의 작시법의 특징을 살펴 볼 것이다.

시집에 수록된 최종 개작본이 초고나 재고보다 시적 형상화 작업의 완결도가 높다. 수정 작업을 거쳐『진달내꽃』에 수록된 작품들이 소월의 최종적인 그리고 순수한 창작 의지가 나타난[38] 정본이다. 다시 말하면 시집에 개작되어 수록된 시편들은 김억의 영향이나 가필 가능성이 가장 적고, 그 이전에 발표했던 작품보다 독창적인 작시법을 반영하고 있다.[39] 따라서 소월이 최초의 작품을 신문이나 잡지 등에 발표했던 1920년에서 자선(自選) 시집을 상재한 1925년까지 보여준 개작의 변화 과정은 그의 시적 형상화의 발전 과정을 반영한 것이라는 점을 논의의 첫 번째 전제로 삼고자 한다.

어떤 한 시인이 자기 작품에 손질을 가하여 수정하는 경우, 이러한 작업은 기계적인 과정처럼 진행될 수 없다. 소월의 개작 과정도 마찬가지이다. 최초로 활자화된 작품부터 두 번째 고친 작품, 그리고 마지막 개작이 이루어진『진달내꽃』수록본에 이르기까지 소월의 수정 작업이 일관되고 규칙적인 변화 양상을 보여주는 것은 아니다. 이미 활자화된 시들을 수정한 소월의 시적 형상화의 변화 과정이나 시작법의 발전 과정을 기계적인 작업처럼 객관적으로 기술해 내는 것은 한계가 있다. 그것은 과학적 설명이 불가능한 감성과 직관에 바탕을 둔 창조력과 관련되어 있기 때문이다. 개작 과정에 나타난 변화 과정을 몇 가지 유형으로 범주화하기 위한 작업도, 소월이 보여준 개작의 각각 단계의 배후에 있는 통일된 상황이나 그 의의를 규명하는 것으로 만족할 수밖에 없다.[40]

따라서 전형적인 사례를 통하여 개작시의 언어음성, 구성 형태, 의미

---

38) 제1장 '김정식 작품의 재원과 형성 과정'을 참고하기 바람.
39) 소월이 시집을 발간할 즈음에는 김억의 영향에서 벗어나 있었던 것으로 판단된다.
40) W. Kayser, 김윤섭 역,『언어예술작품론』, 대방출판사, 1982, 45면 참조.

구조의 세 단계에 걸친 변화 양상을 시학의 관점에서 정리하여 분석하고자 한다. 이러한 세 가지 단계 / 유형의 변화가 일관되고 규칙적인 통일성을 보여준다면, 이것은 개작 과정 ─ 그의 시적 형상화 과정을 통하여 소월이 의도했던 작시법(作詩法)과 합치될 것이라는 점이 논의의 두 번째 전제가 된다.

1) 시어 표기

필자는 주로 시어의 표기와 관련된 소리효과, 그리고 그것과 시의 형식 또는 의미 내용의 상관성에 대하여 논하고자 한다. 소리효과의 기본 단위가 시어의 음성층에 있고, 그것의 소리효과를 보장해 주는 요소는 표기와 상관관계를 가지고 있다. 따라서 필자는 소월시의 표기 변화를 통하여 소월시의 소리효과의 독특한 일면을 살펴보기로 하겠다. 여기서 필자가 주목하는 소리효과는 1920년에서 1925년 사이에 이루어진 소월의 개작시에 나타난 표기 변화에 관한 것이다. 그런데 문제는 언어나 그것의 표기는 급격하게 변화하지 않고 점진적이면서 완만한 변화를 보여준다는 점이다. 언어의 표기는 동일시기에 실제 통용되는 구어(口語)와 괴리를 가질 만큼 보수성을 띠는 것이 일반적이다.

소월이 본격적으로 작품 활동을 시작했던 1920년부터 시집을 발간한 1925년까지의 5년은 한국어 표기 일반에 큰 변화가 일어날 만큼 긴 기간 / 시간에 해당되지 않는다. 이러한 점에 비추어 볼 때 5년이란 기간에 걸쳐 개작된 70여 편이 『진달내꼿』에 수록되면서 최초의 발표작과 다른 표기 형태를 보여주고 있다는 사실은 소월의 시작법의 현저한 변화나 그의 시적 형상화의 발전 과정을 추적할 수 있는 단서로서 중시될 필요가 있다. 물론 이 시기의 표기 전반에 관한 언어학적인 연구가 미흡한 상태에서 소월시의 개작 과정에 나타난 표기의 변화에 관하여 성급한 추론을 이끌어 내는 것은 위험스러운 일이다. 한글맞춤법통일안이 제정되지 않은 이 시기의 표기는 다소 혼란스러운 양상을 보였을 것이다.

언더우드가 『한영ᄌ뎐』을 발간할 즈음 가장 어려운 문제 중의 하나는 한글 표기의 문제였다. 조선사람 각자가 자기식의 표기를 가지고 있기 때문에 한국어를 표기하는 데 큰 어려움이 있다고 토로한 후, 그는 표기의 혼란을 해결하기 위해 나름의 표기 기준을 마련하려는 방법을 모색했다.41) 언더우드에 이어 지석영이 표기법정리운동을 전개했고, 1907년 학부(學部) 내에 국문연구소가 설립되어 문자·표기법 문제에 관한 관심을 보여주었다.42) 1912년 조선총독부가 제정한 「보통학교용언문철자법」에 의해 한글 표기의 기준이 제시되었고, 이 철자법이 1921년까지 보통학교에서 사용되었다.43) 이러한 점에서 소월이 작품 활동을 하던 시기에는 한글 표기의 기준이 어느 정도 서 있었을 것이다.

공공적으로 권장된 표기법이 있었을지라도 1920년대는 한글맞춤법통일안이 제정되기 이전이었기 때문에 개인에 따라 표기의 기준이 달랐을 수도 있다. 뿐만 아니라 당시의 출판계 사정에 비추어 볼 때 원고가 인쇄되는 과정에서 인쇄공의 오류 발생 가능성이 많았던 것도 사실이다. 소월이 활동하던 시기의 출판 관행을 감안한다면, 소월이 그의 원고와 인쇄된 활자 사이에 발생할 가능성이 높은 인쇄공의 의식적·무의식적인 오류를 교정할 수 없었을 것이라는 점, 신문사나 잡지사의 편집진의 편집 원칙과 표기의 기준에 맞추어야 된다는 점, 혹은 조선총독부 등의 검열기관의 요구44) 등에 의한 불가피한 수정이 가해질 수 있었을

---

41) H. G. Underwood, 「서문」, 『한영ᄌ뎐』, 일본 : 요코하마세이시 분사, 1890.

42) 이기문, 『국어표기법의 역사적 연구』, 한국연구원, 1963, 148면.

43) 김민수의 『국어 정책론』(고려대 출판부, 1973, 711면)과 이익섭의 『국어표기법연구』(서울대 출판부, 1992, 364면) 참조.

44) 검열 당국에 의해 「저급생활(低級生活)」(『문예공론』, 1929.5)의 본문이 삭제당했다. 소월의 경우처럼 검열 당국에 의하여 잡지·신문에 수록되지 못하거나, 일부 내용이 삭제된 작품이 상당수 있었다.

것이라는 점 등을 감안할 때 처음 발표작에서 개작된 결정본에 이르는 소월시의 표기 변화를 통하여 작시법의 문제를 거론하는 것은 상당히 위험한 작업이다. 그러나 동시에 이러한 일련의 사실들은, 첫 번째 발표작에서 마지막 수정된 작품에 이르는 소월시의 표기 변화가 일관되고 통일된 규칙성을 띤다면, 그것은 소월의 의식적이고 의도적인 개작 의지를 반영하고 있다는 추론을 확실하게 보장해 줄 수 있는 조건이 되기도 한다. 이 당시의 출판 상황의 악조건에도 불구하고 첫 번째 작품과 두 번째 작품에서 마지막 수정된 작품에 이르는 개작 과정에서 소월이 최종적으로 택한 표기가 일관성과 통일성을 유지하면서 변화의 과정이 규칙적인 양상을 띤다면, 이것은 소월의 작시법의 소산일 가능성이 크기 때문이다.

소월이 활발하게 작품 활동을 했던 1920~25년 사이에는[45] 공인된 표준어가 제정되지는 않았다. 그러나 이 시기에 한글 표기의 기준이 있었으며, 한국어 표기의 관행도 급격하게 바뀌지는 않았다. 일반적으로 언어의 표기는 급격하게 변화하지 않고 점진적이고 완만한 변화를 보여준다. 표기법은 "일단 자리가 잡히면 쉽게 바뀌지 않는, 함부로 바꾸기 어려운 성질"을 가지고 있다.[46] 이것을 흔히 '문자의 보수성'이라 한다. 이러한 점에서 5년이란 기간에 걸쳐 개작된 시들이 『진달내꽃』에 수록되면서 처음 발표된 작품과 수정본이 서로 다른 표기 형태를 띤다면, 그것은 소월의 개작 의지가 반영된 것으로 판단해야 한다. 개작 과정에 나타난 소월시의 표기 변화는 시작법의 발전 과정이나 시적 형상화의 변화를 추적할 수 있는 단서로서 중시되어야 하는 이유가 여기에 있다.

최초로 발표한 작품에서 마지막으로 수정된 시집 수록본에 이르는 개작 과정의 표기 변화가 일정한 규칙과 범주화가 가능하고 그것이 통

---

45) 이 글에서 다루는 표기 변화의 시기는 최초의 작품이 발표된 1920년부터 시집이 발간된 1925년 사이의 기간이다.
46) 이익섭, 앞의 책, 375면.

일성과 일관성을 유지한다면, 그러한 변화는 소월의 작시법과 밀접한 연관성을 갖는다. 시의 소리효과와 관련된 그것은 소월이 수정 작업을 통하여 드러내고자 했던 독특한 작시법의 반영으로 이해해야 하기 때문이다. 필자의 주요 작업은 개작 과정에 나타난 표기의 변화 과정을 고찰하여 '소리와 의미'의 측면에서[47] 소월의 시학의 특징을 살펴보기 위한 것이다.

소리는 리듬과 서로 협력하여 시의 음악성을 낳고, 그 음악성은 두 가지의 일반적 기능을 제공한다. 하나는 그 자체의 즐거움의 전달이고, 다른 하나는 의미의 강화와 의미 전달 능력의 증대이다.[48] 소월시의 표기 변화는 이 두 가지 기능이 나타나는데, 특히 중요한 것은 개작 과정에서의 표기 변화가 시의 의미를 보강하거나 강화하는 요인으로 작용한다는 점이다. 음악과 뚜렷이 구별되는 시의 독특한 기능은 소리의 전달이 아닌, 소리를 통한 의미와 경험의 전달이다. 일류급의 시에서 소리는 그것 자체의 단순한 장식을 위해서가 아니라 의미의 매개체로서 존재한다.

페린이 지적하였듯이, 소리의 일반적 기능은 시의 전체적 의미에 기여하는 것이지 음(音) 자체의 과시에 있는 것은 아니다.[49] "의미들은 본질적으로 단어음들과 결부되어"[50] 있기 때문에 소월시에 나타난 표기 변화에 대한 작시법의 의의를 어느 한 측면으로 범주화할 수 없고, 그것을 소리효과의 측면에 한정하기도 어렵다. 소월시의 개작 과정에서 보편적인 시학의 관점에서 설명하기 어려운 특이한 수정의 사례가 나

---

47) '음성적인 면'은 시의 '일반적 구조의 중요한 요인'(R. Wellek 외, 김병철 역, 『문학의 이론』, 을유문화사, 1985, 223면)이고, 시의 '의미'(Laurence Perrine, 조재훈 역, 『소리와 의미』, 형설출판사, 1998, 425~457면)와 긴밀히 연결되어 있다. '소리와 의미' 효과에 관련된 소월시의 표기에 관한 필자의 관심분야는 '언어적 음성형상의 층'(R. Ingarden, 이동승 역, 『문학예술작품』, 민음사, 1985, 50면 이하 참조)이다.
48) Laurence Perrine, 위의 책, 425면.
49) Laurence Perrine, 위의 책, 426면.
50) Roman Ingarden, 앞의 책, 80면.

타나고, 서로 모순되는 변화를 보이는 이유도 그것이 시의 전체적인 의미와 관련되어 있기 때문이다. 그러나 상호 모순되는 표기 변화나 무원칙한 수정 사례가 개작의 주요 부분을 차지하는 것은 아니다. 소월의 개작은 그 자신의 독특한 작시법을 반영한 것으로 판단해도 무리가 없을 만큼 그 이면에는 일관성과 통일성을 보여준다. 따라서 이 글에서는 시의 전체적 의미에 관여하는 시어의 특수한 소리효과의 기능에 주목하면서 개작시의 표기 변화 양상의 중요한 부분만을 살펴보고자 한다.

(1) 현실음 표기

수정 작업을 거친 개작시의 시어 표기는 그 이전에 발표된 최초의 작품이나 그것을 다시 고친 작품의 표기와 다른 양상을 보여준다. 소월은 동일한 어휘에 대해 각각 다른 형태의 표기를 사용했는데, 이러한 그의 수정 작업이 당대에 통용되었던 서울 중심의 문학어를 시어로 사용했던 것인가, 혹은 그 당시 출판사의 편집인이 권장하던 어휘 표기의 관례에 따른 것인가, 그렇지 않으면 시어의 소리가치에 대한 예리한 인식의 소산인가는 분명하지 않다. 그러나 시집에 수록된 개작시에는 당시의 민중들이 실제 발음했던 소리를 표기에 반영하려는 일관된 의도가 반영되어 있다. 그러한 의도가 자신이 사용하던 지역어를 시어로 채택하려는 노력의 일환일 가능성을 전적으로 배제할 수는 없지만, 중요한 것은 처음 발표한 작품과 그것을 수정한 개작시, 즉 결정본에 나타난 시어 표기 변화의 양상이 규칙적이고 통일성이 있다는 점이다.

그꼿을 — 그꼿츨

—「진달내꼿」

봄빗이 — 봄빗치

—「金잔듸」[51]

조선총독부에서 1912년 4월에 제정한 「보통학교용언문철자법」에 '꼿츤'·'빗츠로' 등의 표기 용례가 보인다.52) 결정본에는 그 당대에 통용된 현실음의 표기에 일치시키려는 노력이 나타나 있다. 초고본에서 결정본에 이르는 표기 변화는 시어의 소리가치에 대하여 소월이 관심을 보여준 것으로 판단되는데, 그는 당대의 사람들이 실제로 발음하는 소리를 표기에 반영하려고 했던 듯하다. 이것은 개작 과정에서 소월이 그 당대의 언어 표기 관행이나 한글 표기의 어떤 기준을 감안했을 수도 있다. 그렇지만 그것보다는 당시의 언중(言衆)들에 의하여 발음되는 실제 소리를 개작시의 시어 표기로 채택하여 낭송의 수월성과 유연한 리듬 효과를 얻으려는 작시의식의 발로였던 것으로 판단된다.

넙헤-넙헤-넙페

—「山우헤」

덥허라-덥허라-덥퍼라

—「봄밤」

깁히-깁피

—「님의노래」

'넙헤'를 '넙페'로 표기한 것은 실제 발음에서 차이를 보이지 않는다는 점에서 크게 문제시될 변화가 아닐지 모른다. 그러나 이러한 변화는 시를 대하는 독자에게 '시각상'의 차이를 분명히 인식시켜 준다. 그것은

---

51) 이하 인용된 작품의 출처는 『소월 김정식 전집』 1~3(전정구 편, 한국문화사, 1994)이다. 시어의 인용 순서는 '초고본-재고본-시집 수록본'이다. 초고본은 육필원고나 신문／잡지 게재본이다. 재고본은 초고본에 손질을 가한 작품이다. 시집 수록본은 최종 개작되어 『진달내꼿』에 수록된 작품이다. 「숲잔듸」처럼 재고본이 없는 경우, 첫 번째 시어는 '초고본'의 것이고, 두 번째 시어는 '시집 수록본-결정본'의 것이다.
52) 김민수, 『국어 정책론』, 고려대 출판부, 1973, 712~713면 참조.

동일계통의 자음 'ㅂ'과 'ㅍ'의 반복효과를 보여주는 것이다. 개작시의 연철 표기는 발음의 수월성을 고려한 청각적인 소리효과뿐만 아니라, 같은 계열 음소(音素)의 반복이라는 시각적 효과를 배려한 것이다. 「제비」를 비롯한 상당수의 개작시에서 소월은 실제 발음 그대로의 표기를 선호함으로써 이러한 의도를 실현하고 있다. 이것이 개작시에서 연철 표기 형태가 나타난 이유이다.

날아단이는—나라다니는

—「제비」

저믈어도—저므러도

—「해가 山마루에 저므러도」

낭송이나 리듬의 효과를 의식하면서 천천히 읽을 경우, '날아단이는'과 '나라다니는'은 발음의 수월성이라는 면에서 차이가 있다. 결정본에서 소월은 유연한 리듬과 낭송효과를 빚어내기 위해 시어의 발음이 용이한 표기를 선호했다. '돗아나오고—도다나오고'(「개여울」)의 경우도 이러한 예의 하나인데, '돗아—'에서 '도다—'의 변화는 17~18세기 근대국어의 칠종성법과 관련된 것으로 보인다. 동시에 그것은 시어의 낭송에서 한결 부드럽고 유연한 소리효과를 빚어내기도 한다. 소월은 개작과정에서 시어의 소리효과에 대단한 관심을 보인 것으로 판단되며, 이것은 곧 그의 시학의 핵심에 자리 잡은 중요한 일면이다. 소월은 발음하기 쉬운 표기를 택하여 낭송의 수월성과 유연한 리듬효과를 의식했고 이러한 점이 개작시에 반영되어 있다.

들어와—드러와

—「꿈꾼그옛날」

「꿈꾼그옛날」의 예처럼 소월은 시집을 엮는 과정에서 이미 발표했던 작품을 대상으로 수정을 가하여 시어의 유려한 소리효과를 빚어내는 쪽으로 표기를 고쳤다. 처음 발표된 작품과 개작본 사이의 표기 변화의 중요한 측면은, 소월이 시어의 표기에서 실제 발음을 충실히 반영하려는 의식적인 노력을 보여주었다는 점이고, 그것이 개작시에서 현실음 표기로 나타났다는 사실이다. 끊임없는 수정 작업을 통해 자신의 시를 완성하려 했던 소월은 시집에서 시어의 소리효과를 빚어내기 위해 발음하기 쉽고 유연한 리듬에 어울리는 실제 발음을 표기에 반영하려는 작시법을 보여주었다.

(2) 의고적 표기

정주방언을 모르고는 소월시를 제대로 이해할 수 없을 만큼[53] 그의 시어에는 지역어가 개입되어 있다. 그러나 적어도 시어의 소리효과와 관련하여 검토해야 할 중요한 점은 개작 과정에 나타난 표기 변화의 문제이다.[54] 변화된 시어 표기에서 소월은 자기 지역어를 배제하려는 의식을 보여주고 있다.

    피는—픠는

—「無心」

    피여—피어—퓌어

—「풀짜기」

---

53) 이기문, 「소월시의 언어에 대하여」, 『국어학연구』, 신구문화사, 1983.
54) '소월의 시어에 나타난 정주지역어'에 관한 이기문의 '언어적 고찰'(위의 글)로부터 도움을 받았다. 그러나 소월시에 나타난 표기 변화에 관한 필자의 관심사는 '소월시어에 반영된 정주방언적 요소에 관한 어학적 문제'(같은 글)가 아니라 '시어의 표기 변화에 나타난 소월의 시작법이나 작시의식에 관한 문학적 / 창작적 문제'이다.

정주방언을 직설적으로 도입했던 백석시에도 '피는' 혹은 '뛰어'와 유사한 용례가 보인다.55) 그러나 소월의 개작시에 나타난 '피는'에서 '픠는'으로의 표기 변화는 방언의 관점에서보다는 다른 각도에서 검토할 필요가 있다. '피다'의 고어형이 '픠다'라는 점에서56) 이러한 사실을 확인할 수 있다. 소월은 현대 표기를 고어 표기로 바꾸는 작업을 시도했는데, 그것은 일반적인 표기 변화의 관행에 어긋나는 것이다. 소월시어에 정주방언적 요소가 개입되어 있지만, 그는 지역어를 직설적으로 사용하는 데 신중했다. 시어 표기의 측면에서 소월은 의고적(擬古的) 형태를 취함으로써57) 독특한 소리효과를 자아내려는 의식을 보여주었다.

    산우에—산우혜

—「달마지」

「달마지」의 수정 작업에서 주목되는 것은 서로 다르게 표기된 '우'의 표기이다. '우에'의 경우 소월은 대부분의 개작시에서 '우혜'로 고쳐 놓았다. 같은 방언권에 속하는 백석 시인의 작품에는 '웋에'로 나타난다.58) '우혜'는 일종의 연철 표기로서 실제 소리 나는 발음에 가까운 표기이다. 반면에 '웋에'는 분철 표기이다. 후자의 표기에서 '웋'의 받침이 현실적으로 발음되지 않을지라도 그것은 '우혜'라는 소월식의 표기와

---

55) 「彰義門外」의 "히스무레한꽃도 하나둘픠어있다"(김학동 편, 『백석전집』, 새문사, 1990)가 그러한 예이다. '픠어'의 표기에서 백석과 소월이 별 차이를 보이지 않는다. 이러한 점에서 이 어휘가 특정지역어 / 정주방언일 가능성은 희박하다. '픠어'는 시어의 소리효과와 관련된 고어형의 표기로 판단된다.

56) 유창순, 『이조어사전』, 연세대 출판부, 1984.

57) 곽충구는 유기음을 종성으로 갖는 체언이나 용언의 표기법을 세 가지 유형으로 분류하면서, 1유형에서 3유형으로 표기가 변천되어(「18세기 국어의 음운론적 연구」, 『국어연구』, 서울대, 1980) 왔음을 지적했다. 개작된 소월시어는 현대 표기(3유형)에서 중세 / 근대 표기(1 / 2유형)로 바뀌는 특징을 보여준다. 일반적 표기 변화와 역행하는 소월시어의 변화를 필자는 의고적 표기 유형으로 범주화했다.

58) 『백석전집』에 거의 예외 없이 '웋'으로· 표기되어 있다.

'시각적으로 차이'가 있다. 소월식의 표기가 음성 중심 표기인[59] 데 반하여 '옹에'라는 백석식의 표기는 의미 중심 표기에 속하는 것이다.

『사슴』(1936)에 수록된 대부분의 시가 그렇듯이, 백석은 투박한 지역 방언을 생생하게 재현하여 자신의 시세계에 독특한 향토색을 부여하려 했다. 그러나 소월은 적어도 방언의 소리효과에 관한 한 백석처럼 특정 지역어의 특이성을 시어에 그대로 반영하지는 않았다. 그 차이가 상이한 리듬효과로 나타나는데, 시의 낭송에서 백석시의 소리효과는 단속적으로 똑똑 끊어지는 스타카토(staccato) 리듬이 우세하다. 반면에 소월시의 그것은 지속적으로 연결되는 유연하고 부드러운 레가토(legato) 리듬으로써 백석의 그것과 다른 효과를 보여준다. 백석에 비해 소월은 시어의 낭송효과에 민감하게 반응을 보인 셈이다. 그것은 소월시가 영랑이나 미당의 시와도 대비되는 점이다.

> 「오―매 단풍들것네」
> 장광에 골붉은 감닙 날러오아
> 누이는 놀란듯이 치어다보며
> 「오―매 단풍들것네」
>
> ―김영랑, 「누이의 마음아 나를보아라」 부분[60]

> 麝香 薄荷의 뒤안길이다.
> 아름다운 베암
> 을마나 크다란 슬픔으로 태여났기에, 저리도 징그라운 몸둥아리냐
> ―서정주, 「花蛇」 부분[61]

서정주나 김영랑은 백석처럼 자신의 지역 방언을 직접 시어로 사용

---

59) 개작시는 한자어를 한글로 바꾸었다. 이 점은 의미 중심의 표의문자를 소리 중심의 표음문자로 바꾸기 위한 의도가 개입된 것이 아닌가 생각된다.
60) 김학동 편, 『김영랑』, 문학세계사, 1993.
61) 서정주, 『미당서정주시전집』, 민음사, 1983.

했다. '오—매'나 '을마나' 등이 주는 소리효과와 어감은 표준어의 그것과 큰 차이가 있다. 그러나 소월은 이러한 차이를 의도했다 할지라도 자신의 방언을 이들과 다른 스타일로 사용하고 있다. 음성적 측면에서 소월은 자신의 방언을 직설적으로 활용하지 않았다.[62] 시집에 수록된 최종본/결정본에는 고아하고 유장한 고어의 음을 시어의 소리로 표현해 내려는 의도가 반영되어 있다. 소월은 시집을 엮으면서 시의 낭송에서 고전적 정감을 불러일으키는 소리효과를 얻기 위해 의고형의 시어 표기를 선호했다. 「박고랑우헤서」의 표기 변화는 이러한 추론을 뒷받침해 준다.

　　호미—호믜

—「밧고랑우헤서」

'호믜'는 정주방언이라기보다는 고어에 가까운 의고적인 표기 형태를 보이는 시어이다. 호미의 고어가 '호믜'라는 점에서 그렇다. 「저녁째」의 경우 초고본에 나타나는 '소리'가 결정본에서 '소래'로 바뀐 것도 유사한 예이다. 물론 '소리'(『석보상절』)와 '소래'(『월인석보』)가 거의 같은 시기에 사용되기도 했지만 현대어의 경우 '소리'보다는 '소래'가 고전적인 어감을 자아내는 시어임이 일반적으로 인정된다.[63] 소월의 최종적인 개작 의지가 반영된 시집에 수록된 다음과 같은 작품에서도 이러한 의식이 나타나 있다.

---

62) 평안도 방언에 관한 언어학적 연구가 선행될 때 소월시어에 대한 풍성한 성과가 기대될 수 있다. 필자는 평안도 방언을 직접 도입한 백석시와의 비교를 통하여 소월시의 정주방언적 요소를 가늠하고자 했다. 백석 전집 편찬자의 주석 작업을 비롯하여 김영배의 『平安方言研究—增補』(태학사, 1997)와 『平安方言研究—資料篇』(태학사, 1997), 김이협의 『평북방언사전』(한국정신문화 연구원, 1981) 등 평북방언관련 자료로부터 도움을 받았다. 그러나 오용/오해의 사례가 있다면 그것은 전적으로 필자의 책임이다.
63) 『진달내꽃』의 「물마름」·「밧고랑우헤서」·「녀름의달밤」에서 '호미'는 '호믜'로 표기되어 있다. 시집에서 '소리'의 표기는 '소래'와 '소리'가 혼용되어 쓰이고 있다. '소래'는 「고향(故鄕)」 등 17편의 시에, '소리'는 「무덤」 등 8편의 시에 나타난다.

두나래펼쳐

—「들도리」

「들도리」는 초고본이나 재고본이 발견되지 않는 작품이다. 이 작품은 개작시가 아닐 수도 있는데, 이 시에 등장하는 '나래'는 고어에 가까운 의고적 표기에 속한다. '메기슭에서어정거리는'(「無信」)의 경우도 '산'에 대응하는 '메'라는 고어가 나타난다. 고어 활용의 빈도가 높다는 점에서 「月色_{월색}」과 「記憶_{기억}」에 보이는 '싁멋업시'라는 시어도 정주지역어라기보다는 고어에 가까운 것으로 판단된다.

우둑키 싁멋업시 잡고섯던

—「月色」

싁멋업시 섯든

—「記憶」

'싁멋업시'는 지역방언과 관련된 언어가 아니다. 이 어휘는 어원적으로 중세어의 '스믓하다'나 '스므시'와 관련이 있다.[64] 「月色_{월색}」이나 「記憶_{기억}」의 예처럼 소월은 자신의 시어를 고전적 정감이 묻어나는 의고적 표기로 바꿔 시의 내용적 측면을 보강하려는 의식을 보여주었다. 「님의 노래」의 표기 변화도 이러한 사실을 뒷받침한다.

일허버려요—일허바려요

—「님의노래」

'버려요'보다는 '바려요'가 고풍스런 감정을 불러일으키는 데 적합하다. 「맛나려는心思_{심사}」의 경우도 초고본의 '올길좃차업는 데'가 결정본

---

64) 이기문, 앞의 글.

에서 '올길바이업는 데'로 고쳐졌다. '올길좃차'가 현대적인 어감에 가까운 것이라면, '올길바이'는 고전적인 어감을 불러일으킨다. 『진달내꼿』의 다음과 같은 어휘들도 이러한 예에 속한다.

> 못하노란다
>
> —「어버이」

> 혼자서잠드누나
>
> —「默念」

> 부르노라
>
> —「招魂」

> 눈물흘니우리다
>
> —「진달내꼿」

소리효과의 측면에서 '못한다'보다는 '못하노란다'가 고전적 정감을 불러일으키는 것은 당연하다. '잠든다'와 '잠드누나', '부른다'와 '부르노라'의 경우도 마찬가지이다. 시어의 음향효과에 대한 예리한 인식을 보여준 소월이, 정주방언을 자신의 시어에 반영하려는 의식이 철저했다면 『진달내꼿』에는 구개음화 현상이 나타나지 않아야 한다. 왜냐하면 정주방언에는 구개음화가 없기 때문이다. 시집에 수록된 작품에 구개음화 현상을 보이는 시어 표기가 다수 보인다.

> 졌다가도
>
> —「무심」

> 죠와라
>
> —「님과벗」

정주방언에서 볼 수 없는 구개음화 현상이 소월의 시어 표기에 자주 나타난다. 그는 구개음화에 관한 한 "거의 언제나 중앙어인 서울말을 따르고"[65] 있다. 소월은 자신의 방언을 철저히 고수하려는 의식이 없었다. 오히려 그는 정주방언을 고전적 정감이 묻어나는 의고적 표기로 변용시켜서 독특한 소리효과를 얻어 내려는 작시의식을 보여주었다. 「옛니야기」의 개작 과정에서도 그는 초고본의 '족으마한'을 결정본에서 '죠그만한'으로 표기했다. 그것은 의고적 표기가 불러일으키는 소리효과를 의도한 것이다.

개작시에서 소월은 초고본이나 재고본의 시어를 고어에 가깝거나 유사하게 표기했다. 그것은 전통적인 조선인 고유의 삶이나 그 체험을 시의 소리효과나 혹은 시낭송의 리듬을 통해 환기시키려는 노력의 일환으로 파악된다.[66] 이러한 점에서 의고적 표기는 시어의 고전적 정취와 고아한 소리효과를 구현하려는 소월의 시작법의 중요한 일면으로 파악된다.

(3) 개성적 표기

개작 과정을 거쳐 『진달내꽃』에 수록된 작품에는 소월이 작품 활동을 하던 시기에 통용되었던 표기를 변형시킨 것으로 판단되는 상당수

---

65) 이기문, 앞의 글.
66) 한국어는 일반적으로 이중모음에서 단모음의 형태로 바뀌어 왔다. 소월이 개작 과정에서 보여준 표기 변화는 이러한 국어 일반의 관례에 역행하고 있다. 개작시의 표기 변화에는 국어 표기의 일반적인 변화나 그 당시 표기 관행과 무관한 소월 자신의 독특한 작시법이 반영되어 있다. 그것은 깊고 유장하고 고풍스러운 시어의 소리효과와 관련이 있다. 이러한 인식을 '구름되어-구름되여'(「새벽」)나 '저므도록-져무도록'(「님의노래」) 등 단모음을 이중모음으로 바꾼 예에서도 확인할 수 있다. 이중모음의 소리효과가 두드러진 「님의 노래」나 「새벽」 외에도 '안젓지-안젓지-안잣지'(「봄밤」), '안저서-안자서'(「개여울」), '벌서-발서'(「밤」) 등 음성모음 'ㅓ'를 양성모음 'ㅏ'로 바꾼 사례도 보인다. 이것은 맑고 깨끗한 양성모음이 주는 시어의 소리효과에 대한 배려로 판단된다. 예외적이지만 '말아라-마러라'(「옛낫」)의 변화가 나타나기도 한다.

의 시어 표기가 나타난다. 소월식의 개성적 표기에 해당하는[67] 이러한 표기는 독특한 소리효과를 빚어내는 데 일정하게 기여하고 있다.

　　즈러－즈려

—「진달내꼿」

　　이기문이 지적한 대로 '즈려'는 서울말에는 없는 형태이다. 정주방언에서 '즈려'에 대응하는 말은 '지레' 또는 '지리'이다. 소월은 서울말에서 사용되지 않는 형태에 대해서까지 서울말 비슷하게 고쳐 쓰려는 노력을[68] 보여주고 있다. 「자나깨나 안즈나서나」의 개작 과정에서도 소월은 자신의 방언을 서울말로 표기하려는 의식을 보여주고 있다.

　　떠납니다구려－떠납니다그려

—「자나깨나 안즈나서나」

　　무덤가－무덤까

—「달마지」

　　정주방언에 가까운 '구려'를 소월은 개작시에서 서울말식으로 '그려'로 바꾸고 있다. '무덤가'를 '무덤까'로 고친 것은, 특수한 예에 속하는데, 이기문이 추정한 대로 소월이 정주방언에서 '가'는 서울말에서 '까'로 발음된다는 사실을 알고 서울말식의 표기로 고쳤을 것이다. '가'에서 '까'로의 변화는 표음주의를 채택한 결과로 해석될 수도 있다. 그러나 사실은 그렇지 않다. 『진달내꼿』의 상당수 작품에서 '가'에 해당하는 부분이 '까'로 표기되어 있다는 점에서 이기문의 예측대로 소월은 서울말

---

67) '개성적 표기'는 당시에 통용된 / 공용된 표기를 변형시켜서 소월이 독특하게 표기한 것을 지칭하기 위해 필자가 부여한 명칭이다. 그것은 당시의 표기 관행과 미묘한 차이를 보이는 것으로, 소월 스타일의 독자적 표기나 인위적 표기에 해당한다.
68) 이기문도 「소월시의 언어에 대하여」에서 이러한 점을 지적하고 있다.

식의 표기를 선택한 셈이다.

> 벌짜의 하로일을
>
> — 「바라건대는 우리에게 우리의보섭대일쌍이 잇섯드면」
>
> 축업는벼개짜의
>
> — 「님에게」

「님에게」나 「바라건대는 우리에게 우리의보섭대일쌍이 잇섯드면」에 나타난 '벌짜'나 '벼개짜'의 예로 판단할 때 소월은 정주방언이 서울식의 발음으로 읽히기를 바라고 있었다. '별납은'과 '그립은' 등이 소월 스타일의 표기법이라는 사실이 인정된다면[69] 『진달내꼿』에 개성적이고 독자적인 소월식의 독특한 표기가 반영되어 있다는 추론 또한 타당하다.

> 서름이외다
>
> — 「님에게」
>
> 떠납니다그려
>
> — 「자나깨나 안즈나서나」
>
> 한세상지내시구려
>
> — 「못니저」
>
> 흐릅듸다려
>
> — 「가는길」

'외다'와 '그려' 그리고 '구려'는 정주방언에서 '웨다'와 '그레' 그리고 '구레'로 발음된다. 이기문의 지적처럼 '읍듸다려'에 대응하는 정주 지역어는 '읍데다례'나 '읍디다례'이다. 그러나 소월은 지역 방언을 소

---

69) 이기문, 앞의 글.

리 나는 그대로 표기하지 않았다. 시집의 시어 표기에서 소월은 정주방
언을 중앙어/서울어 표기로 바꾸었다.

　　　물과갓치

—「無信」

　　　그와갓치

—「사노라면 사람은 죽는것을」

　　　해달갓치

—「꽃燭불 켜는밤」

　‘갓치’는 정주방언에서는 ‘가티’로, 서울말은 ‘가치’로 표기된다. 소월
은 방언의 표기와 표준어의 표기를 자신의 시어 표기 속에 융합시키고
있다. 정주방언이나 서울말이 아닌, 이 두 언어의 발음을 교묘히 결합시
킨 개성적인 표기가 시집에 많이 보인다.

　　　수접음에

—「失題」

　『평북방언사전』에 의하면 ‘수접음’의 방언은 ‘스집음’이다. 이에 대응
하는 서울말은 ‘수줍음’이다. 소월은 방언과 서울말에 없는 ‘수접음’이
라는 표기 형태를 만들어 사용하고 있다. 이러한 표기 형태는 정주방언
이나 그 당시 통용되던 서울 중심의 문학어도 아닌 소월 스타일의 독특
한 표기이다.70) 그는 정주방언과 서울 중심의 중앙어의 표기를 교묘히
결합하여, 자신의 시의 음향효과를 의도하는 독특한 표기 형태를 개발
했다. 정주방언과 서울말을 결합하여 자신만의 표기를 만들어 빚어낸

---

70) 이기문(앞의 글)도 이 점을 지적했다.

음향효과가 소월시의 소월시다움을 보장하는 요소이다.

　　싀샘

—「접동새」

　「접동새」에 보이는 '싀샘'의 방언은 '스샘'이고 표준어는 '시샘'이다. 소월은 자신의 시어에서 방언이나 서울말에 없는 표기를 만들어 내고 있다. 이것은 독특한 정주방언과 서울말의 소리효과를 함께 살리고자 하는 노력으로 보인다. 즉 소월은 지역 방언이 지닌 소리효과를 서울말의 표기에 반영하였다. 그것은 특정 지역의 음색(音色)을 지닌 방언을 세련된 중앙어와 통합하여 각각의 소리효과가 지닌 장점을 살리려는 작시법을 보여주는 것이다.

　소월은 방언과 서울말의 표기를 통합하여 두 언어 표기의 융합에 따른 소리효과의 상충이나 갈등을 극소화하려 했다. 그러기 위해서 정주방언에도 없고, 서울말에도 없는 독특하고 개성적인 표기를 만들었을 것이다. 그 결과 소월은 독창적인 시어 표기가 불러일으키는 유연하고 정교한 어감을 개작본에 부여했고 소월 스타일의 독특한 서정성／정감을 강화했다. 개성적인 시어의 소리효과를 의도했던 소월은, 투박한 느낌을 주는 방언의 중앙어화와, 매끄럽고 세련된 느낌을 주는 서울말의 방언화를 통하여 자신의 시의 독특한 소리효과를 빚어냈다. 그것은 상충의 소지가 있는 두 지역어의 표기를 독특하게 융합하여 독자적인 시어 표기에 반영함으로써 그 자체를 '울림'의 언어로 만들었다는 점이다.

　이러한 시인의 노력은 정주방언과 서울 중심의 문학어를 재료로 하여 특수한 음향효과를 창출하려는 작시법의 한 양상으로 이해된다. 이것은 시어의 표기에서 독특한 스타일의 리듬이나 낭송의 효과를 창출하기 위한 소월식의 개작 의지의 반영이기도 하다. 개작 과정에서 '미친듯'에 시옷을 첨가하여 '밋친듯'으로 표기된 「첫치마」의 경우도 소월이 인위적으로 만들어낸 개성적 표기의 한 양상으로 파악할 수 있다.

불가튼-붉갓튼

—「붉은潮水」

서서 들어도-섯서드러도

—「님의노래」

시옷이 첨가된 개작시의 시어는 초고본의 그것에 비해 독특한 소리 효과가 강화되었다. 소월은 이와 같은 시어 표기를 통하여 그 자신의 시의 특수한 소리효과를 성공적으로 구현했다. 당시의 관행에서 일탈한 소월 스타일의 표기는 소월적인 소리효과와 그것이 빚어내는 리듬을 구현하는 데 일정하게 기여하고 있다. 이러한 점에서 소월이 최후의 손질을 가한 마지막 판본인 『진달내꼿』에 수록된 시편들은 소월 자신의 순수한 창작 의지를 담은 결정본으로서 손색이 없다.

소월은 시어의 소리가치에 대한 참신한 인식을 보여주고 있다. 음성적 표기에는 시낭송의 수월성과 리듬의 유려한 효과를 보장하려는 작시의식이 반영되어 있다. 소월이 의고적 표기를 최종 수정본에 도입한 것은 의고적 표기 그 자체보다는 유장하고 고아한 효과음을 창출하여 전통적인 조선인의 정감이나 한민족 고유의 리듬을 시의 소리효과로 환기시키려는 데 있었다. 의고적 표기를 택함으로써 소월은 『진달내꼿』에서 그가 지향했던 전통적인 정한의 세계를 보다 강화시켰다. 그리하여 그는 몰전통적이고 서구 지향적인 1920년대의 혼란스런 문학 풍토를 극복하려는 예술적 형상화의 의지를 보여주었다. 소월이 정주방언과 서울말에 없는 그 자신의 독특한 개성적 표기를 사용한 것은 음향효과가 돋보이는 독창적인 시를 창조하려는 의식에서 비롯되었다. 이로 인해 시집에 수록된 개작시들은 가장 소월시적인 특징을 보여주고 있으며, 결정본으로서의 자격을 갖추게 된다.

소리효과와 관련이 있는 표기 변화를 통해 필자는 소월의 작시법상
의 몇 가지 특성을 살펴보았다. 이러한 특성을 확인하는 작업에서 시집
수록본이 소월시의 정본이 되어야 한다는 점이 명확해졌다. 소월은 독
특한 소리효과를 창출하기 위해 개작시에서 정주방언적 요소를 제거하
려는 노력을 보여주었는데, 현실음 표기나 의고적 표기, 혹은 개성적 표
기에 그러한 노력이 나타나 있다. 소월은 정주방언을 직설적으로 표기
에 반영한 것이 아니라, 시어의 음성층—표기법에서 그것을 변형시켜
시어의 다양한 소리효과를 강화하는 전략으로 활용했다.

2) 구성 형태

단어는 소리·외연·내포의 세 가지 요소를 지니고 있다. 적은 단어
로 많은 의미를 세시하는 문학어의 경우, 이 세 가지 요소 가운데 의미
를 다양하게 만드는 수단은 내포이다. 그것은 의미의 다양성을 효과적
으로 표현하는 방법이 되기도 하며 작가의 경험을 구체적이고 감각적
으로 전하는 수단이 되기도 한다. 소월은 개작 과정에서 단어들을 교체
하거나 다시 배열하여 다양하고 풍부한 의미를 생성하는 작시법을 보
여주고 있다. 그는 적절한 단어를 선택하거나 반복되는 단어를 삭제하
고 시적 문맥에 어울리는 최적의 단어로 교체하고 있는데, 그것은 의미
표현의 순서에 맞게 단어들을 재배치하거나 교체하면서 전체 시 형식
의 균형과 조화를 추구하는 구성 형태를 지향한 의식의 반영으로 보인
다. 그는 이러한 작업을 통하여 의미를 강화하거나 단일한 의미나 확정
적인 의미를 다양하고 풍부하게 만드는 구문으로 변화시키고 있다.

소월은 개작 과정에서 단어의 선택과 배열을 최상의 것으로 바꾸면
서 자연스럽게 구문의 변화를 추구하고 있다. 소월이 보여준 구문 변화

는 단어의 교체와 밀접하게 맞물리면서 내용의 응집성과 형식의 통일성을 지향하는 방향으로 진행되고 있다. 그것은 형식의 조화를 추구하면서 소월시다움의 내적 질서를 이루는 과정으로 이해될 수 있으며 내용과 형식 사이의 부조화를 없애는 효과를 거두고 있다. 동시에 최초의 작품에 비해 개작시의 시행이 정제된 것은 전체 작품의 구성 형태가 규칙적인 조화를 획득한 것이고, 그것은 시의 본질적 요소에 속하는 율격의 단위를 정제하고 리듬에 생동적인 변화를 가져오는 작업이기도 했다. 문장 구성은 리듬패턴의 형성과 밀접히 관련되어 있는데, 소월은 그것의 변화를 통하여 규격화된 율격의 틀 안에서 리듬의 변화를 시도하기도 했다. 그는 기본 율격에 다양한 변화를 주기 위해 문법적 수사학적 휴지를 사용했으며 시의 속도감과 운동감을 보강하는 구문 변화를 꾀하기도 했다. 우선 형태 변화 사례를 살펴보기로 하자.

(1) 형태의 균형

처음 발표작에서 마지막 수정본에 이르는 개작 과정에서 소월이 보여준 형태의 변화는 균형 있고 조화로운 시행의 반복과 대칭적인 형태미의 추구이다. 소월은 시행의 엄격한 대칭 속에서 반복을 강조함으로써, 이러한 작시법의 의지를 실현하고 있다. 「못니저」의 개작 과정이 이러한 소월의 개작 의지를 대변한다.

> 초: 못닛도록 생각이 나겟지요,
> 　　그런대로 歲月만 가랍시구려.
>
> 　　그러면 더러는 닛치겟지요,
> 　　아수운대로 그러케 살읍시구려.
>
> 　　그러나 당신이 니르겟지요,

「그립어 살틀이도 못닛는 당신을
오래다고생각인들 써지오릿가?」

결 : 못니저 생각이 나겟지요,
　　그런대로 한세상지내시구려,
　　사노라면 니칠날잇스리다.

　　못니저 생각이 나겟지요,
　　그런대로 세월만 가라시구려,
　　못니저도 더러는 니치오리다.

　　그러나 쏘한굿 이럿치요,
　　「그립어살틀히 못닛는데,
　　어째면 생각이 써지나요?」

—「못니저」[71]

　소월은 결정본에서 1연의 시행 수를 3행으로 규격화시키고 있다. 결정본은 초고에 비해 1연 3행이 규칙적으로 반복되고 있다. 동시에 그는 1연 1행과 2연 1행의 반복을 통하여 물음과 대답이라는 상호 대조적인 의미 국면을 강화함으로써 「못니저」의 형식 구조와 의미 구조의 완벽한 균형을 추구하고 있다. 「못니저」의 초고본에서 결정본에 이르기까지 두드러지게 나타나는 전체 시행의 구조 변화는 대칭과 반복의 강조이다. 형식 구조의 완벽성을 지향하는 소월의 작시의식이 「첫치마」에 이르러서는 시 전체의 의미론적 구성의 대칭성을 강조하려는 의식으로 발전되고 있다. 「첫치마」의 개작은 전체적인 시행의 대칭 구성을 통하여 이 시가 지시하는 의미의 대조적 국면을 부각시키려는 소월의 의식이 돋보인다.

---

71) 이하의 인용시 첫 부분에 표시된 '초'는 처음 발표된 작품, '재'는 초고를 고쳐서 다시 발표한 작품, '결'은 시집에 수록된 작품을 의미한다.

초 : 봄은가나니 저믄날에,
　　꼿은지나니 저믄봄에,
　　속업시 우나니 지는꼿을,
　　속업시 느끼나니 가는봄을.
　　꼿지고 닙떨린가지를 붓안고
　　미친듯 울면서, 저믄봄날에,
　　몸에도 처음감은치마를
　　눈물로 적시는 저믄봄날에
　　혼자서 잡고서 어이업시도
　　집난이(出嫁女)는 설어울어라

결 : 봄은 가나니 저믄날에,
　　꼿츤 지나니 저믄봄에,
　　속업시 우나니, 지는꼿츨,
　　속업시 늣기나니 가는봄을.
　　꼿지고 닙진가지를 잡고
　　밋친듯 우나니, 집난이는
　　해다지고 저믄봄에
　　허리에도 감은첫치마를
　　눈물로 함빡히 쥐어짜며
　　속업시 우노나 지는꼿츨,
　　속업시 늣기노나, 가는봄을.

―「첫치마」

「첫치마」의 결정본은 초고본에 비하여 슬픔이 진하고 강하게 표현되어 있다. 결정본은 '눈물로 적시는 저믄봄날'이 아니라, '눈물로 함빡히 쥐어짜며 울어야 하는 봄날'로 동작성이 강한 서술어를 사용하여 슬픔을 강화시키고 있다. 꽃의 조락이라는 자연현상으로부터 유추된 '봄날의 슬픔'의 강화는, 이 시의 주체인 집난이의 설움을 부각시키는 효과를 빚어내기 위한 것이다. 그런데 이러한 점과 관련하여 주목되는 것은,

설움의 주체인 집난이가 끝 행에서 중앙 행으로 옮겨 오면서 초고본의 10행이 결정본에서 11행으로 늘어난 점이다. 이것은 집난이가 들어간 행을 중심으로 그녀의 설움을 집중시키려는 배려로 보인다. 즉 결정본은 6행의 '밋친듯 우는 집난이'를 중심으로 앞의 다섯 행과 뒤의 다섯 행이 대칭됨으로써 전체 시행에 나타나는 슬픈 분위기를 집난이의 설움에 집중시킬 수 있는 의미 구조를 갖추게 된다.

동시에 초고본의 "미친듯 울면서, 저믄봄날"은 '울면서' 다음에 이어지는 쉼표 때문에 일단 멈춤이 불가피하고 그로 인하여 '저믄봄날'의 낭송에 변화가 오게 된다. 이 시행에서 일어난 낭송의 변화로 인하여 '저믄봄날'이 두드러지게 앞으로 드러나게 된다. 그 결과 '저믄봄날'의 슬픔이 강조되는 모순이 생긴다. 소월은 이 구절을 '밋친듯 우나니, 집난이'라고 바꾸어 쉼표 다음에 이어지는 '집난이'를 두드러지게 내세워 설움의 주체를 자연스럽게 부각시키고 있다.

끝 행의 집난이를 중앙에 배치함으로써, 소월은 가는 봄의 속절없음을 아쉬워하는 감성의 표현을 함축적으로 제시한 셈이다. 집난이의 슬픔이 저문 봄날의 자연현상으로 전이되면서 시를 읽는 독자는 슬픔의 감정이 그리움의 감정으로 변화되는 묘한 느낌을 받게 된다. 「해가 山산 마루에 저므러도」의 개작 과정도 시행 구성의 대칭성을 통하여 의미의 상호 대립성을 강조했는데, 결정본의 1연과 2연의 '해가저믈고'와 '해가 올나오고'의 의미 대립이 그것이다. 3연 1행의 '땅'과 '하늘'의 대비도 마찬가지 효과를 거두고 있다.

초 : 해가山 마루에 저믈어도,
　　　내게두고는 당신째문에 저믈어집니다.

「여봅셔요, 그러한 내생각일낭
　　　내愛人이여, 두番도 마르셔요」.

바람불고 비조차 오는 어둡은밤이라도,
내게는 당신째문에 아츰이 밝아집니다.

결 : 해가山 마루에 저므러도
내게두고는 당신째문에 저믑니다.

해가 山마루에 올나와도
내게두고는 당신째문에 밝은아츰이라고 할것입니다.

쌍이 써저도 하눌이 문허저도
내게두고는 끗까지모두다 당신째문에 잇습니다.
—「해가 山마루에 저므러도」

소월은 작품 구조의 개작 작업에서 규칙과 반복, 균형과 조화의 원칙을 추구했다. 이러한 원칙을 통하여 그는 의미의 상호 대비적이고 대칭적인 국면을 강화하여 형식이 내용을 보강하는 시를 만들고자 했다. 이 때문에 개작된 소월시는 형식의 반복 구성을 통하여 시의 의미의 대립적 국면이 강화되어 있다. 소월은 개작 과정에서 전통시형인 민요의 형식을 창조적으로 응용하려는 의식을 보여주고 있는데, 민요 구성 원리의 중요한 특성이 바로 '반복과 병치'이다.72) 소월시의 전통성과 관련하여 이러한 측면을 살펴볼 필요가 있다. 「예젼엔 밋처몰낫섯요」가 여기에 해당한다. 이 시는 전형적으로 반복과 병치가 두드러지고 있다.

봄가을업시 밤마다 돗는달도
「예젼엔 밋처몰낫서요」

이럿케 사뭇차게 그려울줄도
「예젼엔 밋처몰낫서요」

---

72) R. Finnegan(*Oral Poetry*, N. Y : Cambridge Univ., Prees, 1977, pp.90~109)에 의하면, 민요 구성의 두 가지 중요한 특징은 '반복과 병치'이다.

달이 암만밝아도 쳐다볼줄을
「예젼엔 밋처몰낫서요」

이제금 져달이 서름인줄은
「예젼엔 밋처몰낫서요」

—「예젼엔 밋처몰낫섯요」

　민중의 삶이 살아 숨 쉬는 민요형의 구성 방식을 근대 한국시의 그것으로 재창조한 소월의 시작법이 반영된 또 다른 예는 「닭소래」이다. 이 작품에서 대칭과 조화의 중심축 역할을 하는 것은 가운데에 위치한 3연이다. 그것은 형태의 조화와 구성의 대칭／대비를 돋보이게 한다. 이러한 구조적 아름다움이 소월시의 서정시다움과 전통성을 보강하는 요인으로 작용하고 있다. 반복 구성과 대칭 구성이 돋보이는 「닭소래」의 형태를 살펴보기로 하자.

그대만 업게되면
가슴뒤노는 닭소래 늘 드러라.

밤은 아주 새여올째
잠은 아주 다라날째

꿈은 이루기어려워라.

저리고 압픔이어
살기가 왜 이리 고달프냐.

새벽그림자 散亂한들풀우흘
혼자서 건일어라.

—「닭소래」

　　5연 9행으로 되어 있는 이 시는, 3연을 중심으로 1연과 2연 그리고 4연과 5연이 각각 2행씩 대칭되고 있다. 동시에 이 시는 의미의 구성에서도 상호 대조적인 국면이 강화되어 있다. 1행의 그대가 없는 외로움이 9행의 혼자거니는 행위와 대조되고 있으며, 2행의 '가슴뒤노는 닭소래'는 8행의 '새벽그림자'와 대비되고 있다. 또한 3행에서 밤이 새니 7행에서 삶이 고달프고, 4행에서 잠이 달아나니 6행에서 아픔이 온다. 이 모든 상황은 결국 5행에서 '꿈을 이루기 어렵기' 때문에 발생하고 있다. 소월은 형식／구조 속에 시의 의미를 제시하고 있다. 소월시의 형식은 의미 내용을 지시한다. 시의 형태를 통하여 시의 의미를 제시하고 있는 대표적인 예는 「山有花산유화」이다. 시행의 교묘한 배열로 인하여 이 시의 구성 형식은 비스듬히 누운 산의 형태를 띠고 있다.

山에는 꼿픠네
꼿치픠네
갈 봄 녀름업시
꼿치픠네

山에
山에
픠는꼿츤
저만치 혼자서 픠여잇네

山에서우는 적은새요
꼿치죠와
山에서
사노라네

山에는 꼿지네
꼿치지네

갈 봄 녀름업시

꼿치지네

—「山有花」

산(山)을 옆으로 뉘어놓은 듯한 형태를 보이고 있는 이 시는, 표현 대
상인 산의 의미를 형태로 제시함으로써 형식이 의미 내용을 지시하는
탁월한 시가 되고 있다. 형식과 의미의 조화를 지향하는 소월시의 특징
을 구성의 측면에서 좀 더 살펴보기로 하자.

(2) 구성의 조화

표현 대상의 의미를 보강하는 형태미의 추구는 균형된 시행의 정제
와 음보의 설정에 따른 띄어쓰기를 통하여 리듬패턴을[73] 규칙화하려는
경향과 맞물려 있는 작업이다. 그것은 균등한 낭송에서 규칙적인 리듬
을 구현하려는 소월의 작시법을 반영한 것이기도 하다. 리듬패턴은 운
율의 운동이나 소리의 파동 치는 반복을 뜻하는데, 규칙적이고 시간 간
격이 나타나도록 유형화가 필요하다. 그러나 자유시의 경우 너무 규칙
적이면 다양성을 해치는 결과를 낳게 된다. 반복과 변화가 필요한 이유
가 여기에 있다. 어떤 율격이 지나치게 규칙적이면 운율을 내용에 맞추
는 대신 내용을 율격의 틀 속에 가두는 결과를 빚어낼 수 있다. 기본 율
격이 확립되면 그것으로부터 벗어나는 것이 중요하다. 소월의 개작 작

---

73) '리듬패턴', '음보', '기식 단위' 등의 용어를 필자는 리듬의 주기성이나 그 단위 혹
은 율격도식(律格圖式)을 지칭하는 의미로 사용하고자 한다. 그러나 소월시에서는 율
격도식이 동일하다고 해서 리듬조차 동일하지는 않다는 점을 상기할 필요가 있다. "운
율 단위와 리듬은 별개로 분리하여 다루어야 하고"(W. Kayser, 김윤섭 역, 앞의 책, 374
면), "어떤 시의 운율 단위를 정했다고 해서 그 시의 리듬까지 정했다는 것은 아니
다."(W. Kayser, 김윤섭 역, 앞의 책, 같은 면) 카이저를 비롯한 유수한 문학이론가들이
공통적으로 인정하고 있듯이, 리듬은 모든 시를 개성화하며 그것에는 특수한 힘과 매
력이 내재해 있다. 필자가 소월시와 관련하여 사용하고자 하는 리듬의 의미도 이와 같
다. 소월시의 리듬은 소월지의 소월시다움을 보장해 주는 요소이다.

업에서 시행의 재구성이 갖는 의의가 여기에 있다. 개작시에서 운율이 미묘하고 변화 있게 구축됨으로써 시의 속도감과 운동감이 보강되어 있고, 시의 의미 내용에 부응하는 리듬패턴으로 재배치되어 있다. 「맛나려는心思실사」의 개작 과정에 이러한 의지가 잘 드러나 있다.

<pre>
초 : 저녁해는넘고어스러한물길,
     먼먼山엔어두어일허진구룸.
     맛내려는心事는웬셈일가요.
     그사람이야올길좃차업는데,
     누마중을발길은가쟌말이냐.
     달오르며하늘에우는갈메기.

결 : 저녁해는 지고서 어스름의길,
     저먼山엔 어두워 일허진구름,
     맛나려는심사는 웬셈일까요,
     그사람이야 올길바이업는데,
     발길은 누마중을 가쟌말이냐.
     하눌엔 달오르며 우는기럭기.
</pre>

— 「맛나려는心思」

이 작품의 개작 과정에서 두드러진 변화는 띄어쓰기에 의한 리듬패턴의 균등한 분할이다. 초고의 시행에 비하여 개작된 결정본의 시행은 음보의 의도적인 구분이 두드러지고 있다. 이는 소월이 개작시에서 보다 규칙적이고 반복적인 유연한 낭송을 구현하려는 의지를 드러낸 것으로 보인다. 「님에게」의 개작 과정도 이와 비슷한 소월의 개작 의지를 반영하고 있다.

<pre>
초 : 한째는만흔날을당신생각에
     밤까지새운일도업지안치만
</pre>

지금도째마다는당신생각에
축업은벼개까의꿈은잇지만

낫모를짠세상의네길거리에
애달퍼날저무는갓스믈이요
캄캄한어둡은밤들에헤매도
당신은니저바린서름이외다

결: 한째는 만혼날을 당신생각에
　　밤짜지 새운일도 업지안치만
　　아직도 째마다는 당신생각에
　　축업은 벼개까의꿈은 잇지만

　　낫모를 짠세상의 네길쩌리에
　　애달퍼 날져무는 갓스물이요
　　캄캄한 어둡은밤 들에헤메도
　　당신은 니저바린 서름이외다

—「님에게」

　「님에게」의 초고본과 결정본은 어절 단위의 띄어쓰기에서 차이를 보이고 있다. 이 시의 주된 수정 작업은 띄어쓰기를 통하여 음보 단위를 설정하는 데 있다. 그러나 소월의 개작 작업은 단순히 리듬의 패턴화와 도식적인 음보의 분할에 한정해서 그 의의를 논해서는 안 된다. 다분히 도식적이고 단조로운 반복의 느낌이 짙은 리듬패턴의 구분에서 한 걸음 더 나아가 소월은 개작 과정에서 변화 있고 다양한, 그리하여 생동하는 리듬을 강화하고자 했다. 「먼後日후일」의 개작 과정이 이러한 소월의 개작 의지를 잘 대변하고 있다.

　초: 먼后日 당신이차즈시면 그째에내말이——니젓노라.

당신말에나물어하시면 무척그리다가——니젓노라.
그래도그냥나물어하면 밋기지안아서——니젓노라.
오늘도어제도못닛는당신 먼后日그째엔——니젓노라.

재: 먼 훗날에 당신이 차즈시면
그째에 내말이 「니젓노라.」

맘으로 당신이 나무려하시면
그째에 내말이 「무척 그리다가 니젓노라.」

당신이 그래도 나무려하시면
그째에 이말이 「밋기지안아서 니젓노라.」

오늘도 어제도 못닛는 당신을
먼 훗날 그째에는 니젓노라.

—「먼後日」

「먼後日_{후일}」의 최초의 모습은 4행의 평범한 시였다. 그러나 두 번째 수정 작업에서 이 시는 그것의 주제에 해당되는 '니젓노라'를 한 행으로 독립하여 보다 중시하고 있다. 이러한 노력으로 「먼後日_{후일}」의 재고본은 구조적으로 훨씬 정제되어 있고, 주제 행을 중심으로 2행 4연의 대칭성이 강조되어 있다. 뿐만 아니라 재고본은 '…한다면'이라는 물음과 '…노라'라는 답변이 각각 독립된 행으로 분리되어 문답(問答) 사이에 상당한 정도의 휴지 공간(休止空間)을 갖게 된다.

리듬이 시간과 결부되어 있는 것은 주지의 사실이다.[74] 시간 경과의 감각적 토대로서의 휴지 공간 때문에 독자는 물음이 끝난 곳에서 일단 멈추게 된다. 일시적이기는 하지만 이러한 멈춤으로 인하여 독자는 어떤 대답이 나올 것인가를 기대하거나 예측하는 상상의 활동을 원활하

---

74) W. Kayser, 김윤섭 역, 앞의 책, 376면.

게 할 수 있다. 그러나 재고본이 최초의 작품에 비해 율동적 시행 구성
이 조화롭기는 하지만, 아직도 탁월한 시적 형식을 완벽하게 갖춘 것은
아니다. 전체 시행의 길이가 균등하지 못하고 일종의 음보유형으로서의
기식 단위(氣息單位)도 불규칙하다.

> 재: 먼 훗날에 당신이 차즈시면
> 그때에 내말이 「니젓노라.」
>
> 맘으로 당신이 나무려^하시면
> 그때에 내말이 「무척 그리다가 니젓노라.」
>
> 당신이 그래도 나무러^하시면
> 그때에 이말이 「밋기지^안해서 니젓노라.」
>
> 오늘도 어제도 못닛는 당신을
> 먼 훗날 그때에는 니젓노라.
>
> —「먼後日」[75]

  두 번째 고친 작품의 기식 단위는 일정한 리듬패턴의 주기를 설정할
수 없을 만큼 불규칙하다. 이로 인하여 애초부터 다양한 리듬의 변화를
생각하기 어렵다. 또한 각 시행의 길이조차 상당한 차이를 드러냄으로
써 균등한 낭송이 불가능하다. 때문에 소월은 결정본에서 시행의 길이
를 균일화하고 있다. 그는 군더더기 같은 "그때에내말이"와 "그때에이
말이"의 반복을 삭제하여 필요 없는 의미의 중첩과 강조를 제거하고 과
감한 생략으로 독자의 상상력을 자극하고 있다. 이러한 작업은 시행의
길이를 엇비슷하게 하여 그것을 읽는 독자의 낭송 시간을 균일하게 하

---

75) 소월이 떼어쓰기로 휴지를 구분해 놓은 곳은 원래대로, 시를 읽는 독자가 재량으로
  일단 멈추도록 배려한 곳은 '^'로 휴지의 경계를 구분했다. 이하도 같다.

려는 데 목적이 있다. 그 결과 시집 수록분 작품은 보다 규칙적이고 통일된 리듬효과를 기대할 수 있다.

> 결 : 먼훗날 당신이 차즈시면
> 그때에 내말이 「니젓노라」
>
> 당신이 속으로^나무리면
> 「뭇척^그리다가 니젓노라」
>
> 그래도 당신이 나무리면
> 「밋기지^안아서 니젓노라」
>
> 오늘도^어제도 아니닛고
> 먼훗날 그때에 「니젓노라」

결정본은 엄격히 규제된 시행 내에서 비교적 규칙적인 리듬패턴을 형성하고 있다. 소월이 띄어쓰기로 구분한 결정본의 휴지 단위는 3·4·6·7행은 두 단위로 나머지는 세 단위로 정제되어 있다. 그 이유는 3·4행의 "당신이 속으로^나무리면"과 "뭇척^그리다가 니젓노라" 그리고 6·7행의 "밋기지^안아서 니젓노라"와 "오늘도^어제도 아니닛고" 라는 네 개의 시행으로 리듬패턴에 변화를 주는, 다시 말하면 전 시행의 리듬패턴이 도식적인 세 개의 기식군—3음보로 분할됨으로써 빚어지는 단조로움에 다양한 변화를 주기 위해서였다. 마지막으로 수정이 가해진 작품은 리듬패턴의 도식성을 극복하면서 다양한 변화가 가능한 율동적인 시로서의 자격을 갖추었고, 리듬이 모든 시를 개성화한다는 점에서 소월시다움을 보장하는 작품으로 변모되었다. 소월의 최종적인 개작 의지가 반영된 『진달내꼿』 수록 작품 대부분에 이러한 점이 반영되어 있다.

①그냥 갈까　　　　　　　②그냥 갈까 그래도
　그래도　　　　　　　　　　다시 더한番^……
　다시 더한番^……

　저山에도 가마귀, 들에 가마귀,　　　저山에도 가마귀, 들에 가마귀,
　西山에는 해진다고　　　　　　　西山에는 해진다고 지저귑니다.
　지저귑니다.

　압江물, 뒷江물,　　　　　　　　압江물, 뒷江물, 흐르는물은
　흐르는물은　　　　　　　　　　어서 짜라오라고 짜라가쟈고
　어서 짜라오라고 짜라가쟈고　흘너도 넌다라 흐릅듸다려.
　흘너도 넌다라 흐릅듸다려.

─「가는길」 부분

　「가는길」 리듬의 기본 패턴은 3음보이다. 그러나 하나의 시행에 3음보가 도식적으로 반복됨으로써, 단조롭고 지루한 리듬이 되는 것을 방지하기 위하여 소월은 시행의 배열에서 교묘한 변화를 추구하고 있다. 시집 수록분 「가는길」의 시행 배열을 도식적인 운율 형식으로 재구성한다면, ②와 같은 시행의 배열을 보이게 될 것이다. 원시 ①과 가상적으로 배열해 본 ②는 낭송의 길이─시간과 리듬의 구현 양상에서 차이를 드러내고 있다. 왜냐하면 동일한 분량─길이의 시를 몇 개의 시행으로 나누어 읽느냐에 따라 시의 낭송 시간과 리듬구현의 양상이 차이를 보이기 때문이다. 소월은 「개여울」의 시행 구성도 이와 동일한 리듬 효과를 얻기 위하여 시행의 배열을 교묘히 조정하여 변화 있고 다양한 리듬의 창출이 가능하도록 배려하고 있다.

①당신은 무슨일로　　　　　　②당신은 무슨일로 그리합니까?
　그리합니까?　　　　　　　　　홀로히 개여울에 주저안자서
　홀로히 개여울에 주저안자서

파룻한^풀포기가
도다나오고
잔물은 봄바람에 해적일째에

파룻한^풀포기가 도다나오고
잔물은 봄바람에 해적일째에

—「개여울」

　원시 ①의 시행을 기본 3음보에 맞추어 가상적으로 배열해 본 것이 ②이다. ②의 시행 구성이나 배열로 낭송을 한다면 ①과 동일하게 읽기 어려울 것이다. 리듬구현도 마찬가지이다. 「길」과 같은 작품도 이러한 예에 속한다.

① 어제도하로밤
　　나그네집에
　　가마귀 가왁가왁 울며새엿소

② 어제도하로밤 나그네집에
　　가마귀 가왁가왁 울며새엿소

　　오늘은
　　쏘멧十里
　　어듸로 갈까.

　　오늘은 쏘멧十里 어듸로 갈까.

　　山으로 올나갈까
　　들로 갈까
　　오라는곳이업서 나는 못가오

　　山으로 올나갈까 들로 갈까
　　오라는곳이업서 나는 못가오

　　말마소 내집도
　　定州郭山
　　車가고 배가는곳이라오

　　말마소 내집도 定州郭山
　　車가고 배가는곳이라오

　　여보소 공중에
　　저기러기
　　공중엔 길잇섯서 잘가는가?

　　여보소 공중에 저기러기
　　공중엔 길잇섯서 잘가는가?

여보소 공중에   여보소 공중에 저기러기
저기러기   열十字복판에 내가 섯소.
열十字복판에 내가 섯소.

갈내갈내 갈닌길   갈내갈내 갈닌길길이라도
길이라도   내게 바이갈길은 하나업소
내게 바이갈길은 하나업소.

—「길」

    원래의 작품 ①의 시행 배열과 가상적으로 배열해 본 ②의 시행은 큰 차이를 보이고 있다. 원시는 시행 배열의 교묘한 변화로 인한 미묘한 리듬의 창출이 가능한 시이나 ②의 시는 그렇지 못하다. 도식적 규칙의 반복이 두드러진 ②는 전체 구조나 형태가 원시에 비교할 수 없을 정도로 초라하다. ②의 시가 도식적인 안정과 단일한 규칙이 단조롭고 반복적인 반면에 ①의 시는 안정된 3음보의 규칙 속에서 다양한 변화의 시도가 기능히다. 소월은 이와 같이 다양하고 변화 있는 시행 구성을 통하여 개성적인 소월식의 리듬을 느낄 수 있는 독창성을 추구했다. 소월 시 리듬의 매력은 시행의 배열과 시어의 연결—붙임새의 교묘함을 통하여 독특한 리듬을 구현해 낸 데 있다. 리듬의 변화와 관련하여 소월의 개작 작업의 의의를 확인할 수 있다면, 바로 이러한 점일 것이다.

초 : 웬만한 설은봄은 아니여!
    나무가지 가지마다 눈을텃서라,
    내가슴에도 봄이와서
    지금 눈을 트랴고하여라

결 : 설다해도
    웬만한,
    봄이안이어,

나무도 가지마다 눈을터서라!

―「樹芽」

「樹芽_{수아}」의 처음 발표작은 소월 스타일의 특성이 나타나지 않은 단조로운 4행시였다. 너무 평범하여 '웬만한' 시로서의 자격이 의심스럽다. 그러나 마지막으로 개작한 작품은 읽을수록 묘미를 주는데, 이것은 '웬만한'의 위치가 바뀌면서 한 행으로 독립되었기 때문이다. 초고의 '웬만한'은 의미상 '설다'와 관련이 있다. 그러나 결정본에서 그 위치가 바뀜에 따라 봄과 관련이 있는 것처럼 보인다. 그런데 '웬만한' 뒤에 있는 쉼표(,)가 봄과의 의미적인 밀도를 강력히 제어하고[76] 있다. 소월은 쉼표를 사용하여 이 두 어휘의 접속 경향에 제동을 걸고 있다. 강제적인 분리의 결과로 '웬만한 봄'으로 진행되는 자연스런 낭송이 갑자기 방해를 받게 된다. 이러한 방해로 낭송의 흐름이 끊기게 되고, 그러한 끊김에 따른 일시적인 멈춤이 잔잔히 진행되던 낭송의 흐름에 변화를 주게 된다. 시를 읽는 독자는 쉼표로 인해 일정한 톤으로 낭송할 수 없게 된다. 낭송의 굴곡/변화가 불가피하다. 개작시에서 쉼표는 시어의 강세에 영향을 주는 소리요소로 활용되는 경향을 보이고 있다.

초 : 달마지 달마중을가자고

결 : 달마지 달마중을, 가쟈고

―「달마지」

소월의 개작 의도가 단순히 초고의 2음보를 결정본에서 3음보로 분리하는 데 있었다면 '일단 멈춤을 뜻하는 쉼표'가 필요 없다. 띄어쓰기의 구분으로 충분하기 때문이다. 그는 쉼표를 사용하여 '달마중을'에서 '가

---

76) 이기문, 앞의 글 참조

쟈고'로 자연스럽게 이어지는 낭송에 제동을 걸고자 했다. 쉼표 때문에 독자는 '달마중을'에서 갑작스럽게 멈추어야 한다. 이로 인하여 독자는 '가쟈고'를 앞의 어휘처럼 일정한 톤으로 읽어나갈 수 없다. 낭송의 변화로 인하여 최종본은 소리의 고저나 장단을 수반하는 율동, 즉 생동하는 리듬·음향을 지닌 시가 되었다. 비슷한 예를 다시 확인해 보기로 하자.

> 초: 오늘은 또다시 당신가슴의 한복판을
>   그것이 사랑이든줄이 아니도 닛침니다
>
> 결: 오늘은 쏘다시, 당신의가슴속, 속모를곳을
>   그것이 사랑, 사랑이든줄이 아니도 닛침니다.
>
> ─「자나깨나 안즈나서나」

　결정본의 음보 단위는 띄어쓰기에 의해 명확히 구분되어 있다. 동시에 '가슴속'과 '속모를'이나 '사랑'과 '사랑이든'처럼 동의어 나열로 인한 의미론적 분할요인이 뚜렷하다. 그럼에도 소월은 쉼표를 사용하고 있다. 이것은 일단 멈춤을 강화하여 개작된 결정본에서 낭송의 고저나 장단을 구현하기 위한 것이다. 즉 쉼표는 시의 낭송에 변화를 주기 위한 소월의 의도로 해석된다. 판소리에서 창자(唱者)의 휴식이나 일단 멈춤은 상당수가 다음에 이어지는 어절의 어단성장(語短聲長)이나 고저청탁(高低淸濁)과 관련이 있다. 멈춤으로 인해 판소리의 그것처럼 말붙임새의 묘미─엇붙임이[77] 가능하다. 결정본에서 소월은 판소리를 부를 때의 소리효과의 묘미와 유사한 효과를 시의 낭송에서 구현하려는 의도에서 콤마를 사용했던 것으로 보인다. 「山산」의 개작 과정도 이와 비슷하다.

---

77) 판소리의 말붙임새의 묘미에 대하여는 이보형(「판소리 붙임새에 나타난 리듬론」, 『동양음악논총』, 한국국악학회, 1977)과 천이두(「시김새와 이면에 대하여」, 『판소리』, 전북애향운동본부, 1988)를 참고했다.

초 : 不歸 不歸 다시不歸
　　三水甲山에 다시不歸.

결 : 不歸, 不歸, 다시不歸,
　　三水甲山에 다시不歸.

―「山」

개작된 결정본은 쉼표로 인하여 지속적인 낭송보다는 지속적이지 않은, 혹은 굴곡이 있는 낭송이 불가피한 시가 되고 있다. 초고에 비해 결정본은 다양하고 변화 있는 낭송이 가능하게 됨으로써 생동하는 리듬이 구현된 작품으로 변화되었다.

초 : 달마지 달마중을가자,고

결 : 달마지 달마중을 가자고!

―「달마지」

「달마지」의 초고에서 소월은 언어 관습상 끊어 읽을 수 없는 곳을 강제로 분리하여 낭송의 변화를 꾀하고 있다. '달마중을 가자'에 바로 이어지는 '고'는 앞말과의 통사적 밀도 때문에 분리되기 어렵다. 자연스런 낭송은 '달마중을'에서 잠시 쉬고 '가자고'라고 읽어야 한다. 소월은 자연스런 낭송에 변화를 주기 위해 끊어 읽기 어려운 부분을 강제로 분리했다. 즉 그는 쉼표를 사용하여 '달마중을 가자'까지 읽고 일단 멈출 것을 요구했다. 이 때문에 '가자'에서 갑작스럽게 멈춰야 하고, 바로 뒤에 이어지는 '고'를 앞에서와 같은 톤으로 읽을 수 없게 된다. 독자는 '고'를 '가자'와 다르게 낭송할 수밖에 없다. 그러나 초고는 쉼표로 인하여 형태상 자연스럽지 못하다. 소월은 이 점을 개선하여 '가자고'를 자연스럽게 연결시킨 대신에 감탄사(!)를 추가했다. 결정본의 감탄사는 그것 본래의 기능 외에 초고본의 쉼표 기능을 덧붙인 것이다. 『진달내꼿』의 「金

「잔듸」나 「무덤」에 쓰인 쉼표도 이와 유사한 기능을 수행하고 있다.

> 잔듸,
> 잔듸,
> 금잔듸,
> 深深山川에 붓는불은
> 가신님 무덤까엣 금잔듸.
> 봄이 왓네, 봄빗치 왓네.
>
> — 「金잔듸」

> 그누가 나를헤내는 부르는소리,
> 붉으스럼한언덕, 여긔저긔
> 돌무덕이도 음즉이며, 달빗헤,
>
> — 「무덤」

이러한 경우와 달리 단정적인 서술문이 미확정의 의문문으로 바뀐 예도 있다. 이것은 시행의 끝막음을 단정적인 서술형이 아니라 미결정적인 의문형으로 만들어 의미의 불확정성과 음향/소리의 변주/율동을 부각시키려는 의도로 보인다.

> 초: 그만그여자는가고말았더라

> 결: 그만그여자는 가고마랏느냐
>
> — 「꿈꾼그옛날」

서술형을 의문형으로 수정한 것은 논리적이고 인과적인 시행을 음악적이고 시적인 시행으로 변화시키려 했기 때문이다. 이와 같이 수정함으로써 소월은 의미의 확정성을 배제하면서 다양한 의미의 뉘앙스를 부각시켰다. 독자는 개작본을 읽는 동안 의미 해석의 지평을 확장할 수 있

게 되었다. 어떤 사실에 대한 단정적 진술보다는 미정의 의문형 진술이
그 진술내용에 대한 해석의 여운을 더 남긴다. 처음의 작품과 비교할 때
개작시가 소월의 개성이 돋보이는 작품으로 변화된 것은 사실이다. 「바
다가變변하야 뽕나무밧된다고」와 「바다」가 이를 뒷받침하는 예이다.

초: 보아라, 섧지안혼가, 그대는

결: 보아라, 그대여, 서럽지안은가,
—「바다가變하야 뽕나무밧된다고」

초: 가고십픈그리운곳바다는멀다

재: 가고십혼 그립은 바다는 멉니다.

결: 가고십픈 그립은바다는 어듸
—「바다」

소월은 「바다가變변하야 뽕나무밧된다고」의 초고본에 나타난 도치된
문장 형식을 결정본에서 설의적 의문의 문장 형식으로 바꾸었다. 그는
개작 과정에서 단정적인 문장 형식보다는 의문적인 문장 형식을 통하
여 단순한 사실의 지시보다는 불확정적인 의문/물음을 두드러지게 내
세우고 있다. 「바다」의 개작 과정에서는 이러한 면이 더욱 강화되어 있
다. 소월은 「바다」의 개작 과정에서 "바다는멀다"를 "바다는 멉니다"로,
그리고 다시 "바다는 어듸"로 수정하고 있다. 이러한 수정 작업은 「바
다」의 전편에 걸쳐 있다. 단정적인 서술문을 미정·불확정의 의문문으
로 바꿈으로써, 결정본 「바다」는 "바다가 멀다"는 단순한 사실을 지시
하는 초고본의 막연한 거리감을 물음의 형식으로 의문화시켜 멀다는
사실적 의미에다 무한한 동경심과 그리움을 추가하여 바다에 대한 독

자의 상상력을 확장시키고 있다. '어듸'라는 의문/물음으로 마무리된 결정본 「바다」는 초고본 「바다」의 논리적·인과적·설명적 시행의 끝 막음을, 시적/음악적 시행의 끝막음으로 바꾸면서 균제된 시형을 갖추게 되었다. 유동적인 리듬 창출이 가능한 시가 결정본이다. 「새벽」의 개작 과정도 이와 비슷하다.

초 : 동녁한울은 어두워오아라.

결 : 東녁하눌은 어둡은가.

—「새벽」

초고본은 단정적인 서술문으로 끝나고 있다. 확정적인 문장 형식으로 인하여 초고본의 '어둡다'는 사실은 의심의 여지가 없다. 그러나 결정본의 설의적 의문의 문장 형식은 '어둡다'는 사실을 의아스럽고 불확정적인 것으로 만들고 있다. 『진달내꼿』에 수록된 「夫婦부부」·「길」·「鴛鴦枕원앙침」 등도 이러한 예에 속한다.

이상하고 별납은사람의맘,
저몰나라, 참인지, 거즛인지?

—「夫婦」

여보소 궁중에
저기러기
공중엔 길잇섯서 잘가는가?

—「길」

바드득 니를갈고
죽어볼까요

—「鴛鴦枕」

초고본에서 최종 수정본에 이르는 개작 과정을 통해 소월은 반복과 대칭의 구성 원리에 입각하여 시행의 변화를 추구했다. 소월은 개작시에서 시행의 엄격한 대칭 속에서 반복을 강조하되, 반복의 지루하고 단조로운 느낌을 해소하기 위해 고심했다. 변화 있고 다양한 시행 구성을 통해 생동감 있는 리듬을 구현해 내고자 했던 것이 이러한 사실을 뒷받침한다. 소월은 단어의 연결—일종의 시어 붙임새와 시행의 재배치, 그리고 띄어쓰기를 통하여 형태의 안정과 리듬의 변화를 추구했다. 그는 대칭 구성의 틀을 깨지 않는 범위에서 시행을 재조정함으로써 개성적인 리듬 생성이 가능한 작품이 되도록 배려했다. 이것은 전통적 리듬을 갱신하여 새로운 율격 형식을 만들어 내려는 의식을 보여준 것이다.

특히 소월은 쉼표를 활용하여 시의 리듬이나 낭송의 변화를 시도했다. 쉼표는 시어·시어절·시행의 억양이나 고저장단의 다양한 변화를 창출하는 요소로 작용함으로써 소월시의 독특한 개성을 구현해 내는 데 기여하고 있다. 그의 개작시는 구성 형태의 미묘한 변화로 인하여 한국적 특성이 반영된 근대시의 한 유형을 보여준다. 이러한 점이 서구 근대시의 형식에 정복당하지 않고 그것을 한국적 근대시의 새로운 형식으로 정립한 소월의 빛나는 성과이다.

3) 의미 구조

소월은 표기의 변화를 통하여 단어의 음향효과에 깊은 관심을 보여주었다. 그는 시어에 형상과 색채와 운치를 부여하는 수정 작업을 가했을 뿐만 아니라 시어의 교체를 통하여 개작시의 구문 형태를 정제했다. 선명하고 발랄한 단어로 교체된 개작시는 표현 대상의 묘사가 생생한 것은 물론이고 상상력의 공간을 확장시켜주고 있다. 이러한 점 때문에 어휘 선택과 어휘 결합의 방식이 소월시다운 모습으로 일신되었는데,

그것은 시어에 대한 참신한 인식 확대를 의미한다. 그의 시를 읽는 독자로 하여금 풍요롭고 다양한 의미를 생성하게 만드는 근거가 여기에 있다.

동의어의 반복을 피하려 한 것은, 같은 시어의 반복이 주는 단조로움과 지루함을 제거함과 동시에 시를 대하는 독자로 하여금 다양하고 미묘한 의미를 불러일으키게 하려는 데 있다. 언어의 경제성을 최대로 실현하려는 그의 수정 작업은 서술어의 동작성 강화를 통하여 개작시의 역동적인 운동감을 두드러지게 부각시키려는 의식을 보여주고 있다. 이는 시의 유동적인 운율 형식을 내용적인 면에서 보강해 주는 효과를 발휘하여 소월시를 음악적인 시가 되게 함과 동시에 표현 대상의 의미의 명확성·안정성을 파괴하기 위한 의도의 소산이기도 하다. 즉 이러한 의도는 표현 대상을 지시하는 의미의 유동적이고 다의적인 속성을 강화하려는 노력의 일환으로 평가된다.

표현 대상인 자연풍경을 인격화하여 묘사한 의인화 기법은 당시 조선 민중의 삶을 미메시스하려는 의식의 발로이고, 그것은 소외되고 부조리한 현실 속에 내던져진 식민지 원주민—조선인의 세계를 다양하게 형상화하는 데 기여하고 있다. 이러한 점이 안정적이고 명확한 의미를 버리고 애매하고 유동적이면서 다의적인 의미로 충만한 서정적 현실 묘사 방식의 탁월성을 보장해 주는 요인의 하나인 것은 의심의 여지가 없다. 언어음성과 구성 형태의 개작 작업에 대한 총결산으로서의 의미 구조의 변화를 세 가지 측면에서 고찰해 보기로 하자.

(1) 의미의 다양성

소월은 단어의 선택과 배열에서 서술어의 동작성을 강화하기 위해서 동어반복(同語反覆)을 피하고, 의인화의 수법으로 무정(無情)의 자연물에 인간의 감정과 동작을 부여하여 표현 대상의 다양한 의미화가 가능하

도록 개작했다. 이것은 독자로 하여금 의미의 다양성을 유발하게 만드
는 효과를 낳게 했다. 동어반복을 피하고 표현 대상의 움직임의 강화로
의미의 다양성이 확보된 「새벽」의 개작 과정이 이러한 예에 속한다. 초
고본 「새벽」과 달리 결정본 「새벽」은 시어의 중복을 없앰으로써 의미
의 고정성·단일성을 깨뜨리고 있다.

초: 물질려와라, 붉게도붉게도

결: 고히도 붉으스레 물질려와라

—「새벽」

「새벽」의 초고본은 단순히 '붉게도'를 연거푸 반복함으로써 '물질려
오는' 상태를 단조롭게 지시하고 있다. 개작된 결정본은 '붉게도'의 반
복을 없애고, 그 대신 '고히도'를 '붉으스레'에 연결함으로써 '물질려오
는' 상태가 붉다는 사실과 아울러 그 모습이 곱다는 의미를 추가하고
있다. 이로 인해 결정본은 애초의 초고본보다 '물질려온다'는 것에 관하
여 많은 것을 함축하고 있다. 초고에 비해 생동감 있고 다양한 의미화
가 가능하도록 되어 있는 결정본은, 동어반복을 피하고 새로운 어휘를
참신하게 연결한 수정 작업으로 인하여 다양하고 풍부한 의미들로 충
만해 있다.

초: 먼바다를건너, 먼바다를건너,

재: 바다를 건너, 가로막힌바다를 건너,

결: 가루막킨바다를 마주건너서

—「山우혜」

소월은 초고에서 '먼바다'의 단순한 반복이 주는 단조롭고 지루함, 그리하여 무미건조하게까지 느껴지는 '멀리 있는 바다'라는 단일한 의미의 반복을 생동감 있는 시적 표현으로 바꾸기 위하여 재고에서 '먼바다'를 '가로막힌바다'로 고쳐놓고 있다. 그러나 재고본은 '건너'의 반복이 눈에 거슬린다. 이 점을 해소하기 위하여 소월은 결정본에서 '건너서'에 '마주'를 연결하고 있다. 통상문법에서 '마주'와 '건너서'의 연결 가능성은 거의 없다. 두 어휘의 통사적 접속은 통상적으로는 일상문법을 일탈한 것이 된다. 때문에 통사론적인 연결 가능성이 거의 불가능한 '마주'와 '건너서'의 어울림은 '건넌다'는 사실 자체를 낯설게 제시한 셈이 된다. 최후로 개작된 시집 수록분 「山ᅟ산우헤」는 맨 처음 발표된 작품에 비하여 보다 많은 것을 의미하는 시로 바뀌었다. 동어의 단순한 반복을 피하려는 소월의 이러한 노력이 부분의 수정에 그치는 것이 아니라 작품 전체에 걸쳐 이루어진 경우도 있다는 점을 주목해야 한다. 같은 작품의 3연 3행을 살펴보기로 하자.

초 : 한바다길로 한바다길로

재 : 한바다로 저멀리한바다로

결 : 저멀리 한바다로 아주바다로

—「山우헤」

소월은 새로운 시어를 만들어 사용하지 않았다. 그는 타의 추종을 불허할 만큼 어휘를 참신하게 조합(組合)하여 시의 의미에 새롭고 다양한 의미를 부여했다. 이것은 언어수사학의 주된 관심인 문법적 가능성의 개발, 즉 주어진 언어사용의 규범으로부터의 과감한 일탈이다. 소월의 이러한 기법은 우리말의 문법적 가능성을 확대하여 한정된 언어 재료를 무한한 시어의 재료로 응용할 수 있게 했다는 점에서 주목할 만하다. 따

라서 소월은 개인 시어의 새로운 창조에 따른 생경함과 난해함을 수반
하지 않으면서, 그의 시를 읽는 독자에게 새로운 어휘—일상문법에서
어울림의 가능성이 거의 없는 어휘의 비범한 연결에 의하여—를 대할
수 있게 하고 있다. 소월의 이러한 창조적인 언어탐구는 아직 심화된 단
계에 이르지 못했던 초기 시에서도 엿보인다. 『창조』에 발표된 「浪人_{낭인}
의봄」이 여기에 해당된다.

불슷는(부러스치는)바람이어
슬지는(스러지는)그림자여

—「浪人의봄」

이 작품의 괄호 속에 오독(誤讀)을 피하기 위해 축약된 어휘 의미가
제시되어 있다. '불슷는'은 '부러스치는'으로, '슬지는'은 '스러지는'으
로 덧붙이고 있는데, 그것은 소월식의 어휘 구사의 특성을 보여주는 한
측면이다. '불슷는'이나 '슬지는'의 경우처럼 소월은 초기부터 시어의
사용이나 구사에 독특한 관심을 보였다. 이러한 의식이 『진달내꼿』에
이르러서는 거의 완숙의 경지에 이르렀던 것으로 판단된다. 소월의 최
종 창작 의지가 반영된 시집 수록 시에서 확인해 보기로 하자.

눅잣추는香氣를 두고가는데

—「녀름의달밤」

오오불설워

—「접동새」

'눅잣추는'·'불설워' 등은 소월시가 아니면 찾기 어려운 어휘이다.
'헤내는'(「무덤」)·'석양손'(「追悔」)·'북고여라'(「不運에 우는그대여」) 등에도
소월의 언어사용과 단어 구사의 비범성이 나타나 있다. 미묘하고 다양한

의미를 제시하기 위하여 소월은 동어의 반복을 피하는 것에 머물지 않고 서술어의 동작성을 보강하여 문장 전체의 의미에 다의성을 부여했다.

초 : 벌서해가 지고 저물엇는데요

결 : 발서 해가지고 어둡는대요

—「밤」

소월은 초고의 "저물엇는데요"를 개작된 결정본에서 "어둡는대요"로 고쳤다. 결정본의 "어둡는대요"의 기본형은 '어둡다'이다. 모양이나 상태를 지시하는 형용사 '어둡다'라는 시어를 소월은 사물의 움직임을 연상시키는 동사처럼 사용하고 있다. 「金잔듸」의 개작 과정도 유사한 예이다. 처음 발표작의 '바알한'이, 개작시에서 직접 움직임을 수반하는 동작동사 '붓는'으로 대치되었다.

초 : 深深山川에 바알한불빗은

결 : 深深山川에 붓는불은

—「金잔듸」

개작시의 "붓는불"은 초고의 "바알한불빗"보다 표현 대상의 모습을 생생하게 표현하고 있다. 이러한 변화는 시를 대하는 독자의 인식 변화를 불러일으킨다. 즉 개작시를 대하는 독자는 상태나 모습으로서의 정태적인 표현 대상이 아닌, 역동적인 움직임을 수반하는 또 다른 속성으로서 '불'이라는 표현 대상을 지각하는 인식의 변화를 일으키게 된다. 개작시에서 소월은 사물을 지각하는 상투적인 방식에서 벗어나려는 노력을 보여 주고 있다. 이것은 그의 시를 대하는 독자에게 새로운 사물 지각 방식을 요구하는 것이라고도 볼 수 있다. 그 방식은 확정적이고 단일한 의미를 거부하는 것을 뜻한다. 동작동사의 보강과 관련하여 또 하나 주목되는 것은, 결정본에서 불의 속성이 생생하게 표현되어 있다는 점이다. 불은 무엇인가를 태우는 활동으로 본래의 속성이 유지된다. 그것은 단순히 붉은 모습이나 상태만으로 본질적 속성이 드러나지 않는다. 소월은 수정 작업을 통해 원래 표현하고자 했던 대상의 본질을 생동감 있게 제시하고 있다.

> 초 : 봄에도삼월의 저무는날에
>   붉은비가티도 흐터저나리는
>
> 결 : 봄에도삼월의 져가는날에
>   붉은피가티도 쏘다저나리는
>
> ―「바다가變하야 쏑나무밧된다고」

개작시에서는 사물의 움직임을 강화하기 위해 서술어가 동작의 정도가 강한 어휘로 교체되었다. 「바다가變변하야 쏑나무밧된다고」의 개작시는 초고본에 비해 서술어의 동작성이 강화되어 있다. 개작시의 꽃잎은 '흐터저나리는' 것이 아니라 '쏘다저나'린다. 동작의 정도가 강한 서술어의 교체로 인해 표현 대상인 '꽃잎'은 강렬하게 낙하한다. 뿐만 아니라 격렬한 '꽃잎'의 운동은 초고본의 '붉은비'가 개작시에서 '붉은피'로 바뀐 내용을 자연스럽게 보강한다. 꽃잎이 떨어지는 모습을 역동적 이미지로 바꾼 개작시는 '붉다'와 '피'가 지시하는 강렬한 시각적 이미지와 상승작용을 일으킴으로써 표현 대상의 모습을 독자에게 선명하게 각인시킨다.

동작성이 강화된 서술어는 물활론적(物活論的) 자연관의 의미 내용을 보강하는 기능을 한다. 초고의 '봄에도삼월의 저무는날에'가 결정본에서 '봄에도삼월의 져가는날에'로 바뀐 예가 여기에 해당한다. '저무는날에'가 결정본에서 '봄에도삼월의 져가는날에'로 바뀐 것은 자연현상을 그 스스로의 의지에 의하여 움직이는 모습으로 표현하기 위해서였다.

독자는 결정본에서 능동적인 의지로 살아 움직이는 모습으로 부각된 낯선 자연현상과 만나게 된다. 소월의 시에 나오는 자연현상은 동양의 전통적인 시재(詩材)로 등장했던 자연의 모습과는 다르다. 소월시에 등장하는 자연은 그 스스로 운동성을 지니고 있다.

초 : 멀니저멀니물쎨흰그곳
　　붉은풀이고히자란바다는멀다.

재 : 멀리 저멀리 흰물결의 넘노는
　　붉은 풀이 고히 자라난바다는 멉니다.

결 : 쒸노는흰물쎨이 닐고 쏘잣는
　　붉은풀이 자라는바다는 어듸

—「바다」

「바다」의 초고는, 제목 '바다'와 직접 관련된 '물결'을 '흰' 상태동사로 단순히 제시하고 있다. 그러나 재고에서 소월은 '흰물결'로 바꾸어 물결이 '희다'는 사실보다는 바다의 물결 자체를 강조하면서, 그 뒤에 '넘노는'을 추가했다. 이로써 '흰' 상태로서의 물결에 역동적인 운동감이 부여되었다. 재고의 물결은 '넘노는' 생동감 있고 역동적인 물결로 바뀌었다. 초고에 비해 재고는 자연현상인 바다의 물결을 보다 구체적으로 포착하고 있다. 동작동사 '넘노는'을 보강함으로써, 재고에 등장하는 바다는 자연의 바다가 갖는 운동감을 회복하면서 유동적인 이미지로 시행에 뚜렷이 부각되어 있다. 이러한 점이 결정본에서 더욱 심화되고 있다. 결정본의 바다는 좀 더 격렬하게 넘실대는 살아 있는 바다, 즉 '뛰노는흰물결이 닐고 또잣는' 바다이다. 물결이 갖는 운동감의 강화와 더불어 '바다'에 대한 수식의 심화(深化)는, 결정본의 의미 내용이 깊이를 획득하는 데 결정적 요인이 되기도 한다.

초 : 물썰흰
　　바다

재 : 흰물결의
　　넘노는
　　바다

결 : 쮜노는
　　흰물썰이
　　닐고 쏘 잣는
　　바다

　소월시의 깊이는 사상적인 심오함에서 나오는 것이 아니라 형식적·기교적인 것과 관련이 있다. 결정본 「바다」는 수식의 심화(深化)나 중첩으로 인하여 그 비례만큼 다양한 의미들의 뉘앙스로 충만한 율동적인 시로 변화되었다. 그는 시어의 교체나 결합, 혹은 시행의 재배열과 구문의 형태 변화를 통해 표현 대상의 움직임과 그것의 동작성을 강화하려고 했다.78) 끊임없이 움직이는 대상의 모습을 표현하기 위한 방법으로 소월은 자연물을 의인화하는 수사법을 활용했다. 이것은 물활론적 자연관의 반영이며 자연물에 인격을 부여하려는 의식을 보여준 것이다.

　　초 : 눈들에비단안개에둘니울째

　　결 : 눈들이비단안개에둘니울째

—「비단안개」

　「비단안개」의 초고는 주어가 생략된 문장 형식이다. '눈들에비단안개

---

78) 「바다」의 개작 사례에 나타나 있듯이, 1920년대 우리 시문학이 현대시로 격상될 수
　　있도록 높은 차원의 기교를 실현한 시인이 소월이다.

에'의 경우처럼 '에'의 반복은 물론이고 '눈과 비단안개'에 '둘리우는' 대상이 불분명하다. 결정본에서 '눈들이'가 주어의 자리에 옴으로써 초고의 결함이 해소되었다. 그러나 '지시 대상의 모호함이나 단순반복'의 문제가 '눈들에'를 '눈들이'로 바꾼 이유의 전부는 아니다. 소월은 무정물인 자연의 생생한 모습, 즉 능동성/자발성을 지닌 인격화된 자연의 모습을 표현하는 데 개작의 최종 목표를 두었다.

> 초: 동무들보십시오 해가집니다
>
> 결: 동무들 보십시오 밤이옵니다
>
> —「失題」

소월시에서 자연현상은 능동적인 의지로 움직이는 모습으로 나타난다. 「失題실제」의 초고본의 "해가집니다"는 피동성이 두드러진다. 하지만 결정본의 "밤이옵니다"는 능동성이 부각되어 있다. 최종적인 개작 의지가 반영된 『진달내꽃』의 상낭수 작품에서 이러한 점을 확인할 수 있다.

> 하이얏케 밀어드는 봄밀물이
> 눈압플 가루막고 흘늑길쓴이야요
>
> —「밤」

> 우긋한풀대들은 춤을추면서
> 갈닙들은 그윽한노래부를째
>
> —「녀름의달밤」

'봄밀물'은 흐느끼고, '갈닙들'은 노래부른다. 소월의 시에 나오는 자연물은 인간처럼 스스로 움직일 뿐만 아니라, 감정을 표현하는 능력을 지닌 인간의 등가물에 해당한다. 그의 작품에 등장하는 자연물은 인간 이미지나 인간의 액션을 동반하는 물활론적 모습을 보여준다.

하눌밟고 저녁에 섯는구름

―「새벽」

들까에써러저 나가안즌메찌늙의

―「나의집」

　자연의 인간화 기법은 소월의 주요한 시작법의 하나이다. 이러한 기법이 그의 시에 등장하는 자연물이나 자연현상의 실제 모습을 구체화하는 데 큰 몫을 하고 있다. 그러나 소월은 자연현상의 모습을 생생하게 표현하려는 목적만을 위해 무정물에 인격을 부여했던 것은 아니다. 「오는봄」의 개작 과정을 살펴보기로 하자. 제목이 암시하듯이 '봄'은 능동적 의지를 지닌 살아 움직이는 자연현상이다.

> 초 : 보라, 째의 길손은 머뭇거리고
> 　　지향업시 갈발의곳을 몰라라
> 　　설어라, 슷업서라, 사뭇나려라,
> 　　낫봄업시 흐르는 그대의 눈물.

> 결 : 보라 째에길손도 머뭇거리며
> 　　지향업시 갈발이 곳을몰나라
> 　　사뭇치는눈물은 슷티업서도
> 　　하눌을쳐다보는 살음의깁븜.

―「오는봄」

　초고의 "째에 길손은 머뭇거리고"는 "째에길손도 머뭇거리며"로 수정되었다. 보조사의 변화, 즉 '은'에서 '도'로 바뀐 것이 개작의 키포인트이다. 초고의 '길손은'이 지시하는 의미는 '머뭇거린 대상'이 '길손 자신'이라는 사실이다. 결정본의 '길손도'는 '누구누구도 머뭇거렸지만 그 중의 하나인 길손도 그랬다'는 의미가 된다. 결정본의 콘텍스트에서 누구

에 포함될 수 있는 대상은 자연으로 확대된다. 그 자연, 혹은 자연현상
은 봄날의 쓸쓸한 풍경이다. 그리하여 길손의 슬픔이 봄날의 쓸쓸한 풍
경으로 치환되는 전도현상이 나타난다. 슬픔의 전이, 즉 자리바꿈이 이
루어짐으로써 초고에서 "사뭇치는 눈물이 숯티업던" 길손이, 결정본에
서는 하늘을 쳐다보며 괴롭지만 삶의 기쁨을 맛보는 인간으로 바뀌었다.
　자연의 인간화 기법으로 인해 소월시에 나오는 자연은 항상 변화하
고 움직이는 동작성을 전제로 한다. 따라서 그것은 언어/기호가 지시
하는 의미의 실제성을 뛰어넘어 인간세계를 미메시스(mimesis)하는 매개
체의 역할을 한다. 자연풍경 묘사가 인간세계의 모습으로 유추되는 이
유가 여기에 있다.

　　山속의올뱀이 울고울며

—「希望」

　　새벽그림자 散亂한들풀우흘
　　혼자서 건일어라

—「닭소래」

　산 속에서 우는 '올뱀의 울음'(「希望」)은 현실세계에서 눈물짓는 인간
의 모습을 함축한 것이다. 산란한 들풀 위를 "혼자서 거니는 새벽그림
자"(「닭소래」)의 모습은 인간의 고독을 암시한다. 이처럼 인간과 자연이
혼연일체가 되면서 슬픈 자연풍경이 식민지 원주민의 비애와 고독으로
전이된 대표적인 작품은 「물마름」이다. 이 시에서 인간의 모습으로 의
인화된 자연세계의 모습은 인간의 현실세계를 반영하고 있는데, 그것은
조선민중이 직면한 당대의 현실을 미메시스한 것이기도 하다.

　　주으린새무리는 마른나무의
　　해지는가지에서 재갈이든째.

온종일 흐르든물 그도困하여
놀지는골짝이에 목이메든째.

그누가 아랏스랴 한쪽구름도
걸녀서 흐득이는 외롭은嶺을
숨차게 올나서는 여윈길손이
달고쓴맛이라면 다격근줄을.

—「물마름」

'주으린' 새무리와 '목이메는' 물과 '흐득이'는 영(嶺)은, '여윈' 길손
의 모습과 다를 바가 없다. 식민지 원주민의 고난을 자연풍경의 묘사를
통하여 훌륭하게 형상화해 낸 작품이 「물마름」이고, 소월의 작품을 당
대의 현실과 유리된 서정시의 범주로 제한해서는 안 되는 이유가 여기
에 있다.[79) 소월은 시에 등장하는 사물들의 끊임없는 움직임과 그것의
변화무쌍한 모습을 제시함으로써 식민지 당대의 질곡 속에 놓인 조선
민중의 삶을 형상화하려 했고, 개작의 의의를 이러한 측면에서 확인하
는 것이 중요하다. 자연의 인간화 기법을 통하여 의미의 다양성을 추구
한 소월 작시법의 핵심이 여기에 있다.

(2) 의미의 유동성

최종 개작본에는 동작동사가 대거 보강되어 있는데, 그것은 표현 대
상의 움직이는 모습을 그려내려는 의식의 소산이다. 역동적인 움직임을
표현하려는 의도에서 출발한 수정 작업으로 인해 결정본에서는 대상·

---

79) 「바라건대는 우리에게 우리의보섭대일짱이 잇섯더면,」에는 '농토'를 빼앗긴 원주민
   의 비애가 나타나 있다. 그 비애의 모습이 소월 개인의 차원을 넘어서 보편성을 획득
   하는 한 방편으로 '자연풍경 묘사와 인간화 기법'이 동원되었다. 소월의 민족의식은
   물론이고 당대의 조선 현실에 대한 인식과 관련하여 이러한 문제들이 심도 있게 논의
   될 필요가 있다.

물체의 안정성보다는 유동성이 부각되어 있다. 물체·대상이 지시하는 의미 또한 고정적이지 않고 유동적인 특성을 보여준다. 다시 말하면 소월은 초고에서는 대상의 정지 상태를 표현했으나, 결정본에서는 대상의 운동 상태를 표현해 내고 있다. 그것은 표현 대상이 지시하는 의미의 안정성을 파괴하고 유동성을 강화하려는 의도의 소산이다. 표현 대상의 움직임, 즉 고정이 아니라 유동을 강화함으로써 결정본은 사물의 움직임의 의미, 즉 유동적인 의미로 충만해 있다. 이것이 개작시에 생기를 불어넣어 주고 있다. 「비단안개」·「바다가變하야 뽕나무밧된다고」·「접동새」 등을 살펴보기로 하자.

　　초: 젊은게집목매고죽을째러라

　　결: 젊은게집목매고달닐째러라

—「비단안개」

　　초: 봄에도二月의 서무는날에

　　결: 봄에도三月의 져가는날에

—「바다가變하야 뽕나무밧된다고」

　　초: 아우래비접동을부르며웁니다.

　　결: 이山 저山 올마가며 슬피웁니다

—「접동새」

　「비단안개」에서 "목매고 죽는" 정태적인 모습이 "목매고달니는" 역동적인 모습으로 바뀌었다. 「바다가變하야 뽕나무밧된다고」에서는 "봄에도三月의 저무는날"이라는 피동적인 의미를 "봄에도 三月의져가는날"이라고 고쳐, 표현 대상의 능동적인 움직임을 부각시켰다. 「접동새」

에서도 아우래비접동을 '부르는' 행위가 아우래비접동이 '올마가는' 행위로 변화되었다. 초고의 '부르는' 소리가 결정본의 '올마가는' 행동으로 수정된 것은, 표현 대상의 능동적인 동작성을 강화한 것이다.

몇 편의 개작시들에 나타난 것처럼 소월은 대상의 정지된 모습보다는 움직이는 모습을 표현하는 데 주력하고 있다. 물체의 운동성을 강조한 것은 표현 대상의 유동적인 모습을 그려내는 데 목적이 있었다. 다시 말하면 소월은 개작 과정에서 표현 대상의 지속적인 움직임의 의미를 강화하고 있는 것이다. 초고에 비하여 개작된 결정본은 표현 대상의 운동성이나 그것의 움직임의 속성, 즉 표현 대상의 유동적인 모습을 지시하는 의미들이 두드러져 있다. 개작 과정에서 보여주고 있는 소월의 이러한 작시의식이 『진달내꼿』에 일관되게 반영되어 있다. 시집에 수록된 다음과 같은 작품이 이러한 예에 속한다.

한줄기 쏜살갓치 버든이길

—「千里萬里」

그림자는 散亂히 휘젓는데

—「愛慕」

끚업시나아가는길

—「가을저녁에」

나무그림자 물빗조차 어섬프러히 쩌오르는데

—「새벽」

「千里萬里_{천리만리}」의 길은 "한줄기쏜살갓치버든" 길이다. 「愛慕_{애모}」의 그림자는 "散亂히 휘젓는" 의미를 지시하고 있다. 「가을저녁」의 길은 끝없이 나아가는 길이고, 「새벽」의 나무그림자는 '어섬프러히' 떠오르는 그림자이다. 각 작품의 표현 대상이 지시하고 있는 의미는 '그 대상들의 움직임'에 관한 것이다. 따라서 이 시들의 의미는 불안정하고 유동적이다. 개작 과정에서 시의 의미의 안정성을 깨뜨리려 했던 소월의 작시의식이 시집 수록 작품에도 반영되어 있다. 사물의 움직임을 강화하려는 소월의 작시의식은 추상적인 것까지 움직임을 수반하는 운동의 형식으로 제시했는데, 『진달내꽃』의 「녀름의달밤」과 「저녁째」가 여기에 해당된다.

> 우리靑春은……
> 희미한달빗속에 나붓기어라
>
> —「녀름의달밤」

> 맘이 더놉피 쩌오를째
>
> —「저녁째」

「녀름의달밤」의 정춘(靑春)은 "달빗속에 나붓기"는 청춘이다. 「저녁째」의 맘은 "더놉피 쩌오르는" 마음이다. 추상적인 표현 대상, 즉 마음과 청춘의 움직이는 모습을 표현함으로써 이 작품들이 지시하는 의미는 유동적이다. 의미의 유동성은 소월시의 중요한 특성 중의 하나이고 수정 작업에서도 이것이 큰 비중을 차지하고 있다. 소월은 '모든 것은 부단한 흐름'이고, 그러한 흐름 속에서 '끊임없이 변화한다'는 진실을 사물의 움직이는 모습을 통하여 표현하고자 했다. 즉 소월은 시간성—시간경험을 통하여[80] 삶의 진실을 추구했다.

동작동사를 보강한 것은 사물의 움직임／운동성을 강조한 것으로 시

---

80) 시간이 갖는 본질적 속성을 '시간성'이라 명명하기로 한다. 소월의 작품에서 시간성／시간표상은 시적 정서의 흐름이나 변화와 관련이 있다. 소월은 정서를 괴어 있는 정서, 불변하는 정서가 아니라 '끊임없는 흐름 속에서 변화하는 정서'로 제시하려는 의식을 보여주고 있다. 이러한 면이 소월시의 슬픔을 극복해 주는 요인으로 작용하고 있다.

간의 문제와 밀접히 관련되어 있다. 흐름이나 지속도 동작의 계기적인
측면을 강조한다는 점에서, 또는 동작의 끊임없는 진행을 뜻한다는 점
에서 시간성의 한 반영이다.81) 「바다」의 개작 작업에서 이러한 면을 살
펴보기로 하자. 소월은 행위의 완료를 행위의 지속으로 바꾸어 표현 대
상의 움직이는 모습을 강화하고 있다. 표현 대상의 움직임을 강화한 것
은 표현 의미의 유동성을 부각시킨 것이다.

    초 : 건너서면먼저편은

    재 : 건너서면 먼 저便은

    결 : 건너서서 저便은

— 「바다」

    초고본의 '건너서면'은 '건넌다'는 행위의 완료, 즉 동작의 완료를 뜻
한다. 개작된 결정본의 '건너서서'는 '건넌다'는 행위의 지속, 즉 동작의
진행을 의미한다. 초고본은 동작의 완료로서의 정지를 의미하는 데 반
하여, 결정본은 동작 진행의 의미를 지닌다. 정지에서 진행으로의 변화
는 표현 대상이 지시하는 의미의 완료보다는 의미의 진행을 부각시키
는 효과를 낳고 있다. 뿐만 아니라 소월은 진행의 의미와 더불어 지속
적인 운동으로서의 흐름의 의미를 강화했다. 이러한 까닭에 개작시가
지시하는 의미는 유동성이 충만해 있다. 이것이 소월시에 생동감을 부
여해 주면서, 촉각·시각·청각을 하나로 어울려 융합되게 만드는 요인
이다.

---

81) 운동은 시간을 요구하고 시간은 운동을 요구한다. 이 둘은 상호 불가분의 관계에 있
　다. 시간은 "의식함을 전제로 한 지속하는 그 무엇으로서, 항상 흐르고 있는 것"(김규
　영, 『시간론—증보판』, 서강대 출판부, 1987, 196면)이다. 흐름은 지속의 또 다른 한 면
　인데, 의식함을 전제로 한 지속 또한 "의미심장한 시간의 한 양상"(H. Meyerhoff, 김준
　오 역, 『문학과 시간현상학』, 삼영사, 1987, 29면)이다.

초 : 물결소린.

재 : 물결소래납니다

결 : 가는물노래

—「山우혜」

「山산우혜」의 수정 작업에서 "물결소래"가 "가는물노래"로 바뀌었다. 결정본은 소리와 동작이 어우러지는 묘한 상황을 표현했다. '가는물노래'가 지시하는 의미는 명확하지 않으나 풍부한 표현의 효과를 낳고 있다. 결정본은 풍부한 표현력 — 의미의 유동성을 부각시킨 대가로 의미의 명확성 — 의미의 안정성을 희생시키고 있다. 이러한 점이 『진달내꽃』에 반영되어 있다.

비오는 모래밧테 오는눈물의

—「님에게」

슬픔을 지시하는 눈물이 물의 속성인 흐름으로 제시되어 있다. 소월이 눈물을 '오는 비'에 전이시켰기 때문이다. 고요히 정지해 있는 물이 아니라 움직임을 동반하는 흐르는 물처럼 눈물로부터 유추되는 슬픔 또한 정지해 있는 슬픔, 즉 고여 있는 슬픔이 아니다. 그 슬픔은 정지해 있지 않으므로 언젠가 흘러가 버린다. 시간의 경과로 인하여 슬픔 또한 없어지는 어떤 것이 된다.[82) 애이불상(哀而不傷)의 비밀이 여기에 있다. 소월은 슬픔이라는 감정／정서까지도 유동적인 흐름 속에서 변화하는 '그 무엇'으로 파악한다. 정서까지도 유동적인 흐름의 이미지로 파악하려는 소월의 작시의식이 『진달내꽃』에 자주 등장하는 부사어에도 반영되어 있다. 재촉의 의미를 지시하는 '어서', 지속의 의미를 지닌 '연달

---

82) "흘너가서 업서진맘"(「無信」)처럼 시간의 흐름 속에서 슬픔도 자연스럽게 해소된다.

아', 반복을 의미하는 '다시' 등이 그것이다. 이러한 부사어들은 동작의
지속과 흐름을 표상한다. 눈에 보이지 않는 마음을 가시적(可視的)인 물
의 흐름으로 제시하고 있는 「無信무신」도 흐름/지속의 의미 속성에 대
한 소월의 집착을 보여주는 좋은 예이다.

　　흘너가서 업서진맘

—「無信」

　움직임의 지속/흐름의 의미를 얼마나 강조하고 있는가는, 소월시에
나오는 빛의 표현 방식을 보면 잘 알 수 있다. 『진달내꼿』의 작품에서
소월은 빛의 이미지를 물의 이미지로 받아들이도록 요구한다. 이것은
개작 과정에서 보여준 작시의식이 시집에 수록된 결정본에서 일관되게
나타나 있다는 한 반증이 될 수 있다.

　　붉은볏헤 몸을씻츠며

—「山우헤」

　　밤빗츤배여와라

—「合掌」

　'밤빛이 물처럼 배여오고 볕으로 몸을 씻는다'는 발상의 참신함이 돋
보이는데, 소월은 거리/공간을 시간/흐름으로 표현하고 있다. 「朔州龜
城삭주구성」이라는 시는 공간적인 길이를 물의 흐름으로 측정하려는 소월
의 의식이 나타난 작품이다.

　　물로사흘 배사흘
　　먼三千里

—「朔州龜城」

"물로사흘"에 나타난 흐름은 지속적인 동작을 지시한다. 이것은 시간의 흐름과 관련을 맺고 있다. 다시 말하면 끊임없는 동작의 측면을 부각시키는 물의 흐름은 지속적인 시간의 흐름과 맥을 같이 하고 있다. 「朔州龜城삭주구성」은 흐름의 의미를 통하여 공간의 거리를 표현한 시이다. 때문에 부동·멈춤의 의미로 파악되는 공간의 의미가 배제되어 있고, 유동·움직임의 의미로 파악되는 시간의 의미가 이 시에 충만해 있다. 소월시에 나타난 공간은 멈추어 있는 공간이 아니라 유동하는 공간이다. "쏜살갓치 버든"(「千里萬里」) 길, "끗업시나아가는"(「가을저녁에」) 길처럼 이동하는 공간이 자주 나타난다. 움직이는 길의 모습을 표현한 것은 소월의 작시법의 중요한 측면을 시사하는 것이다. 그것은 시간경험과 관련이 있는데, 소월은 고정적이고 가시적(可視的)인 공간경험보다는 유동적이고 비가시적인 시간경험에 치중하여 사물/소재를 표현했다는 점이다. 주관적인 동시에 움직임을 수반하는 시간경험은 공간경험의 그것에 비해 애매모호한 측면이 있다. 공간의 멈춤을 시간의 흐름으로 바꾸려는, 다시 말해 의미의 유동과 애매성을 증가시키려는 소월의 작시의식은 「오는봄」에 잘 드러나 있다.

> 초: 가지길게, 늘어진 버드나무엔
>   바다를바라보며 우는가마귀
>   어대로서 오는지 방울소리는
>   젊은애기 나가는 曲調일러라
>
> 결: 새들게 짓거리는 까치의 무리
>   바다를바라보며 우는가마귀
>   어듸로서 오는지 종경소래는
>   젊은아기 나가는 吊曲일너라

—「오는봄」 부분

"가지길게, 늘어진 버드나무엔"이 "새들게 짓거리는 까치의 무리"로 수정되어 있다. 소월은 '가지길게 늘어진'이라는 시각적 이미지를, '새들게 짓거리는'이라는 청각적 이미지로 바꾸려는 개작 의지를 보여주고 있다. 바꾸어 말하면 가지 길게 늘어진 버드나무의 공간지각을, 새들게 짓거리는 까치의 소리라는 시간지각으로 전환하려는 의식을 보여주고 있다. 이러한 전환에 의하여 다음에 이어지는 구절의 우는 까마귀 소리와 의미론적으로 대조·병치되고, 그 결과 결정본은 시간의 흐름을 타고 우리의 청각을 지속적으로 자극하는 울림의 언어로 충만하게 된다.

새들게 짓거리는 까치의 소리와 바다를 바라보며 우는 까마귀 소리, 그리고 젊은 아기 나가는 조곡 소리는 묘한 대조를 이루면서 소리·청각의 어울림을 자아낸다. 어느덧 독자는 죽음의 장송곡인 조곡(吊曲)의 슬프고 비장한 소리가 바다를 바라보며 그저 무심히 우는 까마귀의 소리로, 나아가 새들게 짓거리는 무관심한 까치의 재잘거림으로 희석되는 착각에 빠진다. 독자는 인간의 소리인 조곡과 새의 소리인 지저귐을 더 이상 구분할 수 없게 된다. 인간의 소리가 새의 소리로, 새의 소리가 인간의 소리로 치환되는 비법은 소월의 작품에서는 더 이상 비법이 아닌 가장 소월적인 작시법의 하나이다. 주목되는 것은 「오는봄」에서 슬픔의 소리화·청각화는 그것의 시간성 때문에 자연히 소멸되거나 먼 후일의 추억으로 변질된다는 점이다.

사유와 인식의 근원이 되는 시간과 공간의 직관 형식 중 소월은 전자에 시심(詩心)의 뿌리를 두고 있다. 그는 자연현상을 고정된 공간 형식으로 파악하지 않고 변화와 움직임의 형식, 즉 비고정적인 시간 형식으로 파악한다. 사물이나 자연현상 나아가 인간의 희로애락까지도 시간 형식으로 파악하려 하기 때문에 그의 시의 핵심적인 정서를 이루고 있는 슬픔도 그 자체로 고정되고 불변하는 비애일 수 없다. 시간의 흐름 속에서 소월시의 주조적 정서인 슬픔이 구원(救援)된다. "김소월의 슬픔은 사물을 젖게 하는 특징을 지닌다. 그는 슬픔을 확산시켜버리거나 고체화시키지 않고 액체화 즉 끝없이 젖어듦으로써 슬픔을 초월하는 태도를 보여준다."[83] 소월의 시는 "시편마다 눈물이요, 시행마다 한숨인데도, 오히려 안이한 감상을 느낄 수 없다."[84] "감미로운 슬픔의 용해"[85]라는 지적도 위와 같은 맥락에서 이해될 수 있는 언급이다.

그의 시의 주조적 정서인 '슬픔'은 시간과 긴밀히 연결되어 있음으로 해서, 그 슬픔은 흘러가고 잊혀지는 슬픔으로 변화한다. 그 슬픔이 시간의 흐름 위에 놓임으로써 잊혀지기도 하고 때로는 추억을 불러일으키는 그리움의 정서로 바뀌는 삭힘의 과정을 거친다. 슬픔과 고통이 향수와 동경의 정서로 전이가 가능한 이유가 여기에 있다. 이러한 전이의 가능성이 소월시의 슬픔이 지닌 비극성을 용해시킨다.

(3) 의미의 애매성

소월시에서 애이불비(哀而不悲)의 역설이 빚어지는 것은 슬픔의 감정을 카다르시스히는 측면이 있기 때문이다. 이것은 시간의 흐름, 즉 유동성 속에서 감정이 처리되는 것과 연관되어 있다. 슬픔이 불상(不傷)의 경지에 이르는 비결이 여기에 있다. 의미 구조의 변화를 대변하는 이러한 유동성의 측면과 더불어 또 다른 특징의 하나는 의미의 애매성 증가이다. 동의어의 배제, 소월 스타일의 새로운 복합어, 의문형 어미의 출현, 시행의 재배열에 따른 압축과 생략 등의 구문 변화로 인하여 결정본의 의미는 다의적이고 애매한 의미의 증가현상이 두드러지고 있다. 결정본에서 동의어를 배제한 것은 동어반복에 따른 의미 강조의 효과를 약화시킨 것인데, 이것은 의미의 단일성 / 명확성을 희석시키는 기능을 수행한다.

---

83) 김현자, 『시와 상상력의 구조』, 문학과지성사, 1982, 200면 참조.
84) 천이두, 『종합에의 의지』, 일지사, 1974, 16면 참조.
85) 김우창, 『궁핍한 시대의 시인』, 민음사, 1977, 45면 참조.

초 : 향기롭게 향기로운

결 : 피어서 향기롭은

—「님과벗」

초고본의 "향기롭게 향기로운"이 결정본에서는 "피어서 향기롭은"으로 바뀌었다. '향기롭다'는 사실을 강조한 초고본은 '향기롭다'는 의미만 제시되어 있다. 이와 달리 결정본에서는 '향기롭다'는 의미에 '피어서'라는 의미를 부가했다. 단일한 의미의 초고본에 비해 결정본은 보다 많은 의미를 제시함으로써 의미의 명료성을 제거하고 있다. 결정본에는 다의적이고 애매한 의미 현상이 나타난다. 그러나 소월이 개작 작업에서 반복이 주는 지루함을 해소하기 위해 동의어의 나열을 피하려 한 것은 아니다. 동어반복을 피한 이유는 통상문법에서는 연결 가능성이 희박한 어휘들을 조합하여 전혀 새로운 의미를 제공하려는 데 있다. 즉 소월은 동의어의 반복을 피하는 대신에 어울림의 가능성이 적은 시어들을 참신하게 연결하여 다양하고 애매한 의미를 창출하려고 했다. 「山우헤」의 개작 과정에서 소월은 일상 언어를 조합하는 특이한 방식을 보여준다.

초 : 먼한바다길로 한바다길로

재 : 한바다로 저 멀리 한바다로

결 : 저멀니 한바다로 아주바다로

—「山우헤」

「山우헤」의 초고본과 재고본에서 바다의 의미는 '크다'로 제시되어 있다. 그러나 결정본에서의 '바다'는 '크다'와 '아주'의 복합적이고 중의적인 뜻이 결합됨으로써 '의미의 애매성'이 증가되었다. 초고본과 재고본의 바다는 명확한 의미인 '큰 바다'이다. 이에 비해 결정본의 바다는 '크다'와 '아주'의 이중적 의미로 해석되는 바다이다. 결정본의 바다는 부피의 의미에 정도의 의미가 추가된 바다로서 '다양한 의미로 해석되는 바다'이다. 소월은 크고 작은 부피 단위로 제시된 바다의 의미를, 많고 적음의 정도 단위로 제시하여 그것의 의미를 새롭게 파악하도록 했다.

동의어 배제와 함께 주목되는 또 하나의 변화는 소월이 결정본에서 마침표나 어휘를 과감히 생략하여 의문·추측의 의미를 강화시킨 점이다. 이로 인하여 결정본의 의미는 명확히 고정되지 않고 미정의 불확실한 의미, 즉 애매하고 다의적인 의미로 바뀌었다. 소월은 표현의 명료성을 희생하고 다양한 의미화가 가능하도록 배려했다. 「개여울」의 개작 과정이 이를 반증하고 있다. 초고본에서는 서술형의 단정적인 의미가 제시된 데 반하여 개작된 결정본에서는 의문형의 물음으로 확정적인 의미의 결정이 미루어져 있다.

초 : 구지닛지말나는 부탁이지요

결 : 구지닛지말라는 부탁인지요

—「개여울」

초고본 "구지닛지말나는 부탁이지요"라는 화자의 어조는 단정적이고 언술내용도 명확하다. 그러나 결정본 화자의 어조에 나타난 언술내용은 명확히 결정되어 있지 않다. "구지닛지말나는 부탁인지요"라는 의문형의 물음이 내포한 의미 내용은 분명하지 않다. 미결정의 물음에 해당하는 화자의 어조에는 단정을 유보하고 미확정의 의문을 제기하는 머뭇거림이 함축되어 있다. 결정적인 의미의 확정을 미루는 화자의 태도로 인하여 결정본의 "구지닛지말나는 부탁"이 불확실하다. 화자의 상대방, 혹은 독자로 하여금 그 의미 내용을 확정하도록 미루고 있는 셈이다.

명확한 의미 제시의 시에서보다는 불명료한 의미 유도의 시에서 독자 스스로 의미를 생산하는 활동이 필요하다는 생각을 갖게 된다. 「자나깨나 안즈나서나」의 결정본에서는 화자 자신의 이야기가 아니라 타인의 이야기처럼 이끌어가는 독특한 어법이 쓰임으로써 언술 내용의 단정적 의미를 약화시키고 있다.

초 : 그러나 우리는 얼마나 만흔歲月을
    쓸데없는 괴롭음만 보내엿습닛가!

결 : 그러나, 우리는 얼마나 만흔세월을
    쓸데없는 괴롭음으로만 보내엿겟습니까!

　　　　　　　　　　　　　　　　　　　　　　　—「자나깨나 안즈나서나」

　결정본에는 현재로부터 멀어진 사실을 말하는 언술 양식을 취하여 그 언술의 표현 내용을 흐릿한 과거의 사실로 제시하려는 의도가 나타나 있다. "보내엿습닛가!"와 "보내엿겟습니까!"가 다 같이 현재 이전의 과거에 속하지만, 언술 태도의 차이로 인하여 독자는 전자보다는 후자가 더 먼 과거를 회상한다는 느낌을 받는다. 후자의 언술은 현재로부터 더 먼 회상의 의미를 갖고 있는 것처럼 들리기 때문이다. 동시에 "보내엿습닛가!"의 언술 태도는 직설적이고 명확한 데 반하여 "보내엿겟습니까!'의 언술 태도는 간접적이고 추측적이다.

초 : 그러나당신이니르겟지요

결 : 그러나쏘한긋이럿치요

　　　　　　　　　　　　　　　　　　　　　　　—「못니저」

　초고본에는 비교적 확실한 의미가 제시되어 있다. '당신이니르겟다'

는 사실을 단정적으로 진술하고 있기 때문이다. 그러나 결정본에서 이 시행이 지시하는 의미는 명료하지 않다. 무엇인가 빠지고 생략된 것처럼 보이면서 의미가 애매하다. 초고본에 비하여 결정본은 진술된 내용이 확정적이거나 단호하지 않다.

　의미 생성 활동을 배려한 소월의 작시법의 특징은 어휘 생략과 문장의 도치이다. 개작 과정에서 빈번하게 나타나는 문장의 도치와 어휘 생략의 기법은 시적 의미를 다의적으로 해석하게 만드는 요인이다. 「부헝새」와 「樹芽수아」의 개작본이 여기에 속하는데, 이러한 요인으로 인하여 다양한 의미 생산 활동이 가능하다.

<blockquote>

초 : 간밤에 부헝새가한마리,
　　뒷門밧게 와서울더니,
　　오늘은 바다우에도 구름이캄캄,
　　해못본날하로도 어느덧 저믈어가네.

결 : 간밤에
　　뒷窓박게
　　부헝새가와서 울더니,
　　하로를 바다우헤 구름이캄캄.
　　오늘도 해못보고 날이저므네.
</blockquote>

—「부헝새」

　초고본의 본문은 산문 / 소설 문장과 유사하다. 관찰된 사실을 평이하게 기술함으로써 일상어법의 어순에 충실하고 서술된 문장의 의미도 명확하다. 그러나 개작된 결정본은 문장의 도치와 조사의 생략 그리고 시행의 재배치 등으로 인하여 초고본의 그것과 다른 시적 / 운문 문장의 형태를 띠고 있다. "간밤에 부헝새가한마리, / 뒷門밧게 와서울더니"보다는 "간밤에 / 뒷窓박게 / 부헝새가와서 울더니"가 시적 양식에 어울리는 문장 형태이다. 뿐만 아니라 어순의 재배치와 행갈이로 인하여 다음에 이어지는 내용과 단절된 느낌이 들도록 수정된 결정본은 의미 단절을 보충하기 위한 상상력의 활동이 원활하게 이루어지는 구조로 바뀌었다. "오늘은 바다우에도 구름이캄캄"을 "하로를 바다우헤 구름이 캄캄"이라는 문장으로 바꾼 것도 전반부의 변화와 유사한 측면이 있다. 즉 확정된 의미를 독자에게 제시하지 않는 형식의 문장으로서 의미의 다양성을 지향하는 의식이 나타나 있다.

단어 연결과 행배열은 시적 의미와 밀접한 관련이 있다. 시에 사용된 단어의 의미는 같은 행에 속하느냐 그렇지 않느냐에 따라, 다시 말하면 행배열에 의한 전체 문맥과 연결된 의미를 고려해야 하기 때문이다. 완결된 구조로서의 시의 의미를 분할해 낼 수 있는 최소 의미 단위 설정을 어떻게 마련하는가의 문제는 논란의 여지가 있다. 그러나 일반적으로 하나의 시행은 독립된 의미 분할의 최소 단위로 기능한다. 그렇다면 의미 분할의 단위는 어휘와 어휘의 조합인 통사 단위이고, 그 단위는 어절이나 행이 고려되어야 한다. 시구나 시행은 의미의 독립성이 보장되는 최소 단위이다.

> 초 : 웬만한 설은봄은 아니여!
> 　　나무가지 가지마다 눈을텃서라,
> 　　내가슴에도 봄이와서
> 　　只今 눈을 트랴고하여라.
>
> 결 : 설다해도
> 　　웬만한,
> 　　봄이아니여,
> 　　나무도 가지마다 눈을터서라!

— 「樹芽」

초고본의 개작 과정에서 일어난 변화는 어휘 생략과 문장의 압축, 그리고 시행의 재배치이다. '웬만한 설은봄'이 '설다해도 / 웬만한 / 봄'으로 바뀌었다. '설다해도'와 '웬만한'이라는 수식어와 '봄'의 거리가 멀어졌고, 각각이 한 행씩 처리됨으로써 별개의 의미 단위로 기능한다. '웬만하다'와 '섫다'는 더 이상 봄에 종속되어 그것을 꾸미는 역할을 하는 것이 아니라 스스로 독립적인 의미를 지닌다. 동시에 '설은'을 '설다해도'로 수정하여 '웬만한'과 도치시킴으로써 '설은봄'이 "웬만한, / 봄"으로 의미의 변화가 일어나도록 했다. 초고본의 '설은 봄'의 의미는 비교적 명확한 데 반하여, 개작된 결정본의 '웬만한 봄'의 의미는 애매하다. 과감한 생략과 압축으로 인하여 결정본의 의미는 명확하지 않다. 상상력으로 그 의미를 보충 / 결정해야 한다. 결정본은 의미화 작업, 즉 의미를 결정하는 작업이 필요한 시로 바뀌면서 의미 생성 활동을 촉구하고 있다.

초 : 봄에 부는바람, 바람부는봄
　　저은가지 흔들리우는 부누봄바람,
　　내가슴 흔들리우는 바람부는봄,
　　봄과 바람과 나는 함끠우노라.

결 : 봄에 부는바람, 바람부는봄
　　적은가지흔들니는 부는봄바람
　　내가슴흔들니는바람, 부는봄,
　　봄이라 바람이라 이내몸에는

—「바람과봄」

초고본의 "내가슴 흔들리우는 바람부는봄"을 "내가슴흔들니는 바람, 부는봄"으로 쉼표를 사용하여 바람과 '부는'을 강제로 분리시킨 것이 개작의 포인트이다. 개작본의 묘미가 여기서 발생한다. 분리로 인하여 내 가슴을 흔들게 하는 원인이 "바람부는봄"에서 '바람'과 '부는 봄'으로 바뀌었다. 뿐만 아니라 초고의 "바람부는봄"이라는 통상적인 봄의 의미가 결정본에서는 전혀 새롭고 이상스런 의미의 봄, 즉 '부는봄'으로 변화되었다. 결정본의 봄은 미묘하고 다의적인 의미를 지니게 되었다. 독자는 바람과 마찬가지로 부는 낯선 봄과 마주치게 된다. 통념에서 벗어난 봄의 지각 방식 때문에 결정본의 자연모티브인 봄은 그 본래의 실제성을 뛰어 넘어 추상화되고 기호화된 애매한 봄의 의미로 다가온다. 초고본에 비하여 결정본은 불확정적이고 애매한 의미로 충만해 있다. 『진달내ㅅ꽃』의 상당수 작품에도 소월의 이러한 개작 의지가 반영되어 있다. 「默念묵념」이 전형적인 예에 속한다.

희미한수풀

—「默念」

소월은 '희미한' 빛 속에 있는 '수풀'을 노래한다. 그것은 밝은 대낮의 빛이 아닌 흐릿한 빛 속에서 '어섬프러히' 나타난 수풀의 모습이다. 이 구절이 지시하는 의미도 수풀의 모습처럼 애매하다. 즉 흐릿한 수풀의 형체처럼 그것이 지시하는 의미도 불명료하다. 소월의 시에 나오는 빛은 항상 흐릿하고 모호하고 아련한 이미지를 동반한다. "어스러한 등불"(「옛니야기」)이나 "어스렷한달"(「닭은 쏘쑤요」)의 그것들처럼 대낮의 밝음보다는 밤의 어둠이 배여 있다. 이는 명백함보다는 흐릿함을, 또렷함보다는 어렴풋함을 선호하는 소월의 작시의식에서 비롯된 것이다. 밤과 낮, 어둠과 밝음의 경계로서의 황혼 이미지가 소월시에 자주 등장하는 것도 이와 관련이 있다. 황혼은 물체가 그 본래의 형체를 상실하고 흐릿하고 모호한 형체로 다시 태어나는 시간이고, 그 형체의 흐릿함으로부터 유추되는 의미는 아련함과 희미함이다. 과거의 시간대에 속하는 기억이나 추억으로서 관조하는 회상의식이 곧 아련함과 희미함이다.

소월은 근원적인 삶의 체험을 환기시키는 한 방법으로서 '아련함과 희미함'의 의미 범주로 애매성을 지향했다. 그것은 당대의 조선 민중이 처한 운명으로서의 '희미함과 아련함'을 뜻하기도 하면서 동시에 그러한 운명에 대한 참다운 이해에 도달하려는 의식의 발로이기도 하다. 바꾸어 말하면 그는 개체로서의 '나'라는 개인 체험의 보편화를 통하여 공동체로서의 '우리'라는 민족적 정서, 즉 아련한 회상이나 희미한 기억으로 자리 잡은 과거의 정서를 현재의 그것으로 재현하고자 했다. 이러한 측면과 더불어 주목되는 것은 소월이 개작 과정에서 특수한 의미보다는 보편적인 의미, 시인이 부여한 제한된 의미보다는 독자가 읽는 과정에서 상상해 낼 수 있는 확장된 의미를 지향한 점이다.

초 : 그아래숩

재 : 그알에

결 : 숩사이

—「풀따기」

초 : 그사람에게

결 : 님에게

—「님에게」

초 : 濟物浦에서의밤

결 : 밤

—「밤」

초 : 그진달내꽃

결 : 진달내꼿

— 「진달내꼿」

개작본에서 소월이 보편적 의미를 추구한 것은 시를 대하는 독자에게 보다 공통적이고 일반적인 의미, 혹은 정서를 제시하려고 했기 때문이다. 그는 특수하고 제한적인 의미를 일반적이고 보편적인 의미로 확대하려고 애썼다. 바로 이와 같은 점이 앞서 지적한 '우리'라는 공동체의식의 구체적 실천이다. 소월은 제한적이고 한정적인 의미를 포괄적이고 일반적인 의미로 바꾸어, 다시 말하면 표현 대상이 지시하는 의미를 확대하여, 시를 읽는 독자로 하여금 스스로 의미를 결정·확정하도록 배려하고 있다. 초고본과 달리 개작된 시들은 표현 대상이 지시하는 의미 범주를 넓히고 있다. 결정본에서 특수한 장소를 지시하는 제물포의 밤은 보편적인 밤으로, 특별히 지칭될 수 있는 그 사람은 일반적인 임으로 바뀌었다.

대상을 표현하는 데 있어서 그 대상의 고유성과 특수성을 보편성과 일반성으로 대치하고자 했던 소월의 이러한 작시의식은, 개인 체험을 공동 체험으로 확산시키려는 의도에서 비롯된 것이다. 그것은 식민지 원주민으로서의 개인이 처한 현실적 고통을 우리라는 민족적 공동체의식 속에 투영시켜 인간과 세계 사이의 불화와 갈등을 화해와 조화로 이끌려는 의지이다. 소월의 "연가(戀歌)에서 소월 개인의 서름이나 회한을 찾는 게 아니고, 바로 우리 자신의 설움과 회한을 찾게 되고, 겨레의 정서 속에 수없이 되풀이 된 그것들을 찾게 된다"86)는 언급도 이러한 면을 지적한 것이다.

개작 작업에 나타난 의미 구조 변화의 양상은 유동성과 애매성과 보편성이다. 이것은 확정적이고 명확한 의미를 희생시키는 결과를 낳게 된다. 특히 제한적이고 특수한 의미를 포기하고 일반적 / 보편적 의미를

---

86) 천이두, 앞의 책, 29면 참조

추구한 것은 의미의 유동성과 의미의 애매성을 간접적으로 보강하는 요인으로 작용했다. 이와 같은 의미 속성이 부여되었기 때문에 결정본은 의미 제시(提示)의 시가 아니라, 의미 생성(生成)의 시가 될 수 있었다.

3. 시사적 의의

개화기 시가의 전근대성을 극복하고 근대시로의 전환을 모색한 문인은 육당 최남선이다. 그는 과거의 시가와 다른 새로운 형태의 작품을 창작했다. 「해(海)에게서 소년(少年)에게」가 그것이다. 이 작품은 전대 시가의 정형성을 탈피한 혁신적인 시 형식의 실험이라는 점에서 근대시의 서장을 열어 놓았다. 그러나 육당이 시도한 신시의 형태 모색과 실험의 의도는 과거 시가의 정형성을 타파하려는 것은 아니었다. 그는 과거의 시가 형식을 변화된 시대의 형식으로 수렴하려고 했던 것으로 보인다.

육당은 과거 시가와의 단절 속에서 새로운 형태의 근대시를 창조했던 것은 아니었다. 「해에게서 소년에게」의 창작에 나타난 그의 노력은 과거 시가의 연장선상에서 전통 형식의 계승을 통한 근대 시형의 모색이라는 측면으로 이해되어야 한다. 규칙적인 시행의 배치 그리고 일정한 자수율의 반복 등에 반영되어[87] 있듯이, 「해에게서 소년에게」는 과거의 시가 형식을 배격하고 쓴 작품이 아니다. 그럼에도 불구하고 이 작품에는 전통과 혁신의 융화를 추구한 육당의 신시가에 대한 자각이

---

87) 이 작품 이후의 발표 작품에 나타나 있듯이, 자수율에 대한 육당의 집념은 대단했다. 『六堂 崔南善全集』 5(고려대 아세아문제연구소 육당전집편찬위원회 편, 현암사, 1973)에 수록된 '시가'를 참조하기 바람.

나타나 있다. 이 작품이 근대시문학사의 선구적 의의에 부응하는 이유가 여기에 있다.

그러나 육당의 이러한 자각이 자유시형 추구의 풍조가 확산되면서 후대 시인들의 창작 활동에서 결실을 맺지 못한 것은 근대 시단 출발기의 한계이다. 김억의 번역시와 창작시가 출현한 이후 자유시가 근대시의 주류를 형성했고, 동시대에 활동했던 일군의 시인들, 즉 박종화·박영희·오상순·홍사용·황석우도 그러한 유형의 작품들이 유행하는 데 일조했다.[88] 이들의 작품에서는 전통시가 계승에 대한 의지를 읽어 내기가 어렵다. 소월 김정식의 시작품이 '기이한 현상'[89]의 하나였다는 진단은 근대시단의 이러한 풍조의 확산과 무관하지 않다. "4250 년대의 中末期에 걸쳐 이상한 現象"이 하나 나타났고, 자유시나 산문시의 방향으로 "발전해갈 수밖에는 없는 듯 보인 大勢"에서 소월은 홀로 "傳統的 定型律로 定型詩"를 썼다는[90] 사실이 그것이다. 소월은 당대의 몰전통적이고 서구 지향적인 풍조에 휩쓸리지 않고 민족문학의 유산 속에서 현대시의 새로운 모습을 재창조하고자 하는 의식을 보여 주었다. 이것이 전통의 창조적인 변혁을 바탕으로 현대시의 기초를 다졌던 시인으로 소월이 기억되어야 하는 이유이다.

1920년대가 한국 현대문학의 출발점이라면[91] 그 선구자의 중요한 한 사람으로 소월이 거론되어야 한다. 그는 근대와 현대, 현대와 근대의 경계선에 서서 조선어의 미감을 끊임없이 탐구하여 그것을 조선적 시형(詩型)에 담아내려는 예술적 자세를 보여주었기 때문이다. 시어 선택과

---

88) 안서 등의 『태서문예신보』에 와서 "시형태에 대한 착각이 표면화함으로써 시의 새로운 형태에 대한 여태까지의 피상적 관념"이 드러난 것이라는 김춘수의 지적(「이상한 現象의 하나—金素月의 詩形態」, 『金春洙 全集』 2, 문장, 1984)을 참고하기 바람.

89) 김춘수, 위의 글.

90) 이상의 " "의 내용은 김춘수(위의 책, 37면)에서 인용한 것이다.

91) 한국문학사에서 "엄정한 근대적 단편소설의 형성이 확립된 것은 1920년대이고, 김동인의 「배따라기」가 이에 해당"(이재선, 『한국단편 소설연구』, 일조각, 1975, 125~126면)된다.

결합, 간결한 표현을 통한 조선적 정감의 세계를 보여줌으로써 소월은 보편적인 조선인의 심성에 해당하는 감정의 세부를 정교하게 표현해 냈다. 중요한 것은 소월이 우수마발(牛溲馬勃)과 같은 식민지 원주민의 토속어를 활용하여 천의무봉(天衣無縫)에 가까운 언어예술품을 조직해 냈다는 점이다.

조선어의 쓰임새를 한 단계 격상시킨 그의 예술 작업의 특색은, 사상의 깊이나 정서의 고상함이 아니라 음조의 정교함, 어휘 구사와 시행 배열의 교묘함, 형태 구조의 조화로운 균형이다. 그것은 소월이 조선어 활용의 달인(達人)이었다는 증거이고 그만큼 섬세하고 영롱한 언어감각을 지녔던 불세출의 언어연금술사였음을 반증하는 것이다. 참신한 언어 감각을 바탕으로 민족 고유의 정감을 조선의 운율로 재구성하려는 노력이 그의 작품 곳곳에 나타나 있다. 그는 민족어의 소리효과에 대한 경이적인 감각을 바탕으로 조선적 음향을 시작품에서 구현해 냈고 전통적 시가의 가락을 현대시의 리듬으로 되살려냈다. 조선어의 악인(樂人)으로 불려 마땅한 소월의 시어는, 시리게 빛나는 영랑의 서정적 언어와 예리한 감수성이 날카롭게 빛을 발하는 지용의 절제된 언어의 원천으로 작용했다. 따라서 그의 시편들은 우리말을 갈고 닦은 주시경의 엄숙한 탐구나, 심각한 언어로 식민지 당대의 굴종에의 아픔을 일깨운 신채호의 준엄한 각성과 겨룰 만한 가치를 지녔다. 이러한 점에서 우리는 소월시를 엄우(嚴羽)가 말한 "원리에 얽매이지도 않고, 말의 그물에 빠지지도 않은" 그리고 "말은 끝났지만 뜻은 끝이 없는" 최고의 시92)로 평가할 수 있다.

시의 정수(精粹)가 "감정의 묵시(默示)인 동시에 시인의 마음을 통해서 반영된 외부세계의 구체화"라면93) 소월의 자연관이 여기에 해당된다. 그의 자연관은 현실세계의 미메시스로 이해되어야 한다. 이러한 점이

---

92) James J. Y. Liu, 이장우 역, 『중국시학』, 동아출판공사, 1984, 122면.
93) James J. Y. Liu, 이장우 역, 위의 책, 122~123면 참조.

소월의 시에서 민족의식을 읽어낼 수 있는 대목이다. 그는 고심어린 예술적 형상화 작업을 통하여 당대의 부조리한 시대상을 자연의 은유를 통해 고발하려 했다.94) 조선의 자연풍경을 통하여 당대의 현실을 재현함으로써 소월은 식민지 원주민의 비애와 설움을 높은 차원의 언어예술로 형상화했다.

그의 시에 나오는 자연은 우는 자연, 탄식하는 자연, 소외된 자연이다. 그러한 자연의 모습을 그려낸 것은 당대의 민족경험을 객관화하고 보편화한 현실관조로서의 묘사이다. 그러나 소월시의 자연은 파멸적인 모습으로서의 자연, 소외된 모습으로서의 자연풍경 묘사에 머물지 않는다. 부정적인 자연풍경을 벗어나고자 하는 미래의 자연관으로 발전되어 가고 있는데, 이것이 그의 시에 자주 등장하는 이상과 동경으로서의 자연이다. 슬프되 그 슬픔의 나락에 떨어지지 않고 애상의 심연으로부터 용솟음쳐 나오는 소월시의 매력이 여기에 있다. 이러한 점에서 한국인 의식의 심층에 자리 잡은 정서를 시의 언어와 리듬으로 구현해 낸 소월 시편은 '한국문화의 중요한 유산으로 보전할 가치'95)가 있다.

4. 결어

필자는 이 글에서 소월이 보여 준 개작 과정의 각 단계를 분석하여 그것이 갖는 시학적 의의를 살펴보았다. 그것은 언어 형식과 언어의미

---

94) 오장환은 『진달내꽃』의 시편을 그 시대 "조선의 청춘의 감정을 비치인 거울로 가장 우수하다"(「소월시의 특성—시집 『진달내꽃』의 연구」, 『조선춘추』, 1947.12)고 평가했다.
95) 『진달내꽃』이 "日政 폭압하에 있어서의 우리의 문화재로도 대단히 귀중한 유산"(위의 글)이라고 지적함으로써, 오장환은 소월시문학을 민족문화 유산으로 재정의하고 있다.

의 새로운 탐색 작업이며 동시에 이 두 영역의 확장 작업이다. 시어들의 불가사의한 결합, 시어나 시행의 과감한 압축과 생략, 시행의 재배치 등을 통하여 그는 시작품에서 확정적인 의미를 배제하고자 했다. 그 결과 결정본은 독자의 능동적인 참여를 유도하는 시로 바뀌었다. 수정 작업을 거친 시집 수록본은 의미 제시의 시가 아니라, 의미 생성의 시로 바뀌면서 매번 읽을 때마다 의미를 생성해 낼 수 있는 시들로 변모되었다. 개작 과정의 의의를 종합하면 다음과 같이 요약된다.

첫째, 소월은 시어의 소리효과에 대한 탁월한 인식을 보여주고 있다. 소월이 개작 과정에서 보여준 현실음 표기 방식은 당대 민중이 실제 발음하던 소리의 효과를 살리기 위한 것이다. 그것은 시낭송과 리듬의 유려한 효과를 보장하기 위한 배려이다. 의고적 표기를 시어에 도입한 것은 고어에 가까운 표기에 대한 취향의 반영이 아니다. 표기의 소리효과 ―유장하고 고아한 효과음 창출, 그리고 이러한 소리효과를 통한 조선적 정서 환기의 효과를 의도한 그것은, 전통적인 정한이나 서정의 세계를 강화하는 데 기여하고 있다. 특히 정주방언과 표준어에 없는 독특한 표기를 창안한 것은 음향효과가 돋보이는 시를 창조하려는 의식에서 비롯되었다. 이러한 표기 형태가 소월시적인 특징을 보장해 주는 개성적 요인으로 작용하고 있다.

둘째, 동의어의 반복을 피한 것은, 동일한 시어의 반복이 주는 단조로움과 지루함을 해소함과 동시에 다양하고 미묘한 의미를 불러일으키는 효과를 빚어내고 있다. 소월은 수정 작업에서 적은 언어를 가지고 많은 의미를 생산하는 언어의 경제성을 실현했다. 서술어의 동작성 강화는 그의 작품에 역동적인 리듬감을 부여하려는 의식의 소산이다. 이것은 내용적인 측면에서 운율 형식을 보강하는 효과를 얻기 위한 것인데, 소월시를 음악적이고 율동적인 것으로 변모시키는 역할을 한다. 상당수의 소월시가 가곡으로 불리어진 것은 이러한 점과 관련이 있다. 또한 무정물의 의인화는 자연풍경 묘사에 동원된 기법으로 식민지 원주민의 현실 상황을 미메시스하려는 의도의 일환이었다. 자연풍경에 의탁하여 조선민중의 삶을 예술적으로 형상화했으며, 그것은 소월의 서정적 현실 묘사 방식의 탁월성을 보장해 주는 기법의 하나였다.

특히 독특한 어휘 결합/어휘 연결, 시행의 재배치, 띄어쓰기의 조정 등은 형식 구조의 조화와 균형 속에서 리듬의 역동성을 강화하기 위한 것이다. 역동적인 리듬 속에는 조선시가의 운율 형식을 계승하려는 정신이 반영되어 있고, 전통시가의 형식을 오늘의 그것으로 재창조하려는 의식이 나타나 있다. 쉼표를 활용하여 시의 리듬이나 낭송의 변화를 구현한 것도 이러한 점과 관련이 있다. 소월은 시어·시어절·시행의 억양이나 고저장단의 다양한 변화를 창출하는 요소로 쉼표를 활용하여 개성적이면서도 전통적인 리듬을 구현해 냈다. 이러한 점이 조선시형의 운율을 묵습(墨習)하지 않으려는 전통갱신의 정신이다.

셋째, 소월은 다의적이고 유동적이며 애매한 의미를 개작시의 주된 속성으로 부각시키려는 의식을 보여주고 있다. 표현 대상의 동작·흐름·지속의 의미를 강화함으로써, 즉 서술어의 동작성을 강화하거나 무정물을 의인화함으로써 소월은 시의 의미 속성에 다양성과 유동성을 부각시켰다. 또한 동의어 반복회피와 의문·추측·도치·생략의 문장기법은 의미의 애매성과 밀접한 관련을 맺고 있다. 의미의 유동성과 애매성은 의미의 안정성과 표준문법의 체계나 용법을 위반하는 속성을 지니는 것으로 소월시의 의미 탄생의 원천이자 의미 생성의 보고(寶庫)이다. 동시에 그것은 소월시의 주조적 정서인 애상/비애의 감정에서 벗어나게 하는 효과를 발휘한다. 의미의 유동성은 애상의 정서를 사라지는 물의 흐름 위에 ―변화하는 시간의 지속 속에 놓이게 함으로써 슬픔을 흘려가며 변화하는 그 무엇이 되게 한다. 끊임없는 변화 가운데 소월시의 슬픔은 스스로 해소된다. 동시에 흐릿하고 희미한 과거회상 속에 슬픈 정서를 위치시키는 애매성은, 슬픈 현실에 몰입하는 것으로부터 벗어나게 한다. 흘러가는 시간 선상에서 반추하는 추억, 다시 말하면 아름다운 회상 가운데에서 소월시에 표현된 슬픔은 구원(救援)되고 있다. 결과적으로 슬픔의 시간화 / 유동성과 슬픔의 과거화 / 애매성을 통하여 슬픈 현실은 과거 / 추억에 대한 그리움으로 변화된다. 이것이 애이불상의 역설을 빚어내는 소월시의 가치이고, 슬픔이 담긴 언어가 빛나는 하나의 그리움으로 재창조되는 비결이다.

제4장 교열본 작성의 실제

1. 서언

    소월 김정식의 시편들은 세 부류로 구분된다. 첫째 소월이 생전에 펴낸 시집 『진달내꼿』에 수록된 작품, 둘째 잡지나 신문 등에 발표된 시들로서 시집에 수록되지 않은 작품, 셋째 육필원고를 판독한 작품이 그것이다. 이외에 일본어와 영어로 써놓은 작품들을 번역한 것들과 한시를 한글로 옮긴 작품을 비롯하여 번안시에 해당하는 것들이 있다. 소월은 시작품뿐만 아니라 소설을 포함한 몇 편의 산문을 창작하거나 번역했고 시론을 썼다. 이상의 작품을 대상으로 출판과 전승 과정에서 발생한 오류를 바로잡기 위한 원칙을 세우고 그에 따라 교열본/비판본/정본을 확립하는 작업이 필요하다.

2. 『진달내꽃』 수록 시

시집에 수록된 작품을 교열하는 작업에서 필자가 염두에 둔 몇 가지 원칙은 다음과 같다. 첫째, 『진달내꽃』에 실린 작품에서 소월의 창작 의도에 어긋나는 오류 부분을 바로잡는 것이다. 그것은 편집 과정에서 발생한 것으로 판단된다. 한자어나 한글 표기의 착오, 오식(誤植)된 문자와 거꾸로 인쇄된 글자, 띄어쓰기의 실수가 주된 것들이다. 잘못된 표기는 시인의 착각에서 기인한 것도 있을 수 있다. 전집 발간을 위한 정본 / 결정본 확정 작업에서 이러한 오류를 바로잡는 교열 작업이 필요하다.

둘째, 인쇄 활자, 시어와 시행 배치, 제본이나 지질(紙質), 당대의 창작 관행이나 독서습관 등을 현대판 소월 전집 발간에서 어떻게 배려할 것인가는 중요한 문제이다. 시어 표기와 시어의 기본 의미를 시인의 원래 의도에 맞게 복원시키는 것을 정본 확정의 원칙으로 정한다. 언어 표기와 시어의 기본 의미야말로 그것들이 통용되던 시대상을 보전하고 있는 용기(容器)이다. 따라서 교열의 최대 역점은 시집 출간 당시의 표기를 존중하고 시어의 기본 의미를 복원하는 데 있다. 식자공의 의식적 / 무의식적 오류는 물론이고 소월이 범했을 것으로 판단되는 착오와 실수를 바로잡는 것을 원칙으로 한다.

셋째, 원본의 시행 배치를 현재 통용되는 시행 배치로 바꾼다. 이러한 원칙이 현대독자의 편의를 위하여 당시의 시어 표기를 현대 표기로 전환하는 것을 용인한다는 의미는 아니다. '이미' 쓰인 시작품과 그것을 '지금' 읽는 독서행위, 즉 과거와 현재의 '만남'이 독서의 본질적 현상이다. 현대독자의 편리한 읽기를 도모하기 위해서 원본을 훼손해도 된다는 식의 발상은 옳지 않다.

넷째, 말줄임을 뜻하는 부호 '………'은 '……'(여섯 개의 가운데 점)으로 통일한다. 이는 소월시에 쓰인 '……'에 특별한 의미가 부여되지 않았다

는 점에서, 그리고 현대 맞춤법이 정한 규약을 존중한다는 점에서 전집
편찬의 타당한 원칙으로 판단된다. 동일한 제목의 작품이 둘일 경우 서
로 구분하기 위해 제목 뒤에 '1·2'를 붙인다.

　다섯째, 『진달내꽃』의 오자 문제는 소월이 보여준 개작 원칙, 작품의
전후문맥의 연관성, 작품의 형태나 구조 등을 감안하여 교열한다. 고친
부분에 대하여는 합당한 이유와 근거를 제시한다. 이 과정에서 시집으
로 엮어지기 이전에 신문이나 잡지에 발표된 처음 발표작이나 그것을
다시 수정하여 발표한 작품을[1] 참고한다. 이외에도 소월의 특이한 표기
나 방언형의 표기, 문장부호 등에서 의심스러운 부분은 문제점을 지적
하되 원본의 모습을 존중한다는 점에서 교열하지 않는 것을 원칙으로
한다. 『진달내꽃』 교열의 실제는 다음과 같다.

① 겉표지 '진달내꽃'과 속표지 / 목차의 '진달내꼿' 표기가 다르다.

② 「풀짜기」 2연 1~2행, 4연 1행 마침표(.)가 부자연스럽다. 소월의 작시
　법 관행과 어긋나며 시상의 전개상 어색하다.

③ 「山산우헤」 3연 3행 '한바다르'는 "저멀니 한바다르 아주바다로"에서
　'로'·'로'의 반복을 피하기 위해 '르'로 표기한 것으로 생각할 수 있
　다. 그러나 「山산우헤」의 5연 3행에서도 "내몸은 山우헤서 그山우헤
　서"처럼 '서'·'서'의 반복이 나타난다. 「山산우헤」의 초고와 재고에
　는 '로'로 표기되어 있다.

④ 시집에는 「失題실제」라는 제목의 시가 두 편 있다. 시집에 수록된 순
　서에 따라 「失題실제 1」과 「失題실제 2」로 구분한다. 소월은 두 번에 걸

---

1) 이하의 논의에서 편의상 '초고 / 초고본'은 처음 발표 작품을, '재고 / 재고본'은 두 번
　째 고쳐 발표한 작품을 뜻한다.

쳐 『문예공론』(1929.6~7)에 발표한 「斷章단장」을 '(1)~(2)'로 구분했다. 시집 수록 시도 혼란을 피하기 위해 「斷章단장」의 예처럼 '1 · 2'로 구분한다.

⑤ 「꿈으로오는한사람」 목차 제목과 본문 제목의 띄어쓰기가 다르다. 당시의 출판 관행에 비추어볼 때 총 목차 제목까지 소월이 작성하여 출판사에 넘기지 않았을 것이다. 목차 제목과 본문 제목이 불일치할 경우 본문의 것을 존중한다. 이러한 원칙에 문제가 있을 때는 수정의 타당한 근거를 밝힌다.

⑥ 목차 제목 「옌前전엔 밋처 몰낫서요」와 본문 제목 「예젼엔 밋처몰랏섯요」가 다르다. 본문에는 "예젼엔 밋처몰낫서요"로 표기되어 있다. 본문의 표기도 '서요'이고, 초고 제목도 '서요'로 표기되어 있다. 문제가 있으나 본문 제목으로 통일한다.

⑦ 목차 제목 「해가 山산마루에 저믈어도」와 본문 제목 「해가 山산마루에 저므러도」가 다르다. 본문의 제목이 존중되어야 한다. 본문에도 "해가 山마루에 저므러도"가 나타난다.

⑧ 목차 제목 「하늘씃」과 본문 제목 「하눌씃」이 다르다. 본문에도 '하눌'의 표기 용례가 있다. 본문 제목으로 일치시킨다.

⑨ 「失題실제 2」의 3연 6행 "밟고호젓한 보름달이"에서 '밟고'는 '밝다'를 뜻한다. "달빗츤 밝고"(「月色」), "어둡고밝은"(「서울밤」)의 용례가 있다. 이 부분을 '밝고'로 교열해야 한다.

⑩ 「마른江강두덕에서」 2연 3행 "물째무든 조악돌 마른갈숩피"에서 '조

악돌’을 ‘조약돌’로 고치는 것은 원전 훼손이다. 김기림의 「꿈꾸는 眞珠진주여 바다로 가자」에 ‘조약돌’이 나타난다. 이 단어는 함경도나 평안도 지역어로 판단된다.

⑪ 일부 소월시 전집에서 「어버이」의 5행 “순복에아부님은”의 ‘순복에’를 ‘순복의’로 고친 예가 보인다. 이것은 원전 훼손이다. 소월은 실제 발음을 중시하는 표기를 선호했다. ‘녑폐’(「山우헤」)·‘덥퍼라’(「봄밤」)·‘깁피’(「님의 노래」) 등이 이러한 사례이다. 소월 작품에 쓰인 ‘에’는 소유격조사 ‘의’를 대신하여 종종 사용되었다.

⑫ 「후살이」 4행 “제이十年”에서 ‘제이’의 의미가 모호하다. ‘이제’를 뜻한다면 앞 뒤 글자의 순서가 뒤바뀐 것이다. 「서울밤」에서 ‘電灯전등’이 ‘灯電등전’으로 된 예가 있다. 그러나 「서울밤」의 경우와 달리 「후살이」에서 앞뒤 글자를 바꾼 것은 수사법상의 도치, 혹은 다른 의미로 해석이 가능하다.

⑬ 미수록 시에 「記憶기억」이라는 동일한 제목의 작품이 있다. 전집을 엮을 때 혼란을 막기 위해 시집에 수록된 「記憶기억」의 제목을 「記憶기억1」로 바꾸어야 한다.

⑭ 「愛慕애모」 1연 2행 ‘暎窓영창’은 ‘영창(映窓)’과 동자(同字)이다. 그 의미는 “방을 밝게 하기 위해 방과 마루 사이에 낸 두 쪽의 미닫이”이다. 현재 통용되는 한자어는 ‘영창(映窓)’이다. 3연 2행의 ‘환연한’의 ‘연’과 3연 3행의 ‘소솔비’의 ‘비’가 거꾸로 인쇄되었다.

⑮ 「몹쓸꿈」 2연 1행 “봄철의죠흔세벽, 풀이슬 매쳣서라”의 ‘세벽’은 ‘새벽’의 뜻으로 쓰인 것이다. 「몹쓸꿈」 1연 1행 ‘봄새벽’, “새벽그림

자"(「닭소래」), "새벽새가 울며"(「나의집」) 등의 용례가 있다. 소월시다움에 보탬을 주는 소리효과를 위하여 의도적으로 '새벽'을 '세벽'으로 표기하지는 않았을 것이다.

⑯ 「粉분얼골」 2연 3행의 '목노리'는 전후 문맥상 '목소리'로 해석된다. "줄그늘우헤 그대의목노리"는 가야금 같은 현악기의 '줄그늘'을 타고 흐르는 노래소리, 즉 "그대의목소리"를 뜻한다. '목노리'가 평북방언이나 소월식의 신조어, 혹은 독특한 의미를 지닌 단어는 아니다. '목놀이' 등 여러 가지 해석이 가능하다는 점에서 교열을 보류한다.

⑰ 「안해몸」 2연 1행의 '烟氣연기'는 잘못 사용된 한자어는 아니다. 그러나 '연기(煙氣)'로 표기하는 것이 일반적이다.

⑱ 「女子녀자의냄새」 3연 1행의 "다시는葬死지나간 숨속엣냄새"에서 '葬死장사'는 '장사(葬事)'가 올바른 한자어이다.

⑲ 「서울밤」 2연 3행의 '灯電등전'은 '電灯전등'이 뒤바뀐 것이다. 이 경우를 제외하면 본문의 '電灯전등'은 '電灯전등'으로 되어 있다. 특별히 '電灯전등'을 '灯電등전'으로 도치시켜야 할 이유가 없다. '등(灯)'은 식민지시기에 쓰인 '등(燈)'의 약자(略字)로 판단된다. 그러나 '灯'을 '燈'의 약자로 표기하는 것은 일반적 관례에 어긋난다. '灯'은 "맹렬한 불"을 뜻한다. 2연 3행과 4연 1행 마지막 '쉼표(,)'는 식자공의 실수로 보인다. 다른 시행의 끝부분 처리와 통일시키기 위해 이 부분을 '마침표(.)'로 교열할 필요가 있다. 「서울밤」에서 '푸른'과 '프른', '하늘'과 '하눌', '새캄합니다'와 '색캄합니다' 등 같은 의미를 지닌 어휘 표기가 일치하지 않는다. 소월시에서 '푸른'과 '프른', '하늘'과 '하눌'이 동시에 나타난다. 그러나 동일한 작품에서의 다른 표기가 특별한 의

미로 사용된 것은 아니다.

⑳「가을아츰에」3연 4행의 "쓸아 린가슴"은 "쓸아린 가슴"으로 교열해
야 한다. '쓸아린'을 '쓸아 린'이라고 띄어야 할 이유가 없다. 식자공
의 실수로 보인다.

㉑「가을저녁에」3연 3행의 "못물까을"의 격조사 '을'의 쓰임이 일반 관
행에 어긋난다. 「오는봄」3연 2행의 '바다을'의 사용 예가 보이나, 이
것 역시 '바다를'과 다른 특별한 의미 / 의의를 지닌 것은 아니다. "바
다을바라보며 우는가마귀"에서 '바다' 다음에 접속될 격조사는 '를'
이다. "가루막킨바다를 마주건너서"(「山우혜」), "바다를내다보는"(「하눌
끗」), "바다를보라"(「집생각」) 등 '바다' 다음의 격조사는 '를'이 쓰이고
있다. 소월이 시의 리듬이나 소리(음악)의 효과를 위하여 '을'로 표기
했을 가능성이 있다.

㉒ 목차 제목 「맛나려는心事실사」와 본문 제목 「맛나려는心思실사」가 다
르다. 초고본 제목도 「맛나려는心思실사」이다.

㉓「꿈」이라는 같은 제목의 작품이 시집에 두 편 수록되어 있다. 시집
에 수록된 순서에 따라 「꿈 1」과 「꿈 2」로 구분한다.

㉔「님과벗」4행 '苦椒고초'에서 '椒초'는 산초나무를 뜻한다. 가을에 열매
가 맺는데 작고 동글동글하며 녹갈색을 띤다. 그러나 "붉은열매 닉어
가는밤"이 지시하는 전후문맥에서 '고추'의 원말인 '고초(苦草)'가 어
울린다. 고초(苦椒)는 고초당초(苦椒唐椒)의 '고초'인데, '고추'를 의미
하는 평북방언이다.

㉕ 「紙鳶_{지연}」 1행의 “午后의네길거리”에서 ‘午后_{오후}’는 통상 ‘오후(午後)’로 표기한다.

㉖ 목차 제목 「서름의덩이」와 본문 제목 「셔름의뎡이」의 표기를 일치시켜야 한다. 본문의 표기는 “서름의덩이”로 되어 있다.

㉗ 「月色_{월색}」 3행의 ‘상각하는’은 ‘생각하는’의 의미이다. 전후문맥상 다른 뜻으로 해석할 수 없다.

㉘ 「不運_{불운}에우는그대여」의 목차 제목과 본문 제목의 띄어쓰기가 다르다. 본문에는 “不運에우는그대여”로 되어 있다. 8행 ‘泡洙_{포수}’는 ‘포말(泡沫)’의 오자이다. 9행 “暗靑의이기어”의 ‘이기’는 ‘이끼’로 표기해야 한다.

㉙ 「맘에잇는말이라고 다할싸보냐」의 목차 제목과 본문 제목의 띄어쓰기가 다르다. 목차 제목 「맘에잇는말이라고 다할싸보냐」로 교열할 필요가 있다. 본문도 “다할싸보냐”로 되어 있다. 6행 ‘두새番_번’의 올바른 표기는 ‘두세番_번’이다. 두 번 세 번을 뜻하는 이 어휘가 ‘두새番_번’으로 표기되어야 할 이유가 없다.

㉚ 「夫婦_{부부}」 2행 “하눌이 무어준”의 ‘무어준’은 11행의 “緣分의 긴실” 등이 지시하는 것처럼, “부부의 인연을 맺어준다는” ‘월하노인(月下老人)’이나 ‘월하빙인(月下氷人)’과 관련이 있다. ‘무어준’은 ‘하늘이 쌓아준’, 혹은 ‘하늘이 맺어준’의 의미이다. “묵거세운듯”(「旅愁」), “묵거가지고”(「비난수하는맘」)의 용례와 「夫婦_{부부}」에서 ‘무어준’의 용례는 다른 것으로 판단된다.

㉛ 목차 중간 소제목 "녀름의달밤『外二篇』"과 본문 중간 소제목 "녀름의달밤 外二篇"이 다르다. 총 목차에 필요 없는 겹격쇠 부호가 사용되었다. 본문 중간 소제목으로 일치시킬 필요가 있다.

㉜ 「녀름의달밤」 3연 2행의 "稀微하게흐르는 푸른말빗치"에서 "푸른말빗치"는 "푸른달빗치"의 오자이다. 어절 색인 결과 '푸른말'이 소월의 독특한 어휘 구사와 관련된 징후로 해석할 여지가 없다. 6연 1행의 "하로終日 일히신아기아바지"의 '일히신'은 '일하신'의 오자이다. "우리두사람은 일하며"(「밧고랑 우헤서」)의 용례가 보이고, '일히신'이 평안도 방언이나 소월식의 신조어는 아니다. 6연 3행의 "녕시슭의 어득한그늘속에선"의 '녕시슭'은 '녕기슭' 정도의 의미로 해석된다. "비오는저녁 캄캄한녕기슭의 미욱한꿈이나"(「개여울의노래」)의 용례가 보인다. 「녀름의달밤」 마지막 연 3행의 "녀름의어스러 한달밤속"은 "녀름의어스러한 달밤속"으로 바로잡아야 한다.

㉝ 「오는봄」 3연 2행의 '바다을'은 초고본에서는 '를'로 표기되어 있다. 「가을저녁에」 3연 3행의 "못물짜을"의 경우와 마찬가지이다.

㉞ 「물마름」 1연 1행의 '마론'의 의미는 '마른'이다. "마른갈숩피"(「마른 江두덕에서」)의 용례가 있고, 「물마름」의 초고도 '마른'으로 표기되어 있다. 6연 3행의 "茶毒된三千里에 북을울니며"에서 '茶毒다독'은 '도독(荼毒)'의 오자이다. "씀바귀의 독, 심한 고통, 혹은 부친상에 비유되는" '도독'의 의미가 문맥상 어울린다. 7연 1행 '茶北洞다북동'의 올바른 지명은 '다복동(多福洞)'이다. 7연과 8연은 조선 순조 11년(1811년) 홍경래가 지역차별에 대한 불만과 조정의 부정부패에 항거하여 일으킨 민란(民亂)을 다룬 부분이다. 거사의 본거지로 삼았던 곳은 가산(嘉山)의 다복동(多福洞)이었고 홍경래는 정주성에서 생을 마쳤다.

㉟ 「바라건대는 우리에게우리의보섭대일쌍이 잇섯드면」의 목차 제목과 본문 제목의 띄어쓰기가 다르다. 2연 2행에서 "우리에게보섭대일짱이 잇섯드면"이 보인다. 목차 제목으로 통일시킬 필요가 있다. 3연 4행의 "希望의반짝임은, 별빗치아득임은. / 물결쎈 쩌올나라, 기슴에 팔다리"에서 '기슴'은 '가슴'의 의미이다. '기슴'이 소월의 독특한 시어나 평북방언, 혹은 특별한 뜻을 지닌 시어일 가능성은 없다.

㊱ 「저녁때」 3연 3행의 "문득, 멀지안은갈숩새로"에서 '갈숩새'는 "갈대숩의 사이"를 뜻한다. '갈숩새'는 '갈숩새'이다. "마른갈숩피"(「마른江두덕에서」), "갈닙들은 그윽한노래부를때"(「녀름의달밤」) 등의 용례가 보인다.

㊲ 「合掌합장」을 3연으로 처리한 예가 발견된다. 그러나 이 시는 원래 4연으로 구성된 작품이다. 1·2·3연은 3행이고, 4연은 1행이다. 3연의 시, 즉 1·2연이 3행이고 3연이 4행인 작품으로 파악하는 것은 잘못이다. 「紫朱자주구름」·「들도리」·「닭소래」도 맨 끝의 1행을 하나의 연으로 처리하고 있다. 소월은 시행의 배열에 세심한 주의를 기울였다. 시집에 수록된 작품 중 쪽수가 바뀐 곳에서, 앞 행과의 분리 여부는 뒷쪽의 시행이 한 줄 뒤로 물러나 인쇄되어 있는가의 여부로 알 수 있다.

㊳ 「默念묵념」 3연 4행의 "煕耀히 나려빗추는 별빗들이"에서 '煕耀희요'는 '조요(照耀)'의 오자이다.

㊴ 「悅樂열락」 1연 4행의 "그럼자검은 개버드나무"의 '그럼자'는 '그림자'이다. "별그림자하나가"(「꿈꾼그옛날」), "나무그림자물빗조차"(「새벽」), "그림자가치당신한테로"(「해가山마루에저므러도」) 등의 용례가 있

다. 1연 5행 "쏘다쳐나리는"은 '쏘다져나리는'의 의미로 파악할 수
있고, "비의 줄기가 쏟아지면서 개버드나무를 쳐서 내린다"는 뜻으로
해석할 수도 있다. 초고의 이 부분은 "쏘다져 나리는"으로 되어 있다.
2연 4행 '枯木洞屈고목동굴'은 '고목동굴(枯木洞窟)'의 오자이다. '洞屈동굴'
이 가끔씩 사용된 식민지시기의 한자일 가능성은 희박하다. 소월이
기존의 한자어를 자신의 독특한 취향에 맞게 고쳐 사용한 예가 없다.
초고본에도 "枯木洞窟"로 표기되어 있다.

㊵ 「무덤」 3행의 "돌무덕이도 음즉이며"의 '음즉이며'는 '움직이며'의
뜻이다. "밤새에 지난일은움직어리는"(「紫朱구름」), "마을들은 곳곳이
움직임업시"(「오는봄」), "움직임다시업시"(「默念」) 등의 용례가 있다. 예
스러운 표기일 가능성이 있다.

㊶ 「비난수하는맘」, 3연 4행 "밤에매든든이슬"에서 의미상 '매든든'으로
끊어야 하는가, 혹은 '든이슬'로 의미 구분을 헤야 하는가 모호하다.
이 부분은 전후 문맥상 "밤에 맺은 이슬"로 해석된다. 이 부분을 "밤
에매든이슬"로 교열할 필요가 있다.

㊷ 목차에 「旅愁여수」가 「旅愁여수」(一)과 「旅愁여수」(二)로 구분되어 있다. 두
편의 시인 것처럼 오해하기 쉬우나 「旅愁여수」는 한 편의 시이다. 「旅
愁여수」(一)은 1연이고, 「旅愁여수」(二)는 2연이다. 「旅愁여수」의 본문 1연과
2연이 각각 169면과 170면에 수록되어 있다. 그러나 목차의 「旅愁여수」
(一)과 「旅愁여수」(二)의 면수 표시는 '一六九일육구'이다. 이것은 「旅愁여수」
가 하나의 작품이라는 사실을 의미한다. 시집 편집에서 동일한 면에
두 편의 시가 수록된 예는 없다. 목차의 배열이 의도적이라고 해도
한 편의 시를 두 편의 작품처럼 제목을 구분하여 표시할 이유가 없
다. 「旅愁여수」 1연의 4행 "支向도 업서라"의 '支向지향'은 '지향(志向)'이

나 '지향(指向)'이 통상 사용되는 한자이다. 그러나 소월이 쓴 산문에 '支向지향'의 용례가 있다.

㊸ 「鴛鴦枕원앙침」 3연 3행의 "언제는 둘이자든 변개머리"의 '변개머리'는 '벼개머리'를 의미한다. 「鴛鴦枕원앙침」의 "두동달이 벼개"나, "나의벼개는눈물로 함빡히 저젓서라"(「꿈꾼그옛날」), "축업는벼개싸의꿈은 잇지만"(「님에게」) 등의 용례가 있다.

㊹ 「진달내쏫」 3연 1행의 "가시는거름거름"의 '거름거름'은 '거름거름'의 뜻이다. 초고본은 "가시는길 발거름마다"로 되어 있다. "한거름쏘한거름"(「바라건대는 우리에게 우리의보섭대일쌍이 잇섯드면」), "거름거름괴로히 발에감겨라"(「오는봄」), "거름은다시금 쏘더 압프로"(「들도리」)의 용례가 보인다.

㊺ 「春香춘향과李道令리도령」 4연 3행의 "꿈에는 각금각금 山을넘어 / 烏鵲橋차차차자 가기도햇소"에서 '차차차자'는 '차자차자'의 뜻으로 해석된다. '차차차차'로 생각할 수도 있으나, 이 가능성은 희박하다. 「春香춘향과李道令리도령」의 2연 1행의 "三千里가다가다"나, 4연 2행의 "꿈에는 각금각금" 그리고 "거름거름"(「오는봄」), "성긧한가지가지새로써오른다"(「가을저녁에」), "각금각금움물길 나드러라"(「展望」)의 용례가 보인다. 5연 1행의 '누이니'는 '누이님'이다. 3연 1행의 "그래 올소 내누님, 오오 누이님"의 대칭과 반복으로 5연 1행이 쓰인 것이다.

㊻ 「집생각」 2연 2행의 '香榻향탑'은 '향합(香盒)'의 오자이다. 소월이 한자어를 자기 스타일로 조합하여 사용한 예는 없다. "길고 좁은 평상이나 의자"를 뜻하는 '탑(榻)' 앞에 '향(香)'이 오는 것은 한자어 쓰임에 맞지 않는다. 그 뜻이 "향을 놓은 의자나 평상", "혹은 향기로운

평상이나 의자”인데 어색하다. ‘향안’과 관련하여 ‘향합’이 문맥상 적절하다. 시집에서 한자어를 잘못 쓴 사례가 나타난다.

㊼ 「사노라면 사람은 죽는것을」의 목차와 본문 제목의 띄어쓰기가 다르다. 본문도 “사노라면 사람은 죽는것을”로 되어 있다. 목차 제목으로 일치시킬 필요가 있다.

㊽ 「하다못해 죽어달내가올나」 1연 5행과 3연 5행의 “하다못해 죽어달내가올나”에서 ‘달내가올나’는 ‘달에 내가 올라’, ‘달내’라는 ‘이상향에 올라’, ‘달래 강가 / 강둑에 올라’라는2) 의미로 해석할 수 있다. ‘달래강가에 올라가’로 파악하는 것이 전체 문맥상 자연스럽다. 3연 1행의 ‘굴썹플’을 일부 소월 시집 편찬자들이 ‘굴썹풀’로 표기하는 것은 잘못이다. 시집에 나타난 ‘풀’과 ‘플’의 표기 차이는 주의 깊은 연구자라면 육안으로도 분별할 수 있다. 소월은 ‘ㅜ’음이나 ‘ㅡ’음을 필요에 따라 적절히 사용하고 있다. ‘저믄’의 ‘ㅡ’음 사용과 마찬가시로, ‘굴썹플’의 ‘ㅡ’음 사용도 자연스럽다. “예서더저믄째를”(「失題」), “날은저믈고 눈이나려라”(「希望」), “당신째문에 저믑니다”(「해가山마루에저므러도」) 등의 ‘저믄’의 ‘ㅡ’음 사용의 용례가 보인다.

㊾ 「希望희망」 2연 1행의 ‘蕭殺소살스럽은’은 ‘숙살(肅殺)스럽은’의 오자이다. 이 부분은 “가을 바람이 쓸쓸하게 부는 모양”으로서의 ‘소슬(蕭瑟)스럽은’의 오자일 가능성도 있다. 그러나 이러한 의미보다는 “쌀쌀한 가을 기운이 풀이나 나무를 꺾어 누르는 모양”으로서의 ‘숙살(肅殺)스

---

2) 허영섭과 인터뷰한 기사(『경향신문』, 2003.9.15)에 백낙환(평북정주 출신 77세, 인제대 이사장)이 고향의 모습을 회상하는 대목이 있다. “달래강이 바다로 흘러드는 오순도순 아늑한 마을”이 그것인데, ‘달래’는 정주 지방의 강 이름이다. 소월시에서 ‘달내’는 달래강을 의미한다. 본문의 ‘물가’나 ‘굴껍질’도 ‘달내’라는 ‘강’과 관련이 있다.

럽은’이 문맥상 자연스럽다.

㊿ 「나는 세상모르고 사랏노라」 목차 제목과 본문 제목의 띄어쓰기가
다르다. 본문 제목으로 통일시킬 필요가 있다. 1연 1행 “『가고 오지
못한다』는 말을”도 “『가고 오지못한다』는 말을”로 본문 제목의 띄어
쓰기와 일치시켜야 한다. “고요히 누어드르면”(「밤」), “옛니야기 드러
라”(「父母」), “첫머구리소래를 드러라”(「默念」)의 용례에서 보듯이, 1연
2행의 “내귀로 드럿노라”의 ‘드럿노라’는 ‘들었다’라는 의미이다. 3연
3행 ‘啼昔山제석산’이 소월 고향의 산 이름이라면, 그것의 올바른 한자
는 ‘제석산(帝釋山)’이다. 정주 부근에 있는 제석산의 한자어 표기는
‘제석산(帝釋山)’이다.

㉑ 「金ㅅ잔듸」 7행 “버드나무싯티도실가지”에서 ‘싯티도’는 ‘싯테도’를
뜻한다. 소월은 ‘싯티’와 ‘싯테’를 정확히 구분했다. “아아 내세상의싯
티어”(「꿈(1)」), “사뭇치는눈물은 싯티업서도”(「오는봄」), “긴들싯테”(「가
을저녁에」), “생각의싯테”(「옛낫」)가 이러한 예이다.

㉒ 「엄마야 누나야」 2행의 “쓸에는 반짝는 金금래빗”의 ‘金ㅅ금래빗’은
‘금(金)모래빗’의 의미이다. 이 단어가 소월의 독특한 조어일 가능성
도 없다. 재고본도 이 부분을 ‘金ㅅ모래빗’으로 표기했다. 2행의 ‘반짝
는’은 ‘반짝이는’의 의미로 ‘이’의 탈자로 판단된다. 재고본도 ‘반짝
이는’으로 되어 있다. 소리효과에 대한 소월의 배려로 해석될 여지도
없다. 시집 수록 작품 전편을 살펴볼 때, 오자의 예는 가끔 보이나 탈
자의 예가 없다는 점에서 교열할 필요는 없다. 소월이 각 행의 음절
수를 3·3·4로 통일하기 위해 의도적으로 이 부분을 ‘반짝는’의 세
글자로 맞추었다는 추측도 가능하다. 그러나 ‘반짝는’보다 ‘반짝이는’
이 소월시적인 생동감을 주는 것이 사실이다.

㊳ 「닭은 꼬꾸요」 목차 제목과 본문 제목의 띄어쓰기가 다르다. 서로 일치시킬 필요가 있다. 본문도 '닭은 꼬꾸요'로 되어 있다.

이외에도 정본 확정 작업에서 해결해야 할 문제들이 많다. "고기잡이 쑨들이 배우에안자"(「바다」)의 경우, 소월의 개작 원칙에 따르면 '우에'는 '우헤'로 표기되어야 한다. 시어 표기와 단어선택, 어휘 조합에 관한 문제는 충분한 검토 작업이 요구된다.

3. 미수록 시

미수록 시 교열의 기본 원칙은 『진달내꼿』 수록 시의 교열 원칙을 준수한다. 미수록 작품에서 편집자의 실수로 판단되는 부분은 교성해야 한다. 시어 표기나 단어 의미 구분에서 문제가 발생할 경우, 시집 수록 시의 교열 원칙을 참조하여 해결의 근거로 삼았다. 여러 지면에 발표된 동일한 작품 중 어느 것을 최종본으로 결정할 것인가의 문제도 쉽지 않다. 발표 작품을 계속 수정한 소월의 경우는 어려움이 가중된다. 소월 생전에 발표한 작품이 원형에 가까울 것으로 판단되어 정본 확정의 결정적 자료로 취급했다. 그렇지 않은 경우는 시집이 발간된 1925년 전후에 발표된 작품과, 소월이 발표한 산문 등에 인용되거나 수록된 작품을 중시했다.

김억이 펴낸 『소월시초』에 수록된 시들은 대부분 원본으로서 가치가 없다. 편자가 멋대로 고친 부분이 많이 있기 때문이다. 원전을 직접 확인하기 어려운 작품을 제외하고 교열본 자료로 취급하지 않았다. 사후에 발굴된 육필원고는 최초로 활자화된 자료로서 활용 가치가 크다. 그러나 잘못 판독된 작품이 다수 있다. 그것들을 그대로 인정하기 어려운 측면이 있다. 잡지나 신문지상에 발표했거나 발굴된 작품을 중시하되 원형훼손 여부를 면밀히 검토하여 훼손된 부분을 바로잡는 재수정 작업을 했다. 자작시로 알려진 작품 중에 번안시가 있다. 「제비 2」가 대표적인 예에 해당한다. 「莎鷄月 사계월」 등 『동아일보』(1921.4.27)에 게재된 작품도 한시의 번안작으로 의심된다.

육필원고는 김종욱이 펴낸 『원본 소월전집』(하)(홍성사, 1982)의 「육필유고」 사진 자료를 필자가 다시 판독한 것들이고 일부는 필자가 수집한 원본 복사본이다. 「동아일보구성지국구독자대장용지」의 육필원고는 '오른쪽에서 왼쪽 방향으로' 판독했고, 「수첩용지」의 육필원고는 '왼쪽에서 오른쪽 방향으로' 판독했으나 특별한 경우에는 예외를 인정했다. 지운 부분은 판독하지 않았고, 미완성 초고의 성격이 짙은 극소수의 작품은 배제시켰다. 육필원고를 판독한 작품에는 제목이 없어서 혼란스럽기 때문에 본문 첫 구절 7자 범위에서 제목을 부여했다. 일문시(日文詩)·영문시(英文詩)·한시 번역본도 제목이 없는 경우 본문 첫 구절의 7자 범위에서 제목을 부여했다. 소월의 초기 시나 육필원고에 한글 표기의 미숙이나 표기상의 과도현상(過度現象)이 발견된다. 이 시기의 시어 표기에서 소월은 분철하여 표기하려는 의식을 보여주고 있는데, 그것은 『진달내 옷』에서 구어체 표기를 선택하여 시어의 소리효과나 리듬에 대한 배려를 한 것과는 작시법상 상당한 차이를 보인다. 「그녯날들을*」이나 「기쁨이나 아픔*」 등을 비롯하여 상당수의 육필원고에서 표기의 과도현상이나 미숙한 한글 표기가 나타난다. 『진달내옷』 표기 특징을 감안하고 당시 표기 관행과 원칙을 참조하여 최소한의 범위에서 표기의 일관성 / 통일성을 추구했다.

외국어 표기 작품은 『문학사상』(1977.11)의 "未發表 金素月 自筆 遺稿 詩集"에 소개된 것이다. 육필원고 사진 자료를 검토한 결과, 문학사상사에 의해 판독된 영어와 일어 표기 작품의 상당 부분에서 오류가 발견되었다. 최초로 번역된 판본을 존중했으나, 번역상의 오류와 시행의 배열, 원문과 다른 부호는 필자가 바로잡았다. 「황혼녁*」은 원문에 없는 '꺽쇠(「 」)'를 번역시의 마지막에 삽입했고, 몇 편의 일어 번역 작품 시행 배치는 원시의 그것과 다르다. 정본 확정 과정에서 이러한 오류를 교열했다. 그러나 최초 번역의 원문을 존중한다는 의미에서 오독되거나 오역된 최소한의 부분만을 수정했다.

번역 작품의 경우 원문을 작품 뒤에 제시했다. 무제(無題)의 번역 작품은 원시의 제목을 부여했다. 소월은 번역 대상이 된 한시의 원제목을 번역시의 제목으로 삼았다. 「伊州歌이주가」나 「長干行장간행」이 이러한 사례이다. 기타의 사항은 『진달내꽃』 수록 시의 교열 원칙이나 관행에 준한다.

① 「그리워」 3연 4행 "는함끠듯사오면"의 '는'은 '늘'이다.

② 「浪人낭인의봄」 1연 1행 "휘들니山을넘고"의 '휘들니'는 '휘들닌'이다. 1연 4행의 "시름(愁)"에서 괄호 속 한자어는 불필요하다. 『진달내꽃』 수록 시 전편을 통하여 한자어를 괄호 속에 넣은 예가 없다. '시름(愁)'에서 괄호 속 한자어 '수(愁)'는, 독자의 이해를 돕기 위한 것이다. 편집자에 의한 것인지, 혹은 소월이 첨가한 것인지는 확실치 않다. 그러나 이러한 친절이 소월의 창작 관행이나 의도와 관련성이 있는 것은 아니다. 한자를 삭제하여 원래의 자수율을 회복할 필요가 있다. 2연 3행의 '불슷는(부러스치는)'도 소월식의 합성어이다. '불다'와 '스치다'를 축약시킨 형태로서 그 의미를 괄호 속에서 밝힌 것에 불과하다. 괄호 속의 어휘는 소월시 본래의 정형적인 자수율을 파괴하면서, 소월의 시어가 지닌 묘미를 반감시킨다. 3연 4행의 '슬지는(스러지는)'도 마찬가지이다.

③ 「夜야의 雨滴우적」 3연 2행 "헤날길엄서"는 "헤날길업서"의 의미이다.

4연 1행의 "그아마그도가치"에서 '그아마'는 '그나마'로 해석되기도 하나 다른 의미도 가능하다.

④「春崗춘강」 1연 1행 "속님푸른고흘잔듸"에서 '고흘'은 '고흔'의 의미이다.

⑤「거츤풀허트러진모래동으로」 2연 2행 "어린적놀돈동무새그리운맘"에서 '놀돈'은 '놀든'이다. 4연 2행에서 '놀든'의 용례가 나타난다.

⑥「죽으면?」의 제목에 '의문 부호(?)'가 있어야 할 이유가 없다. 소월시 전편을 통해 '?'가 제목에 붙은 예가 없다.

⑦「門犬吠문견폐」의 "門犬吠개소리"는 "聞犬吠개소리"의 오류로 의심된다. 「窓창을 열어놓아*」에서 인용한 유장경(劉長卿)의 시 구절의 원문은 "柴門聞犬吠"이다.

⑧「莎鷄月사계월」의 "金帳"은 "錦帳"의 오자이다. '비단장막'에 대응하는 한자어는 '금장(錦帳)'이다.

⑨「銀臺燭은대촉」의 "憙微하게 붓나니"에서 '憙微희미'는 '稀微'의 오자일 수도 있으나, 그 가능성은 적다. '憙微희미'는 "햇빛이 밝지 않음"을 뜻한다.

⑩「一夜雨일야우」의 "憙微할손春色"도 「銀臺燭은대촉」과 마찬가지이다.

⑪「將別里장별리」 3연 3행 "우에나 아레나"의 바른 표기는 '우에나 아래나'이다. '아레'는 '알에'를 연철시킨 것이다. 이러한 표기 관행이 소

⑫ 「제비」와 동일한 제목의 시가 시집에 수록되어 있다. 이 시는 창작시가 아니라 번안작이다. 전집 발간의 취지에 맞게 제목을 「제비 2」로 바꾼다. 이 작품을 본격적인 창작시로 취급하는 것은 문제가 있다.

⑬ 「꿈자리」의 18행 '孤單호단'은 '고단(孤單)'이 올바른 한자어이다.

⑭ 「ⅡⅤ 눈물이 쉬루르 흘러납니다.」의 제목에 불필요한 숫자나 마침표(.)가 사용되었다. '사욕절'이란 큰 제목으로 발표한 작품 중의 하나이다. 이 작품 이외의 것들은 개작 과정을 거쳐 시집에 수록되었다. 다른 작품의 개작 사례에 나타나 있듯이, 이러한 것들을 제거할 필요가 있다. 또한 제목이 본문의 "눈물이 수루르 흘레납니다"와 차이가 있다. 본문에 "눈물이 수루르 흘레납니다"가 반복되는 것으로 보아 제목도 본문의 그것과 같았을 것으로 추측된다. 편집진이 당시 통용되던 표기로 바꾸었을 가능성도 있다. 시집에 수록된 「먼後日후일」의 본문 '먼훗날'이 제목의 '먼後日후일'과 다른 사례도 있다. 3연 4행 "생각하면 눈물이 수루르 흔레납니다"에서 '흔레'는 '흘레'를 의미한다.

⑮ 「어려듯고 자라배와 내가 안것은」, 1연 1행 '어럽은'은 '어렵은'의 오자일 가능성이 있다. 1연 5행의 '그도보면'은 '그로보면'이 문맥상 자연스럽다. 2연 6행의 "그만하고 갑시사"도 "그만하고 갑시다" 정도가 어울린다. 3연 3행의 '가르켜'와 '가르커'는 어느 편이든 표기의 일관성이 필요하다. 이 시기에 가능한 표기로 일치시킬 필요가 있다.

⑯ 「俚謠이요」는 제목이 지시하는 것처럼 민요를 환골탈태하거나 그대로

옮겨놓은 작품으로 의심된다. 6~7행의 "오막집에 맛여구리 / 방불일 랑 깃지마라"는 문맥상 의미가 통하지 않는다. '맛여구리'는 '맛며누리'의 오자일 가능성이 있고, '방불'은 '밤물'의 의미로 해석된다. "오막집에 맛며누리 / 밤물일랑 깃지마라"가 정확한 의미이다. 1행의 '흰저구리'와 5행의 '힌저고리'도 표기가 다르다.

⑰ 「나무리벌노래」는 『동아일보』 수록본과 『백치』 수록본이 있다. 일부 전집 편찬자들이 『백치』 수록본을 정본으로 취급하고 있다. 그러나 『동아일보』 수록본이 훼손의 정도가 덜 하고 신뢰성이 있다.

⑱ 「배」도 『동아일보』 수록본과 『백치』 수록본이 있다. 「나무리벌노래」와 마찬가지 이유로 『동아일보』 수록본이 정본이 되어야 한다.

⑲ 「옷과밥과自由자유」도 『동아일보』 수록본과 『백치』 수록본이 있다. 「나무리벌노래」와 마찬가지 이유로 『동아일보』 수록본을 정본으로 삼는다. 제목에 '西道餘韻서도여운'이 붙는 경우가 있으나 삭제할 필요가 있다.

⑳ 「가막덤불」은 민요풍의 작품으로 한 연이 4행으로 구성된 4연시이다. 일부 소월 전집에서 시연을 잘못 구분한 예가 있다. 그리고 「가막덤불」과 「가시나무」를 별개의 작품으로 취급하여 작품 수를 늘리는 것도, 소월시의 자료들을 면밀히 검토하지 않은 부주의에서 발생한 것이다.

㉑ 「벗마을」 6연 1행의 "지금도고요한밤자리숙에서"의 '숙에서'는 '속에서'이다. 6연 3행의 "갈대말라고노든네전그날에"의 '갈대말라고'는 '갈대말타고'의 오자이다.

㉒「五日오일밤散步산보」는 제목이 본문의 내용과 어울리지 않는다. '五日오일'이라는 '특정한 어느 날'보다는 '오월(五月)'이라는 계절이 본문의 내용과 어울린다. "초여드래 넘으며 / 밤마다 달빗은 밝아"에서 '여드래'가 결정적인 단서이다. '들에 건일기' 좋은 계절이 '바로지금'이라는 내용, "우거진 아카시아숩아래 배어오는 香氣"와 "밤일하는 農夫", 마지막 연의 "이靑풀판이 좃쿠나"와 "프릇스름한문의여" 등도 '특정한 날'보다는 5월이라는 계절과 관련되어 있다. 제목의 '五日오일'은 '오월(五月)'의 오자일 가능성이 크다. 전체 내용상 "五月밤 散步"가 적절하다. 널리 알려진 제목을 수정하는 것이 논란의 여지가 있으나 잡지 / 신문에 게재된 소월시의 경우 제목의 오자가 나타난 사례가 있다. 「붉은潮水조수」의 초고본 제목은 「붉은朝水조수」(『동아일보』, 1921.4.9)이다. 초고본 원문에는 '潮水조수'로 표기되어 있다. 1연 1행 '여드래'는 '여드레'이다. 1연 4행의 "들에건일기조흐리라 바로지금이로쳐"에서 '이로쳐'는 '이로겨'나 '이로세', 혹은 '이로쇠' 정도의 의미에 해당한다. 5연 4행의 '이체'는 '이제'의 오사이다. 이 작품에서 'ㅈ'이 'ㅊ'으로 바뀐 예가 보인다.

㉓「불탄자리」, 3연 4행 "여봐라 이마음아 자려며불안을 내바려라"에서 '자려며'는 '자려면'의 오자이다.

㉔「둥근해」, 1연 3행 '자톄(自體)'의 괄호 속 한자는 불필요하다. 「浪人낭인의봄」의 사례와 같다. 괄호 속의 한자어로 인해 자수율에 의한 리듬이 파괴된다. 이하의 '신비(神秘)'·'생명(生命)'·'내머리(頭髮)'·'문(門)'의 괄호 속의 한자어도 삭제할 필요가 있다. 5연 4행 '바다을'도 '바다를'이 관행에 맞다. 그러나, 격조사 '를'이나 '는'이 사용되는 자리에 '을'이나 '은'이 오는 사례가 소월시에 나타난다.

㉕ 「바다짜의밤」 1연 4행과 6행의 '둘(兩人)'과 '몽상(夢想)'에서 괄호 속의 한자어는 불필요하다. 2연 2행 '햇가은'의 바른 표기는 '햇가는'이다. 「둥근해」의 격조사와 마찬가지이다. 2연 끝 행의 자수율이 전체 시행에서 파격을 이루는데 그 이유가 명확치 않다. 편집자의 착오로 판단되나, 시어의 자수에 관한 문제제기로 그친다.

㉖ 「봄못」 2연 4행 '물면(面)'의 경우 의미를 분명히 하기 위해 괄호 속에 한자어를 삽입했으나 자수율을 파괴하고 있다.

㉗ 「흘러가는 물이라 맘에 물이면」의 4행과 9행의 '불신(不信)'과 '년갑(年甲)'도 괄호 속 한자어는 불필요하다.

㉘ 「길차부」 6행 '남아잇나요' 다음에 '쉼표(,)'가 왔다. 다른 작품의 경우 시행이 끝나는 곳에서는 통상 '마침표(.)'가 사용되었다. 6행에서도 쉼표가 쓰여야 할 이유가 없다.

㉙ 「斷章단장(1)」 3연 5행의 "나, 뭇낫네"는 "나, 못낫네"의 오자일 가능성이 있다. 4연 2행 '말하마듸'는 '말한마듸'의 오자이다. 각 장(章)을 구분하기 위해 장과 장의 사이에 '×'를 삽입하였다. 그러나 한 줄 띄우면 연 구분이 가능하다. '×' 표시는 '斷章단장'이라는 제목이 의미하듯, 각 '장(章)'의 독립성을 강조하는 의의가 있지만, 필요 없는 부호를 사용한 예이다. 소월의 창작 관행에도 어긋난다. 이러한 점에서 「斷章단장」 2편은 시 예술 작품이 아닌 것으로 판단된다. 장과 장 사이의 내용적 연관성이 결여된 단상(斷想)을 메모한 것들을 나열해 놓은 미완성 글에 불과하다. 작품 끝에 '미완(未完)'이라고 밝힌 이유도 여기에 있다.

㉚ 「斷章단장(2)」 1연 5행 "사랑 목숨은 하나"는 "사람 목숨은 하나"로 읽

혀지기도 한다. 3연 8행의 "죽어업서전"은 "죽어업서진"의 오자일 가
능성이 있다. 「斷章_{단장}(1)」과 마찬가지로 장과 장 사이에 삽입된 '○'
은 불필요하다.

㉛ 「生_생과돈과死_사」 3연 3행 "차라로 그身勢"는 "차라리 그身勢"이다.

㉜ 「제이,엠,에쓰」의 쉼표(,)는 소월시 전반에 걸쳐 제목에 쉼표가 사용
되지 않았다는 점에서 수정할 필요가 있다. 이본에도 쉼표가 없다. 3
연 6행 '사랑'은 '사랑'이다.

㉝ 「苦樂_{고락}」 2연 1~3행의 4음보를 3음보로 바꾸어야 한다.

㉞ 「故鄕_{고향}」 1연 4행의 '어는덧'은 '어느덧'의 의미이다.

㉟ 「祈願_{기원}」 1연 1행의 '하올'을 '타올', 2연 1행의 '테니쓰시아이'는
'테니쓰시합'을 뜻한다. '시아이'는 '시합(試合)'의 일본어 '음사(音寫)'
표기로 판단된다. 그러나 소월시 전편을 통하여 일본어 음사의 표기
를 찾기 어렵다.

㊱ 「義_의와 正義心_{정의심}」 1연 1행의 '무엇인고(地位, 爵祿)', 4연 1행의 '낫
(出)스랴만', 5연 3행의 '그럿튼한(如一)' 등 괄호 속의 한자어도 삭제
할 필요가 있다.

㊲ 「三水甲山_{삼수갑산}」 3연 2행 '내故_고향'은 한 단어에서 한글과 한자어를
섞어 쓴 경우이다. 소월의 어휘 구사 관행에 어긋난다.

㊳ 「記憶_{기억}」은 시집 수록 시 「記憶_{기억}」과 구분하기 위해 「記憶_{기억} 2」로

구분할 필요가 있다.

㊴「술」, 5연 1행 '몰이외다'는 '물이외다'의 의미이다.

㊵「술과 밥」, 3연 2행 '밥발라'는 '밥달라'·'밥빌라[러]' 정도의 의미로
해석할 수 있다.

㊶「팔벼개 노래」, 5연 3행과 6연 1행의 '三天里삼천리'는 '삼천리(三千里)'
의 오자이다.

㊷「고만두 풀노래를 가져 月灘월탄에게 드립니다.」에서 제목의 마침표(.)
는 불필요하다. 제목에서 "고만두 풀"이고, 1연 3행에서는 "고만두풀"
로, 4연 1행은 "고만두 풀숲"으로 되어 있다. 띄어쓰기의 통일이 필요
하다. '고만두 풀'은 '고마리'라는 '풀'을 뜻한다. 이러한 점에서 "고만
두 풀"로 띄어 써야 하나, 의도적으로 각 행의 뒷부분을 세 글자로 맞
춰 놓았기 때문에 자수율을 고려한 원본을 존중할 필요가 있다.

㊸「해 넘어 가기前전 한참은」, 4연 3행의 '體地체지'는 '체지(體肢)'가 맞다.
6연 4행 '치마폭'이 지시하는 의미는 '치마폭'이다.

㊹「드리는 노래」, 6연 1~2행의 '천함'은 어떤 의미인지 알 수 없다. 문
맥상 '천하'의 오자로 판단된다. 이 단어가 평북방언이나 특별한 의
미를 지닌 소월식의 조어도 아니다.

㊺「늦은 가을비」, 3행 "바람들 세고"는 "바람 들세고"인가 '바람들'이
'세고'인가 분명치 않다. 해석상의 이견이 있을 수 있으나 '바람'이
'드세고'의 의미로 파악된다.

㊻ 「生생의 감격」 6연 1행의 ‘당정’은 ‘단정’이나 ‘다정’의 오자로 판단된
다. 문맥상 ‘단정’이 어울린다.

㊼ 「人間味인간미」는 소월의 작품인가, 김억의 작품인가 정밀하게 검증할
필요가 있다.

㊽ 「그넷날들을*」 2연 3행의 표기에서도 「니불」의 첫 구절과 유사한 현
상이 나타난다. ‘머언’이나 ‘멀리’의 의미로 해석되는 이 부분을 음수
율을 감안하여 ‘먼’으로 교열할 필요가 있다.

㊾ 「그만두쟈*」 2연 5행의 ‘黃州황주’ 다음의 글자는 ‘扶부’가 확실하다.
그러나 그 다음의 글자를 판독하기 어렵다. 지명 중 첫 글자가 ‘扶부’
로 시작되는 지명은 ‘부여(扶餘)’이다. 흘려 쓴 한자어가 ‘餘여’ 자인지
는 분명치 않으나 ‘扶餘부여’로 판독한다.

㊿ 「기쁨이나 아픔*」 첫 구 표기도 「그넷날들을*」과 마찬가지 현상으로
해석할 수 있다. 이 부분을 “기쁨이나 아픔”으로 표기할 필요가 있다.

51 「날졊을는눈*」과 「푸른밤창쌀마다*」의 첫 구절 표기도 소월의 작
시법과 상반된다. “날졊을는”과 “푸른밤창쌀”의 경우는 “날져믈는”
과 “푸른밤창살”로 표기하는 것이 타당할 것으로 생각된다. 낭송의
편의나, 혹은 평안방언의 소리효과를 의도하기 위한 배려로 해석하
기 어렵다. 4행 ‘인재에의’는 ‘인제에의’를 뜻한다.

52 「니불」의 첫 구절 “구룸의깊머리낄”에서 ‘깊머리낄’의 표기는 자연
스럽지 못하다. 표기의 과도현상(過度現象)이나 한글 표기 미숙으로
판단된다. 초기 시나 육필원고에서 필요 이상의 분철의식이 나타난

다. 개작 과정에서 소월은 낭송의 편리함과 유려한 소리효과를 뒷받침하는 표기를 선호했다. 그는 연철을 통해 구어체 표기가 지닌 시어의 리듬을 살려내려고 노력했다. 육필원고에 나타난 특이한 표기는 방언의 소리효과나 리듬에 대한 배려와 관련이 없다. '긺머리씰'은 '긴/기인 머리결'을 뜻한다. 음수율을 고려하여 이 부분을 '긴머리씰'로 교정하는 것이 필요하다. 마지막 행 '향氣'도 한자어와 한글의 어색한 조합이다. 「三水甲山삼수갑산」의 '내故고향'과 유사한 예이다.

(53)「대수풀노래」는 육필원고와 『여성』에 게재된 두 종류가 있다. 소월이 직접 썼으며 고친 흔적이 없는 완결본이 육필원고이다. 이것을 정본으로 삼는 것이 타당하다.

(54)「무슴탓에이다지*」는 두 개의 육필원고본이 있다. 선명한 붓글씨로 된 육필본이 정본이다.

(55)「벗과벗의넷님」의 마지막 연은 연 단위가 아니라 행에 해당한다. 전체를 한 연으로 처리해야 한다.

(56)「봄바람」 4연 4행의 '레―트 푸드'는 '붉은 두건'을 뜻한다.

(57)「어스름에 맛춘님*」은 두 개의 육필원고가 있다. 「오늘은죵일*」이 그 하나이다. 1·2·3·4 숫자로 행을 표시한 육필원고를 정본으로 삼는다.

(58)「忍從인종」 5연 1행 '줄겁어도'는 '즐겁어도'이다.

원본에 대한 불가피한 몇 가지 교열을 시도했다. 이외에도 교정이 필요한 부분이 많다. 원전 훼손의 우려로 인하여 자제했다. 미완성 초고의 성격을 지닌 육필원고는 '표준 판본'을 작성하기 위한 교열 작업에 대한 회의를 불러일으킨다. 최소한의 교열에 그치면서 학계의 후속 작업을 기대한다.

4. 산문

소월 산문의 경우는 운문과 달리 정밀한 교정 작업을 수행하지 않았다. 어절 색인 작업이 선행된 후에 본격적으로 교열할 필요가 있다. 간략하게 꼭 필요한 곳만 교열했다.

①「春朝춘조」의 '「움맘집」'은 '「움막집」'의 오자이다.

②「함박눈」의 "元淳이가 大門싼에서 三馬場"에서 '마장'은 '오리나 십리 이내의 거리'를 뜻한다. '馬場마장'이란 한자어 사용이 어색하다. "一時에 蕭殺"에서 소살(蕭殺)의 바른 한자어는 '숙살(肅殺)'이다.

③「써도라가는게집」의 "眞摘한事實"은 "眞箇한事實"로, "逃望을하듯이"는 "逃亡을하듯이"로 교정할 필요가 있다. "게집애를보고「내게흘들고오구료」"는 "게집애를보고「내게흔들고오구료」"로, "그는나를나를 먼첩지나게하랴고"는 "그는나를먼첩지나게하랴고"로, "「우리집에좀가시지안으세!」"는 "「우리집에좀가시지안으세요」"로, "「그까진것아무럿치도안치안으세?」"는 "「그까진것아무럿치도안치안으세요?」"로 교열할 필요가 있다. "얼마압피라도分間"과 "여러가지소래를아라分間"에서 '分間분간'의 올바른 한자어는 '분간(分揀)'이다. "心腸이싀원하게되지만

도”에서 ‘心腸심장’은 ‘심장(心臟)’의 오자로 판단된다. ‘肢肪質지방질’은 ‘지방질(脂肪質)’로 교열할 필요가 있다.

④「詩魂시혼」 1장의 “깁고어둡은山과숩”은 “깁고어듭은山과숩”으로, “우리사람의情操답지안으며”는 “우리사람의情調답지안으며”로, “우리各自의靈魂의 標像이라면 標像일것입니다.”는 “우리各自의靈魂의 表象이라면 表象일것입니다.”로, 2장의 “月光星輝가도두다엇든”은 “月光星輝가모두다엇든”으로 바꿀 필요가 있다. “Night, and the silence of the night; / In the Venice far away a song; / As if the lyrics water made / Itself a serenade; / As if the waters silence were a song, / Sent up in to the night,”는 “Night, and the silence of the night, / In Venice; far away, a song; / As if the lyric water made / Itself a serenade; / As if the water’s silence were a song, / Sent up into the night,”로, “守臣節婦의열두마듸”는 “守身節婦의열두마듸”로 수정할 필요가 있다. 소월이 인용한 시도 시집에 수록된 작품과 대조하여 시어 표기와 띄어쓰기 등 잘못된 부분을 바로잡는 작업의 필요성이 있다.

⑤「멧해만에*」의 4단락 “옛날小說에느 女子”는 “옛날小說에 어느女子”, 또는 “옛날小說어느女子”의 오타이다. 이 글에 인용된 시 「次차岸曙先生안서선생 三水甲山韻삼수갑산운」의 1연 4행의 “山산첩,”을 “산(山)첩첩”으로 고칠 필요가 있다.

⑥「窓창을 열어놓아*」의 “柴門開犬吠”의 원시 구절은 “柴門聞犬吠”이다. “그러나드리고십지안습니다”는 “그러나건드리고십지안습니다”로 수정할 필요가 있다.

⑦「農村相농촌상 市街相시가상」의 “油頭粉墙에 冶客”은 “油頭扮裝에 冶

容"을 잘못 판독한 것이다. 『문학사상』(1977.11)에는 '冶客야객'이 '치객
(治客)'으로 판독되어 있다. '유의종식(游衣從食)'은 '游手徒食유수도식'의
오독이다.3)

육필원고로 발견된 산문의 경우 오독된 부분이 상당 부분 있다. 기타 부
분은 필자가 발간할 예정인 소월 '김정식 전집 표준판'에서 교열할 것이다.

5. 결어

한국시문학사상 뛰어난 서정시인으로 평가되는 소월 김정식의 시작
품을 원래의 모습으로 복원시키는 정본 확정 작업은 민족문화유산의
오류를 바로잡는 일이다. 필자는 발표 당시의 편집 과성에서 발생한 잘
못된 표기나 오자를 비롯하여 소월의 실수나 착오로 인한 오류를 수정
하고 그 근거를 밝혔다. 소월의 착오나, 식자공 / 편집진의 실수로 판단
되는 것이 상당수 발견되었다. 출판 과정이나 편집 과정에서 한자어의
오기와 시어 표기의 착오, 심한 경우 제목에도 오류가 발견되었다.
　필자는 발표 당시의 원문을 확인하고, 그것을 기초 자료로 활용하여
교열했다. 소월의 육필원고도 필자가 직접 판독했다. 판독된 작품 중에
오독된 것들이 있기 때문이다. 판독의 원본 자료는 '문학사상사'가 발굴
한 사진 자료와4) 필자가 구한 육필원고 복사본 등이다. 원본을 확인하
기 어려운 경우, 출간된 소월 전집을 비교 · 검토한 후 원형보존이 잘된

---

3) 산문 제목 뒤에 '*'가 붙은 것은 '무제'로 소개된 작품이다. 본문 첫 어절의 7자 범위
　에서 필자가 부여한 제목이다.
4) 김종욱의 『원본 소월전집』(하)(홍성사, 1982) 첫머리에 사진 자료가 수록되어 있다.

작품을 선별하여 교열의 자료로 삼았다.

발표 당시의 표기를 존중하면서 같은 작품이 여러 편 있을 경우 어느 한 작품을 정본으로 확정하는 작업을 수행했다. 정본 확정의 순위는 첫째 최종 개작된 작품, 둘째 소월 생전에 활자화된 작품, 셋째 소월 사후에 발굴된 작품이다. 이본이 존재하는 경우 시집이 발간된 1925년 전후 시기의 작품을 중시했다. 김억이 펴낸 『소월시초』는 원본 훼손의 정도가 심하다. 원본 확인이 불가능한 경우를 제외하고 이 시집에 수록된 시를 정본 확정의 자료로 취급하지 않았다. 소월 사후 발굴된 작품도 마찬가지이다.

소월의 산문과 운문 등 모든 작품을 대상으로 필자는 오타와 오기는 물론이고 편집상의 실수나 소월의 착오로 인한 잘못을 바로잡았다. 번역 대상이 된 한시를 비롯하여 초기 시나 육필원고에 나타난 표기 혼란을 일관된 원칙 아래 통일하려고 노력했다. 그리고 제목이 같은 작품을 구분하기 위해 제목 뒤에 '1·2'를 덧붙였다. 육필원고와 외국어로 표기된 작품에 제목이 없는데, 첫 구절의 7자 범위에서 무제시(無題詩)에 제목을 부여했다.

정본 확정 과정에서 필자는 육필원고에서 완성작과 미완성 습작을 분류하는 문제, 전집 편자에 의한 원본 훼손 문제, 육필원고로 발굴된 작품들의 진위여부, 소월과 김억의 시작상의 수수관계 등 무수한 난제에 직면했다. 육필원고는 한 시인의 동일한 필적으로 판단하기가 어려울 정도로 다양한 필체를 보여주고 있다. 동일한 필적임에도 어떤 작품은 소월의 것으로, 그 외의 어떤 것은 안서의 작품으로 분류되고 있다. 육필원고의 진위와 원작자 여부에 대한 검증이 필요하고, 스승인 안서와의 시작상 수수관계도 재론되어야 한다. 이러한 점에서 필자의 작업은 소월시 정본 확정의 완료가 아니라 그것의 시작을 의미한다.

1. 『진달내꼿』 수록 시 초고 · 재고 목록

「먼後日」:「먼后日(推薦詩)」(『學生界』, 1920.7);「먼後日」(『開闢』, 1922.8)

「풀짜기」:「풀짜기」(『東亞日報』, 1921.4.9);「풀짜기」(『開闢』, 1922.8)

「바다」:「바다」(『東亞日報』, 1921.6.14);「바다」(『開闢』, 1922.8)

「山우헤」:「그山우」(『東亞日報』, 1921.4.9);「그山우에」(『開闢』, 1922.8)

「옛니야기」:「녯이악이」(『開闢』, 1923.2)

「님의 노래」:「님의 노래」(『開闢』, 1932.2)

「失題 1」:「失題」(『朝鮮文壇』, 1925.4)

「님의말슴」:「그사람에게」의 '2연'(『朝鮮文壇』, 1925.7)

「님에게」:「그사람에게」의 '1연'(『朝鮮文壇』, 1925.7)

「봄밤」:「봄밤」(『東亞日報』, 1921.4.9);「봄밤」(『開闢』, 1922.4)

「밤」:「濟物浦에서 /「밤」(『開闢』, 1922.2)

「꿈쑨그옛날」:「꿈쒼녯날」(「수첩용지」);「꿈쒼그녯날」(『開闢』, 1922.2)

「못니저」:「思欲絶-I 못닛도록 생각 나겟지요」(『開闢』, 1923.5)

「예젼엔 밋처몰낫서요」:「思欲絶-II 예前엔 밋처 몰랏서요」(『開闢』, 1923.5)

「자나깨나 안즈나서나」:「思欲絶-V 자나 쎄나, 안즈나 서나」(『開闢』, 1923.5)

「해가 山마루에 저므러도」:「思欲絶-III 해가 山마루에 저믈어도」(『開闢』, 1923.5)

「꿈 1」:「꿈」(『開闢』, 1922.1)

「개아미」:「개암이」(『開闢』, 1922.1)

「제비 1」:「제비」(『開闢』, 1922.1)

「부헝새」:「부헝새」(『開闢』, 1922.1)

「萬里城」:「萬里城」(『東亞日報』, 1925.1.1)

「樹芽」:「樹芽」(『開闢』, 1922.1)

「失題 2」:「서로미듬(押韻)」(『東亞日報』, 1924.7.22)

「니젓든맘」:「니젓든맘」(『開闢』, 1922.8)

「비단안개」:「비단안개」(『培材』, 1923.3)

「맛나려는心思」:「맛내려는心思」(『學生界』, 1920.7)

「옛낫」:「舊面」(『東亞日報』, 1921.6.8);「녯낫」(『開闢』, 1922.8)

「깁피밋든心誠」:「깁히밋던心誠」(『東亞日報』, 1921.6.8);「깁히 밋던 心誠」(『開闢』, 1922.8)

「꿈 2」:「꿈」(『東亞日報』, 1921.6.8)

「님과벗」: 「님과벗」(『開闢』, 1922.8)

「紙鳶」: 「紙鳶」(『文明』, 1925.12)

「오시는눈」: 「오시는눈」(『培材』, 1923.3)

「樂天」: 「樂天」(『新天地』, 1923.8)

「바람과봄」: 「바람의봄」(『東亞日報』, 1921.4.9); 「바람의봄(創作)」(『開闢』, 1922.4); 「봄.
바람」(『培材』, 1923.3)

「눈」: 「눈」(『文明』, 1925.12)

「깁고깁픈언약」: 「깁고깁픈언약」(『培材』, 1923.3); 「깁고 깁흔언약」(『文明』, 1925.12)

「붉은潮水」: 「붉은朝水」(『東亞日報』, 1921.4.9)

「남의나라쌍」: 「남의나라쌍」(『東亞日報』, 1925.1.1)

「千里萬里」: 「千里萬里」(『東亞日報』, 1925.1.1)

「生과死」: 「生과死」(『靈臺』, 1924.10)

「漁人」: 「漁人」(『靈臺』, 1924.10)

「바다가變하야 쏑나무밧된다고」: 「물결이變하야 쏑나무밧이 된다고」(『開闢』, 1922.4)

「黃燭불」: 「黃燭불」(『東亞日報』, 1921.4.9); 「黃燭불」(『開闢』, 1922.1)

「나의집」: 「내집」(『開闢』, 1922.2)

「새벽」: 「새벽」(『開闢』, 1922.2)

「구름」: 「구름」(『新天地』, 1923.8)

「오는봄」: 「오는봄」(『開闢』, 1922.6)

「물마름」: 「물마름」(『朝鮮文壇』, 1925.4)

「밧고랑우헤서」: 「밧고랑우헤서」(『靈臺』, 1924.10)

「저녁째」: 「저녁째」(『開闢』, 1925.1)

「悅樂」: 「悅樂」(『開闢』, 1922.6)

「招魂」: 「녯님을짜라가다가 꿈쌔여歎息함이라」(『靈臺』, 1925.1)

「길」: 「길」(『文明』, 1925.12)

「개여울」: 「개(渚) 여울」(『開闢』, 1922.7)

「가는길」: 「가는길」(『開闢』, 1923.10)

「往十里」: 「往十里(民謠詩)」(『新天地』, 1923.8)

「無心」: 「無心」(『新女性』, 1925.1)

「山」: 「山」(『開闢』, 1923.10)

「진달내쏫」: 「진달내쏫(民謠詩)」(『開闢』, 1922.7)

「朔州龜城」: 「朔州龜城」(『開闢』, 1923.10)

「접동새」: 「접동」(『培材』, 1923.3)

「쏫燭불 켜는밤」: 「쏫燭불켜는밤」(『靈臺』, 1925.1)

「無信」 : 「無信」(『靈臺』, 1925.1)

「金잔듸」 : 「金잔듸」(『開闢』, 1922.1)

「江村」 : 「江村」(『開闢』, 1922.7)

「첫치마」 : 「俗謠」(『東亞日報』, 1921.4.9); 「첫치마」(『開闢』, 1922.1)

「달마지」 : 「달마지」(『開闢』, 1922.1)

「엄마야 누나야」 : 「엄마야」(『學生界』, 1920.7); 「엄마야 누나야」(『開闢』, 1922.1)

「닭은 쏘쑤요」 : 「닭은쏘쑤요」(『開闢』, 1922.2)

2. 미수록 시 출처 및 초고 · 이본 목록

「그리워」, 『創造』, 1920.3.

「浪人의봄」, 『創造』, 1920.3.

「夜의雨滴」, 『創造』, 1920.3.

「午過의泣」, 『創造』, 1920.3.

「春崗」, 『創造』, 1920.3.

「거츤풀허트러진모래동으로」, 『學生界』, 1920.7.

「죽으면」, 『學生界』, 1920.7.

「이한밤」, 『學生界』, 1921.1.

「聞犬吠」, 『東亞日報』, 1921.4.27.[1]

「莎鷄月」, 『東亞日報』, 1921.4.27.

「銀臺燭」, 『東亞日報』, 1921.4.27.

「一夜雨」, 『東亞日報』, 1921.4.27.

「春菜詞」, 『東亞日報』, 1921.4.27.

「緘口」, 『東亞日報』, 1921.4.27.

「서울의거리」, 『학생계』, 1921.5.

「宮人唱」, 『학생계』, 1921.8.

「하눌」, 『東亞日報』, 1921.6.8.

「燈불과 마조 안젓스랴면」, 『開闢』, 1922.4.

「公園의밤」, 『開闢』, 1922.6.

「맘에속잇사람」, 『開闢』, 1922.6.

「孤寂한날」, 『開闢』, 1922.7.

---

1) 『동아일보』(1921.4.21)에 게재된 작품들은 한시의 번안작으로 판단된다. 자작시로 분류하는 것에 대한 신중한 검토 작업이 필요하다.

「將別里」, 『開闢』, 1922.7.

「제비 2」, 『開闢』, 1922.7.

「가는봄三月」, 『開闢』, 1922.8.

「가을」, 『開闢』, 1922.8.[2]

「집혼구멍」, 『開闢』, 1922.11.

「꿈자리」, 『開闢』, 1922.11.

「길손」, 『培材』, 1923.3.

「달밤」, 『培材』, 1923.3.

「눈물이 쉬루르 흘러납니다」, 『開闢』, 1923.5.

「어려듯고 자라배와 내가 안 것은」, 『新天地』, 1923.8.

「나무리벌노래」, 『東亞日報』, 1924.11.24; 「나무리벌노래」, 『白雉』, 1928.7.[3]

「俚謠」, 『東亞日報』, 1924.11.24.

「車와船」, 『東亞日報』, 1924.11.24.

「不稱錘秤」, 『靈臺』, 1924.12.

「巷傳哀唱명쥬짤기」, 『靈臺』, 1924.12; 「명쥬짤기」, 『藝術』, 1935.8.

「小曲三편(遺稿)」, 『三千里』, 1935.9.

「信仰」, 『開闢』, 1925.1; 「信仰」, 『新女性』, 1924.6.

「배」, 『東亞日報』, 1925.1.1; 「배」, 『白雉』, 1928.7.

「옷」, 『東亞日報』, 1925.1.1.

「옷과밥과自由」, 『東亞日報』, 1925.1.1; 「옷과밥과自由」, 『白雉』, 1928.7.

「가막덤불」, 『東亞日報』, 1925.1.4; 「가시나무」, 『女性』, 1939.9.

「벗마을」, 『東亞日報』, 1925.2.2.

「自轉車」, 『東亞日報』, 1925.4.13.

「五日밤散步」, 『朝鮮文壇』, 1925.10.[4]

「불탄자리」, 『朝鮮文壇』, 1925.10.

「비소리」, 『朝鮮文壇』, 1925.10.

「돈과밥과맘과들」, 『東亞日報』, 1926.1.1.

「둥근해」, 『朝鮮文壇』, 1926.6; 「둥군히」, 『東亞日報』, 1921.6.8.

「바다까의밤」, 『朝鮮文壇』, 1926.6.

---

2) 「가을」 2연의 내용이 육필원고 판독본 「붉은印물넌*」(육필원고 『원본 소월전집』
   (하), 홍성사, 1982)과 유사하다.

3) 정본／결정본 다음에 열거된 작품은 초고본이나 이본에 해당하는 것이다.

4) 「오월(五月)밤 산보(散步)」가 본문의 내용과 어울린다. '교열 사례'를 참조하기 바람.

「봄못」, 『朝鮮文壇』, 1926.6.

「잠」, 『朝鮮文壇』, 1926.6.

「져녁」, 『朝鮮文壇』, 1926.6.

「첫눈」, 『朝鮮文壇』, 1926.6.

「흘러가는 물이라 맘이물이면」, 『朝鮮文壇』, 1926.6.

「길차부」, 『文藝公論』, 1929.5.

「斷章(1)」, 『文藝公論』, 1929.6.

「斷章(2)」, 『文藝公論』, 1929.7.

「돈타령」, 『三千里』, 1934.8.

「生과돈과死」, 『三千里』, 1934.8.

「제이 엠 에쓰」, 『三千里』, 1934.8; 「제이,엠,에스」, 『朝鮮日報』, 1939.5.1.

「健康한 잠」, 『三千里』, 1934.11; 「健康한잠」, 『원본 소월 전집』(하), 사진 자료.[5]

「苦樂」, 『三千里』, 1934.11; 「四方발쑤리」 사진 자료.

「故鄕」, 『三千里』, 1934.11.

「氣分轉煥」, 『三千里』, 1934.11; 「氣分轉煥」 사진 자료.

「祈願」, 『三千里』, 1934.11.

「機會」, 『三千里』, 1934.11; 「機會」 사진 자료.

「爽快한아츰」, 『三千里』, 1934.11; 「爽快한아츰」 사진 자료.

「義와 正義心」, 『三千里』, 1934.11.

「三水甲山」, 『新人文學』, 1934.11; 「次岸曙先生三水甲山韻」, 『新東亞』, 1935.2; 「次岸曙先生三水甲山韻」, 『素月詩抄』, 1939.12.

「팔벼개 노래」, 『三千里』, 1935.10; 「팔벼개노래」, 『素月詩抄』, 1939.12.

「박녕쿨打令」, 『女性』, 1939.6.

「記憶(2)」, 『女性』, 1939.7.

「빗」, 『女性』, 1939.7.

「술」, 『女性』, 1939.7.

「節制」, 『女性』, 1939.7.

「聲色」, 『女性』, 1939.10.

「술과 밥」, 『女性』, 1939.11.

「歲慕感」, 『女性』, 1939.12.

「고만두 풀노래를 가져 月灘에게 드립니다」, 『素月詩抄』, 1939.12.

「해 넘어 가기前 한참은」, 『素月詩抄』, 1939.12.

---

5) 이하 '사진 자료'로 약칭함.

「孤獨」, 『月刊中央』, 1975.11; 「가고오지못하는*」 사진 자료.6)

「드리는 노래」, 『月刊中央』, 1975.11.

「늦은 가을비」, 『文學思想』, 1977.11.

「生의 감격」, 『文學思想』, 1978.10.

「人間味」, 『文學思想』, 1978.10.7)

「七夕」, 『文學思想』, 1978.10.

「可憐한人生」 사진 자료.

「그녯날들을*」 사진 자료.

「그만두자*」 사진 자료.

「기쁨이나 아픔*―If This Great World Of Joy And Pain」 사진 자료.

「날젊을는눈*」 사진 자료.

「녯날의樂羊子*」 사진 자료.

「니불」 사진 자료.

「대수풀노래」 사진 자료; 「대수풀노래」, 『女性』, 1939.8.

「마음에서오늘날*」 사진 자료.

「마음의 눈물」 사진 자료.

「무슴탓에이다지*」 사진 자료.

---

6) '*'로 표시한 작품의 제목은 원래의 제목이 아니다. 필자가 본문의 첫 구절 7자 범위에서 정한 제목이다. 이하의 '*'가 붙은 제목도 마찬가지이다.

7) 『문학사상』(1977.11)이 발굴한 「밤마다」와 「지도」 등의 시와 『문예중앙』(1978년 봄)에 게재된 50여 편의 시는 안서의 유고로 취급되고 있다. 오규원은 「주요 소월시집(素月詩集)의 오기(誤記) 이기(異記) 비교분석」(김용직 편, 『김소월 전집』, 문장, 1981)에서 『꿈으로 오는 한 사람』(오세영 편, 문학세계사, 1981)을 비판적으로 검토하는 가운데 "『문학사상』 발굴 작품" 가운데 김억의 시로 밝혀진 「지도」나 「밤마다」를 "그대로 수록하고 있다"고 지적했다. 그러나 오규원이 지칭한 작품이 김억의 것이라고 판단해야 할 근거가 없다. 소월과 김억의 시작상의 수수관계나 인간관계 등에 비추어 볼 때 소월의 작품이 김억의 것으로 바뀌었을 가능성이 많다. 「밤마다」나 「지도」 등의 작품이 소월의 것이 아니라면 「미발표자필유고(未發表自筆遺稿) 소월시집(素月詩集)」(『문학사상』, 1977.11)에서 발굴한 작품 대부분의 진위를 다시 검증해야 한다. 오장환은 「소월시의 특성」(『조선춘추』, 1947.12)에서 다음과 같이 기술하고 있다.

"그의 작품은 시집 『진달내꽃』 이외에도 이 책이 간행되던 당시 『가면』이란 잡지와 『삼천리』에 종종 실린 것이 있으며 더욱이 그의 사후 유고로서 미발표의 시작이 50여 편이나 되어 이것은 뒤로 발표되지 않았고 그의 은사 안서가 간직하고 있는 채 있다. 그러나 이것은 소월을 애호하는 사람들에게는 궁금한 것이나 작품으로는 그리 중요한 것이 못될 것이다. 그의 중단되었던 작품생활과 또 빛나지 못하는 사생활을 아는 사람이면 그 이상을 기대할 수는 없기 때문이다."

「벗과벗의넷님」 사진 자료.

「봄과 봄밤과 봄비」 사진 자료.

「봄바람」 사진 자료.

「비오는날」 사진 자료.

「어스름에 맛춘님*」 사진 자료.

「여긔 이만 섯쟈나*」 사진 자료.

「忍從」 사진 자료.

「푸른밤창쌀*」 사진 자료.

「뛰여쩌오르나니*」 사진 자료.

「꿈이란 무엇인가*」 사진 자료.

「만약에 당신이*」 사진 자료.

「어두운 괴로움*」 사진 자료.

「잠 못드는 태양—SUN OF THE SLEEPLESS」 사진 자료; 「このねむらさろひ*」 사진 자료.

「조용한 서러움*」 사진 자료.

「죽음의 계약*」 사진 자료.

「황혼녁*」 사진 자료.

「寒食」, 『東亞日報』, 1925.2.2.[8]

「春曉」, 『東亞日報』, 1925.4.13.

「밤가마귀」, 『朝鮮文壇』, 1926.3.

「봄」, 『朝鮮文壇』, 1926.3.

「蘇小小무덤」, 『朝鮮文壇』, 1926.3.

「秦淮에배를대고」, 『朝鮮文壇』, 1926.3.

「囉嗊曲」, 『三千里』, 1934.8.

「送元二使安西」, 『三千里』, 1934.8.

「伊州歌」, 『三千里』, 1934.8.

「伊州歌 쏘」, 『三千里』, 1934.8.

「長干行」, 『三千里』, 1934.8.

「長干行 쏘」, 『三千里』, 1934.8.

「逢雪宿芙蓉山」, 『朝光』, 1939.10.[9]

---

8) 번역 대상의 한시는 원전을 확인하여 원문을 수록했다. 제목이 없는 번역시에는 원시의 제목을 부여했다.

9) 「봉설숙부용산(逢雪宿芙蓉山)」은 김억의 「기억(記憶)에 남는 사람들」(『朝光』, 1939.10)에 인용된 소월의 번역 작품이다.

「鸛雀樓에 올나서」 사진 자료.
「보냄」 사진 자료.
「竹里館」 사진 자료.

3. 산문 목록

「春朝」, 『學生界』, 1920.10.
「함박눈」, 『開闢』, 1922.10; 「함박눈」 사진 자료.[10]
「써도라가는게집」, 『培材』, 1923.3.
「詩魂」, 『開闢』, 1925.5.
「멧해만에*」, 『朝鮮中央日報』, 1935.1.23~24; 「몇해만에*」, 『三千里』, 1938.10.[11]
「巴人 金東煥님에게」, 『三千里』, 1938.10.
「窓을 열어놓아*」, 『朝光』, 1939.10.[12]
「팔벼개 노래調」, 『素月詩抄』, 1939.12.
「도라오시는길*」 사진 자료.
「競技에對한道義的觀念」 사진 자료.
「開會辭」 사진 자료.
「農村相 市街相」 사진 자료.[13]

4. 가곡

〈가는길〉, 김규환, 서울음반, 1990.[14]
〈가는길〉, 이유선, 한국정서가곡전집, 외국어어학사, 1980.

---

10) 「함박눈」의 초고본은 개벽사 원고용지에 쓰인 소월의 친필을 김종욱(『원본 소월전집』(하), 홍성사, 1982)이 판독한 것이다. 띄어쓰기는 필자가 어절 단위를 고려하여 다시 수정했다. 김종욱이 판독한 초고본의 표기는 소월 당대의 표기와 차이가 있다.
11) 「멧해만에*」의 일부를 모은 것이다. 안서가 소월을 회고하는 글에서 인용한 것을 짜 맞추었다.
12) 「멧해만에*」와 「窓을 열어놓아*」는 김억의 「요절한 박행시인 김소월에 대한 추억」과 「기억에 남은 사람들」에서 발췌하여 이어놓았다.
13) 「도라오시는길*」, 「競技에對한道義的觀念」, 「開會辭」, 「農村相 市街相」은 "미발표 소월 자필 유고"(『문학사상』, 1977.11)로 발견된 것이다.
14) 작품 뒤에 작곡가의 이름을 덧붙였다.

〈가는길〉, 정대범, 서정한국가곡213선, 삼호출판사, 1987.

〈가시덤불〉, 김성태, 한국정서가곡전집, 외국어어학사, 1980.

〈개여울〉, 한성석, 한국정서가곡전집, 외국어어학사, 1980.

〈금잔디〉, 김규환, 서울음반, 1990.

〈금잔디〉, 김진균, 서정한국가곡213선, 삼호출판사, 1987.

〈금잔디〉, 한태근, 서정한국가곡213선, 삼호출판사, 1987.

〈길〉, 구두회, 서정한국가곡213선, 삼호출판사, 1987.

〈꿈길〉, 김영식, 서정한국가곡213선, 삼호출판사, 1987.

〈마른강 둔덕에서〉, 김규환, 서울음반, 1990.

〈맘 켱기는 날〉, 김형주, 한국정서가곡전집, 외국어어학사, 1980.

〈먼후일〉, 김규환, 서울음반, 1990.

〈먼후일〉, 박중후, 서정한국가곡213선, 삼호출판사, 1987.

〈먼후일〉, 정회갑, 서정한국가곡213선, 삼호출판사, 1987.

〈못잊어〉, 김동진, 서울음반, 1990.

〈못잊어〉, 하대응, 한국정서가곡전집, 외국어어학사, 1980.

〈비단안개〉, 이영조, 서정한국가곡213선, 삼호출판사, 1987.

〈산〉, 하대응, 서정한국가곡213선, 삼호출판사, 1987.

〈산유화〉, 김성태, 한국정서가곡전집, 외국어어학사, 1980.

〈산유화〉, 허방자, 서정한국가곡213선, 삼호출판사, 1987.

〈산위에〉, 김규환, 서정한국가곡213선, 삼호출판사, 1987.

〈엄마야 누나야〉, 김진균, 서울음반, 1990.

〈예전엔〉, 이연국, 서정한국가곡213선, 삼호출판사, 1987.

〈예전엔 미쳐 몰랐어요〉, 박찬석, 한국정서가곡전집, 외국어어학사, 1980.

〈옛이야기〉, 정세문, 한국정서가곡전집, 외국어어학사, 1980.

〈임에게〉, 박중후, 한국정서가곡전집, 외국어어학사, 1980.

〈임의 노래〉, 김규환, 한국정서가곡전집, 외국어어학사, 1980.

〈임의 노래〉, 나인용, 서정한국가곡213선, 삼호출판사, 1987.

〈임의노래〉, 이호섭, 서울음반, 1990.

〈접동새〉, 나운영, 서정한국가곡213선, 삼호출판사, 1987.

〈접동새〉, 이호섭, 서울음반, 1990.

〈제비〉, 조두남, 한국정서가곡전집, 외국어어학사, 1980.

〈진달래꽃〉, 김달성, 서울음반, 1990.

〈진달래꽃〉, 김동진, 서정한국가곡213선, 삼호출판사, 1987.

〈진달래꽃〉, 김성태, 서정한국가곡213선, 삼호출판사, 1987.

<진달래꽃>, 정회갑, 한국정서가곡전집, 외국어어학사, 1980.
<첫치마>, 김형주, 한국정서가곡전집, 외국어어학사, 1980.
<초혼>, 김원호, 한국정서가곡전집, 외국어어학사, 1980.
<초혼>, 최병철, 서정한국가곡213선, 삼호출판사, 1987.
<초혼>, 하대응, 서울음반, 1990.
<풀따기>, 김원호, 한국정서가곡전집, 외국어어학사, 1980.

5. 문헌

강남주, 「한국근대시의 형성과정연구」, 부산대 박사논문, 1983.
강우식, 「소월시의 자연상징」, 『한국상징주의 시연구』, 문화생활사, 1987.
강운림, 「『김소월시선집』에 대하여」, 『조선문학』, 1956.7.
강웅식, 「무덤에서 부르는 소리와 사라진 질서에의 향수―김소월의 「진달래꽃」」, 『현
        대시학』, 1993.2.
강준성, 「소월·미당·지훈 三家詩 연구」, 『내륙문학』, 1980.6.
강홍기, 「한국현대시운율연구―내재율론」, 성균관대 박사논문, 1988.
______, 「「접동새」考」, 『개신어문연구』, 1999.12.
경원각 편집부, 『영원한 소월시집』, 경원각, 1980.
계용묵, 「한국문단측면사 2」, 『현대문학』, 1955.12.
계희영, 『약산 진달래는 우련 붉어라』, 문학세계사, 1982.
고명수, 「김소월론―심리비평적 접근」, 『논문집』, 동원대, 1998.12.
______, 「소월시의 언어시학적 고찰―「먼 후일」을 중심으로」, 『목멱어문』, 동국대
        국어교육과, 1987.11.
고석규, 「시인의 역설」, 『문학예술』, 1960.2.
고영근, 「'사뿐히 즈려밟고 가시옵소서'의 의미―김소월의 「진달래 꽃」」, 『새국어
        생활』, 국립국어연구원, 1998.12.
고 원, 「산만한 전개―소월의 시를 말한다」, 『신문예』, 1959.8.
고현철, 「소월시의 병치구조 연구」, 『국어국문학』, 부산대, 1983.
고형진, 「현대시 운율의 개척과 맥락―한국시의 계보, 김소월 편」, 『현대시』, 2000.9.
곽봉제, 「김소월·백석 시의 비교연구」, 경희대 석사논문, 1993.
곽은희, 「소월·만해시의 정서구조연구―고전시가와의 연계성으로」, 한남대 석사
        논문, 1988.
곽학송, 「소월의 자살설 이견―그의 기일에 즈음하여」, 『국제신보』, 1960.12.24.
구명숙, 「소월과 상화, 하이네의 시에 나타난 아이러니 고찰」, 『어문논집』, 숙명여

대, 1993.2.

구모룡, 「생명현상의 시학—근대 한국시관의 한 지향성」, 『어문교육논집』, 부산대, 1984.12.

구인모, 「김소월 시로 본 근대시 율격 이론의 문제」, 『한국학보』, 2002년 봄호.

구중서, 「소월의 의식세계, 시정신에 대한 확인」, 『미발표소월시집』, 중앙일보사, 1970.

______, 「그의 뿌리를 찾아보면—나는 이렇게 본다」, 『문예중앙』, 1978년 봄호.

______, 「김소월 / 그의 민족의식」, 『민족문학의 길』, 중원문화사, 1985.

국정효, 「한국현대시의 형태론—영시와의 비교연구(素月과 七五調)」, 『사상계』, 1967.4.

권국명, 「『진달래꽃』의 의미분석—개작태도와 구술성을 중심으로」, 『어문학』, 어문학연구회, 2000.10.

권기호, 「작품 「산유화」의 〈있음〉의 문제」, 『한국문학』, 1976.6.

권달웅, 「소월과 목월의 비교연구—두 시인의 전통의식을 중심으로」, 한양대 석사논문, 1984.

권미혜, 「소월시의 주제 연구」, 강원대 석사논문, 1989.

권선아, 「김소월시연구—리듬과 의미의 상관관계를 중심으로」, 성균관대 석사논문, 1993.

권성노, 「소월시에 나타난 한의 고찰」, 원광대 석사논문, 1985.2.

권영민, 「김소월의 산유화—‘저만치 혼자서 피어 있네’의 경우」, 『새국어생활』, 국립국어연구원, 1999.12.

______, 「소월 시에서 잘못 읽은 〈어그점〉과 〈잔즈르는 수심가〉」, 『새국어생활』, 국립국어연구원, 2000.6.

______, 「평양에 핀 진달래 꽃—북한문학사 속의 김소월」, 『통일문학사』(권영민 편저), 2002.

권영옥, 「김소월시의 후기시 연구—변모양상을 중심으로」, 서강대 석사논문, 1987.

김광균, 「김소월—가을에 생각나는 사람」, 『민성』, 1947.11.

______, 「시인 김소월의 만년—시정의 절망에서 그는 가다」, 『연합신문』, 1955.2.9.

______, 『김소월—초혼』, 박영사, 1958.

김광길, 「소월시에 나타난 한의 양상」, 연세대 석사논문, 1984.

김광식, 「고독의 시인 소월—그의 자살설을 듣고」, 『조선일보』, 1959.7.8.

김경자, 「김소월·한용운 시에 있어서의 길—그 유형과 시적 표상을 중심으로」, 연세대 석사논문, 1984.

김교선, 「소월의 「산유화」 소고」, 『숭전어문학』, 숭전대, 1974.12.

김규동, 「향토적 엘레지」, 『신문예』, 1959.8.

김근수, 「김소월의 생애를 둘러싼 허구들」, 『문학사상』, 1975.10.

김기진, 「현 시단의 시인」, 『개벽』, 1925.4.

김남석, 「김소월―소박한 사모의 향토서정」, 『한국시인론』, 서음출판사, 1977.

김남우, 「김소월시의 율격 구조와 의미 상관 연구」, 부산대 석사논문, 1993.

김남조, 「소월시 전집의 간행남발은 유감」, 『신문예』, 1959.8.

______, 「「예전엔 미처 몰랐어요」와 슬픔의 의미」, 『김소월연구』, 새문사, 1982.

김대규, 「Anima의 시학―소월시의 여성화문제 연구」, 『연세어문학』, 연세대, 1973.6.

김대행, 「김소월과 전통의 문제」, 『한국현대시사연구』, 일지사, 1983.11.

______, 「김소월의 「접동새」―민요시의 정체」, 『한국현대시작품론』, 문장, 1981.

______, 「「진달래꽃」의 운율분석」, 『문학과비평』, 1987년 봄호.

______, 『한국시의 전통연구』, 개문사, 1980.

______, 『한국시가구조연구』, 삼영사, 1976.

김동리, 「청산과의 거리」, 『문학과 인간』, 백민출판사, 1952.

김동인, 「내가 본 김소월군을 논함」, 『조선일보』, 1929.12.11~24.

______, 「적막한 예원―조선예술에 생각나는 사람들」, 『매일신보』, 1932.9.21~10.5.

김동필, 「식민지시대의 시정신 연구―김소월」, 『논문집』, 한국외대, 1994.

김동훈, 「「긴―熟視」와 북한의 소월연구」, 『문예중앙』, 1990년 여름호.

김만성, 「소월시의 제어공학적 연구」, 『문리대학보』, 서울대, 1969.2.

김명석, 「김소월시의 색채의식 연구―시집 『진달래꽃』을 중심으로」, 대구대 석사논문, 1993.

김미수, 「한국현대시에서 방언 쓰임새의 연구」, 인하대 석사논문, 1987.

김미현, 「1920년대 민요시 연구―주요한·김소월·김동환을 중심으로」, 연세대 석사논문, 1990.

김민자, 「소월시의 언어학적 분석―「길」·「먼 후일」을 중심으로」, 창원대 석사논문, 1997.

김병선, 「「산유화」의 시형식연구」, 『국어문학』, 전북대, 1986.8.

______, 『소월의 시어와 그 쓰임새―시어목록』 3, 한국문화사, 1994.

김병익, 「문단 반세기 소월 김정식」, 『동아일보』, 1973.5.30.

______, 「소월 김정식」, 『한국문단사』, 문학과지성사, 2001.

김봉군, 「김소월론」, 『한국현대작가론』, 민지사, 1984.

______, 「소월시의 한 원형성, 불」, 『선청어문』, 서울대, 1981.

김사목, 「영어로 번역된 소월시의 진단―김재현 역 『소월시집』을 보고」, 『문학사상』, 1973.12.

김삼주, 「소월 시 상징연구」, 『문학한글』, 1989.12.

______, 『김소월시의 연구』, 인문당, 1990.

______, 「유토피아지향의 철학적 명상시―김소월의 「산유화」」, 『시와시학』, 1991년 봄호.

______, 「소월시 해석상의 문제점 비판―시 「물마름」을 중심으로」, 『어문학』, 목원

대 국어교육과, 1991.12.

김상일, 「김소월」, 『현대문학』, 1959.11.

김석연, 「소월시의 운율분석-Sonagraph 실험기에 의한 분석」, 『교양학부논문집』, 서울대, 1969.4.

김성우, 「김소월의 「진달래 꽃」」, 『한국일보』, 1963.4.16.

김성태, 「소월시 작시법에 대한 언어시학적 연구 시론」, 서강대 석사논문, 1985.

______, 「소월시에 대한 언어학적 연구」, 『문학사상』, 1985.7.

김세정, 「김소월 시 연구-자연인식과 정서를 중심으로」, 성균관대 석사논문, 2002.

김소월, 『진달내꼿』, 매문사, 1925.

______, 『김소월시선집』, 조선작가동맹출판사, 1955.

김소운, 「신간평-『소월시초』」, 『문장』, 1940.3.

김수업, 「소월시 율격 파악」, 『상산 이재수박사 환갑기념논문집』, 형설출판사, 1972.

______, 「김소월시의 정신사적 의미」, 『현대문학』, 1987.10.

______, 「김소월의 시 「길」 원형상징」, 『국문학논집』, 단국대, 1989.9.

______, 「김소월 시의 세계인식」, 『국문학논집』, 단국대, 1994.5.

김순자, 「김소월시의 심층적 의미 고찰-형식적·구조적 특성을 중심으로」, 아주대 석사논문, 2001.

김승희, 「언어의 주술이 깨뜨린 죽음의 벽」, 『문학사상』, 1985.7.

______, 「해체주의적으로 「진달래꽃」 읽기-김소월 탄생 100주년 기념 특집」, 『현대문학』, 2002.8.

김시태, 「자연과 人事의 無常-김소월론」, 『월간문학』, 1977.3.

______, 「자연과 덧없음의 인식-김소월론」, 『현대시와 전통』, 성문각, 1978.

______, 「소월의 낭만주의와 고전적 취향」, 『한국학논집』, 한양대 국어학연구소, 1995.10.

김애엽, 「소월시에 부친 한국 가곡 연구」, 서울대 석사논문, 1984.

김양수, 「「김소월론」 각서」, 『현대문학』, 1960.12.

김 억, 「시단의 일년」, 『개벽』, 1923.12.

______, 「요절한 박행 시인 김소월에 대한 추억」, 『조선중앙일보』, 1935.1.22~26.

______, 「弔詩」, 『신동아』, 1935.2.

______, 「소월의 생애와 시가」, 『삼천리』, 1935.2.

______, 『소월시초』, 박문서관, 1939.

______, 「薄倖詩人, 素月」, 『삼천리』, 1938.11.

______, 「소월의 생애」, 『여성』, 1939.6.

______, 「故友思-소월의 예감」, 『국도신문』, 1949.11.15.

______, 「기억에 남은 제자들-소월」, 『조광』, 1939.10.

김열규, 「소월시의 아이러니」, 『김소월연구』, 새문사, 1982.

김영기, 「김소월론」, 『현대문학』, 1971.1.

김영석, 「한국시의 생성원리 연구」, 경희대 석사논문, 1984.

______, 「소월시의 넋두리와 지각현상」, 『인문논총』, 배재대, 1993.

김영삼, 『소월정전』, 성문각, 1960.

______, 「인간 김소월－「시인 소월의 재발견」의 허위와 오류」, 『대한일보』, 1965. 11.2.

______, 「소월의 생애」, 『소월시집』, 서문당, 1972.

______, 「현대 한국시 독자론고－소월의 평이성을 중심으로」, 『아카데미논총』, 중앙대, 1973.12.

김영인, 「소월의 시 「산」 고찰」, 『난향문학』, 성신여대, 1982.

김영철, 『김소월－비극적 삶과 문학적 형상화』, 건국대 출판부, 1994.

김영화, 「김소월 시에 나타난 한의 미학 연구」, 중부대 석사논문, 2002.

김영황, 「글의 맛, 글의 멋」, 『문학신문』, 1966.1.18.

김영희, 「소월의 고향을 찾아서」, 『문학신문』, 1966.5.10~7.1.

김예보, 「탈식민적 글쓰기와 김소월」, 『어문연구』, 국민대 국어국문학연구회, 2001.

김옥순, 「김소월시의 파라독스 연구」, 이화여대 석사논문, 1980.2.

______, 「소월시 연구사 개관」, 『문학사상』, 1985.7.

김옥향, 「소월시의 언어학적 고찰」, 전북대 석사논문, 2002.

김완성, 「김소월 시어 연구－평북방언과 조어 및 축약어를 중심으로」, 경희대 석사논문, 1986.

김완희, 「현대시와 전통」, 부산대 석사논문, 1974.

김용성, 「문학사 탐방－비애로운 한국의 서정」, 『한국일보』, 1973.7.8.

______, 『한국 현대문학사 탐방』, 국민서관, 1973.

김용제, 『소설 김소월』, 상록사, 1985.

______, 「김소월과 나의 수난」, 『현대문학』, 1963.3.

______, 『소설 김소월』, 상록사, 1985.

김용직, 「소월의 시와 앰비규이티－우리 시논의의 현단계」, 『현대문학』, 1970.11.

______, 「현대한국의 낭만주의 시에 관한 연구」, 『논문집』, 서울대, 1968.10.

______, 「소월은 형이상학적 시인」, 『중앙일보』, 1971.9.21.

______, 「관습적 언어와 그 주류화」, 『심상』, 1974.10.

______, 『한국문학의 비평적 성찰』, 민음사, 1974.

______, 「「진달래 꽃」과 「돈」」, 『문학사상』, 1978.8.

______, 「오히려 안서 유고일 수도－나는 이렇게 본다」, 『문예중앙』, 1978년 봄호.

______, 「소월의 삶과 예술」, 『전형기의 한국문예비평』, 열화당, 1979.

______, 「김소월-저만치 혼자서 피어있네」, 『문학사상』, 1981.4.

______, 「민요조 서정시의 형성과 전개」, 『한국문학』, 1981.9.

______, 「민요조 서정시의 태동과 변모」, 『한국문학』, 1981.10.

______, 「「먼 후일」 그 구조의 특성과 사적 의의」, 『김소월연구』, 새문사, 1982.

______, 「가락과 채색풍경, 김소월론」, 『변혁기의 시와 문화』, 서울대 출판부, 1994

______, 『김소월 전집』, 서울대 출판부, 1996.

김용태, 「한국 근대시의 경험유형 연구-소월, 이상, 만해의 대비」, 부산대 석사논
        문, 1989.

김용팔, 「심오한 생명의 소리-소월의 시를 말한다」, 『신문예』, 1959.8.

김용호, 『진달래꽃』, 청년사, 1986.

김용희, 「리듬과 생략이 주는 파동-김소월 탄생 100주년 기념 특집」, 『현대문학』, 2002.8.

김우정, 「한국 시인론 3-김소월론」, 『현대시학』, 1969.6.

______, 「일상적 정서와 밀착-김소월 연구」, 『심상』, 1974.10.

김우종, 「숙명적인 기도」, 『현대문학』, 1960.12.

김우창, 「한국시와 형이상학-최남선에서 서정주까지」, 『궁핍한 시대의 시인』, 1977.

______, 「시와 정치」, 『세계의 문학』, 1979년 겨울호.

김우철, 「시인 김소월」, 『조선문학』, 1955.12.

김원섭, 『소월시 감상』, 현암사, 1973.

김원중, 「한국 현대시의 낭만성에 대한 고찰」, 『국어국문학』, 청구대, 1960.12.

김유선, 「내밀 공간과 고독한 공간-김소월의 「산유화」」, 『시와시학』, 1991년 봄호.

김유의, 「소월시에 나타난 전통사상연구」, 서울여대 석사논문, 1987.

김윤식, 「소월·만해·육사론」, 『사상계』, 1966.8.

______, 「네 가지 죽음의 형태-나빈·고월·소월·이상」, 『근대시와 인식』, 시와
        시학사, 1991.

______, 「소월을 죽게 한 병-저다병(楮多病)에 이른 길」, 『근대시와 인식』, 시와시
        학사, 1991.

______, 「식민지의 허무주의와 시의 선택」, 『문학사상』, 1973.5.

______, 「김소월론의 행방」, 『심상』, 1974.10.

______, 「소월론」, 『한국 현대시론 비판』, 일지사, 1975.

______, 「「혼과 형식」-소월시와 관련하여」, 『심상』, 1977.12.

______, 「정신주의에 대한 비판-소월시와 김동리문학」, 『서정시학』, 1992.6.

김은자, 「한국 현대시의 공간의식에 관한 연구-김소월·이상·서정주를 중심으로」,
        서울대 박사논문, 1986.

______, 「「진달내꽃」의 상상적 구조」, 『문학과비평』, 1987년 봄호.

김은전, 「소월시에 나타난 전통적 요소」, 『김소월연구』, 새문사, 1982.

______, 「소월시 연구」, 『선청어문』, 서울대, 1981.

김은철, 「개인적 체험과 공동체의식―김소월의 시사적 위상」, 『논문집』, 상지대, 1992.9.

______, 「김소월과 이상화의 비교연구」, 『COMPARATIVE KOREAN STUDIES』, 1997.8.

______, 「한국 근대 관념주의 시 연구」, 영남대 박사논문, 1992.

김인환, 「연극과 시―김소월론」, 『세계의 문학』, 1987년 여름호.

김장호, 「「초혼」과 「Chant d'amour」의 제재대비―김소월과 Emmanuel Signoret」, 『논문집』, 동국대, 1978.2.

김재현, 「김소월 시에 있어서 역설의 기능」, 『동서사상의 만남』, 형설출판사, 1982.

______, A Lamp Burns Low, 삼성출판사, 1986.

______, 『진달래꽃』, 세계출판사, 1988.

김재홍, 「한국 현대시의 방법론적 연구―Metaphorical Approach」, 서울대 석사논문, 1972.

______, 「사랑시의 탯줄, 민중시의 요람 소월」, 『소설문학』, 1985.7.

______, 「존재론과 저항의식」, 『문학사상』, 1987.2.

______, 「소월 김정식」, 『한국 현대시인 연구』, 일지사, 1986.

______, 「한국 현대시와 민중의식의 전개」, 『현대시와 역사의식』, 인하대 출판부, 1988.

______, 「존재론과 저항의식, 소월시 새롭게 보기」, 『시와시학』, 2002년 봄호.

김정강, 「김소월의 시에 나타난 꿈과 사랑과 불의 세계」, 이화여대 석사논문, 1966.

김소월, 『진달내꼿』, 매문사, 1925.

김정호, 「아버지 소월」, 『동아일보』, 1967.11.4.

김제현, 「김소월 詩調論」, 『현대문학』, 1983.2.

김종길, 「시를 어떻게 읽을 것인가」, 『심상』, 1974.1.

김종문, 「값싼 낭만의 세계―소월의 시를 말한다」, 『신문예』, 1959.8.

______, 「소월의 작품비평―시는 감상을 은폐하며 시작한다」, 『자유문학』, 1959.10.

김종욱, 「미발표 소월 자필 유고 발굴 경위와 평가」, 『문학사상』, 1977.11.

______, 「소월 유고 발굴기」, 『文藝中央』, 1978년 봄호.

______, 『원본 소월전집』(상·하), 홍성사, 1982.

______, 「북한의 소월 연구 어디까지 왔나?」, 『문예중앙』, 1991년 봄호.

김종욱·이명자, 「서로 다른 소월의 시들」, 『문학사상』, 1976.12.

김종은, 「소월의 자살」, 『성의학보』, 1973.11.27.

______, 「김소월은 자살했다」, 『신아일보』, 1973.12.4.

______, 「소월의 병적―한의 정신분석」, 『문학사상』, 1974.5.

김준오, 「자아와 시간의식에 관한 시고―김소월과 이상의 대비」, 『어문학』, 한국어문학회, 1975.10.

______, 『가면의 해석학』, 이우출판사, 1985.

______, 「소월 시정과 원초적 인간―소월의 감정시론」, 『김소월연구』, 새문사, 1982.

김종영, 『김소월 진달래꽃』, 오성출판사, 1988.

김창근, 「소월의 시론과 시에 있어서의 시혼과 음영」, 부산대 석사논문, 1980.

______, 「한국현대시의 원형적 상상력에 관한 연구」, 부산대 박사논문, 1992.

______, 「현대시의 모순어법 연구」, 『어문논집』, 동의대, 1996.11.

김창석, 「김소월과 그의 시적 스찔」, 『문학신문』, 1959.12.25.

김창원, 「시 텍스트의 기호론적 해석과 시 교육의 가능성―김소월의 「산유화」를 중
　　　심으로」, 『국어교육』, 국어교육연구회, 1992.5.

김춘수, 「형태상으로 본 한국현대시―김소월의 시와 형태에 대한 약간의 비평」, 『문
　　　학예술』, 1955.10.

______, 「김소월론을 위한 각서」, 『현대문학』, 1956.4.

______, 『한국 현대시 형태론』, 해동문화사, 1958.

______, 「소월시의 행과 연」, 『현대문학』, 1960.12.

______, 「김소월론」, 『현대시학』, 1969.6.

______, 『김춘수 전집 2―시론』, 문장, 1984.

김학동, 『한국 근대시인 연구』, 일조각, 1974.

______, 「산유화와 소월의 자연관」, 『김소월연구』, 새문사, 1982.

______, 「'부재의 님'과 정한의 세계―김소월의 초기시를 중심으로」, 『문학한글』,
　　　1988.12.

______, 「일상적 삶의 정서와 '窮乏'의 모티프―金素月論」, 『현대시인연구』 1, 새문
　　　사, 1995.

김학성, 「서구시의 수용과 근대시의 행방」, 『국문학의 탐구』, 성균관대 출판부, 1987.

김한호, 「김소월 시 연구―정감을 중심으로」, 경상대 박사논문, 1997.

______, 『슬픈 시인의 노래―김소월 시 연구』, 문예마당, 2000.

김해성, 「김소월론」, 『한국 현대 시인론』, 진명문화사, 1973.

______, 「소월의 시세계」, 『한국 현대시문학 개설』, 을유문화사, 1976.

______, 「실험을 통해 본 시의 독자―소월의 작품을 중심으로」, 『현대문학』, 1966.4.

김헌선, 「양명학적 개념으로 본 김소월의 「시혼」―자생적 낭만주의의 원천탐색」, 『논
　　　문집』, 경기대, 1994.8.

김현승, 「기교를 초월한 평범의 경지」, 『신문예』, 1959.8.

김현자, 「「강촌」의 시적 순간과 「산」의 不歸意識」, 『문학사상』, 1985.7.

______, 『시와 상상력의 구조―김소월 · 한용운을 중심으로』, 문학과지성사, 1982.

______, 「머뭇거림과 망설임이 갖는 소월 시의 아름다움―「가는 길」」, 『새국어생활』,
　　　1997.12.

김혜경, 「소월시의 율격에 관한 연구」, 명지대 석사논문, 1996.

김혜선, 「승화된 한의 미학―소월시의 특색」, 『향란문학』, 성신여사대, 1975.2.

김희보, 「김소월시의 자연 신비주의―형이상학 시인 Henry Vaugham과의 비교」, 『기독교사상』, 1978.4.

김희철, 「한국의 시가와 신화에 있어서의 '님' 연구―김소월 시의 '님'에 대한 통시적 구명」, 제주대 석사논문, 1988.

노두영, 『소월시 전집』, 성공출판사, 1979.

노문천, 「진달래와 눈물의 시대는 가다」, 『신문예』, 1959.8.

노윤환, 「김소월 시의 전통성에 관한 연구」, 한국교원대 석사논문, 1993.

노재찬, 「소월의 시와 전통의식」, 『사대 논문집』, 부산대 사범대, 1975.12.

노창선, 「소월시 연구」, 경희대 석사논문, 1981.

노창수, 「소월시에서 한에 이르는 시의식의 변화」, 『인문과학연구』, 조선대, 1989.2.

데이비드 머켄, 「그 꽃을 밟으며―김소월 연구 공동 토의」, 『심상』, 1974.9.

도경숙, 「시 교육에 있어서 원전 확정 문제―김소월의 「진달래꽃」을 중심으로」, 동국대 석사논문, 2002.

도종환, 『선생님과 함께 읽는 김소월』, 실천문학사, 2001.

류진현, 「김소월 시의 시각화 표현 연구」, 이화여대 석사논문, 1995.

리동수, 「향토애를 구가한 민요풍의 시가와 김소월의 시」, 『북한의 사실주의 문학 연구』, 살림터, 1992.

리산해, 「김소월과 그의 시」, 『아리랑』, 민족출판사, 1980.

마광수, 「소월시의 「시혼」에 관하여」, 『김소월연구』, 새문사, 1982.

문덕수, 「리리시즘의 발견―김소월론」, 『문학춘추』, 1964.11.

______, 「김소월 문학론」, 『사상계』, 1968.5.

______, 「현대시인의 연구―김소월론」, 『예술원논문집』, 1968.8.

______, 「소월시에 있어서의 "임·자연·향수"」, 『한국현대시연구』, 민중서관, 1977.

______, 「김소월의 「산유화」」, 『시문학』, 1981.9.

______, 「소월의 서정시에 나타난 자연관」, 『김소월연구』, 새문사, 1982.

문병란, 「김소월의 시어 분석」, 『사대 논문집』, 조선대, 1971.

문혜원, 「지지고 볶는 생활 속의 사랑―김소월 탄생 100주년 기념 특집」, 『현대문학』, 2002.8.

민정기, 「소월시에 나타난 한의 연구」, 원광대 석사논문, 1984.

민현기, 「김소월의 소설」, 『정병욱 환갑 기념논집』, 신구문화사, 1984.

박갑수, 「감각적 詩語考―소월·영랑·석정·광균을 중심으로」, 『논문집』, 서울대, 1969.12.

박강수, 「「시혼」에 나타난 김소월의 시학」, 『정신문화연구』, 1985년 가을호.

박건명, 「20년대시에 나타난 시간과 공간표상 연구―소월·만해·고월을 중심으로」,

건국대 석사논문, 1988.

박건용, 「김소월의 시 「왕십리」의 분석—상호텍스트성 이론 적용의 한 시도」, 『한국학보』, 일지사, 2001년 겨울호.

박경수, 「「시혼」에 나타난 김소월의 시학」, 『한국 근대문학의 정신사론』, 삼지원, 1993.

_____, 「김소월 시와 천기론」, 『시와시학』, 2002년 가을호.

_____, 『한국근대 민요시 연구』, 한국문화사, 1988.

박금미, 「소월시론—한을 중심으로」, 『국어국문학』, 공주사대, 1984.

박노빈, 「김소월 시연구—전통성과 반복을 중심으로」, 경기대 석사논문, 1995.

박두진, 「김소월의 시」, 『한국현대시론』, 일조각, 1970.

박목월, 「철이른 진달래꽃」, 『한국의 인간상』, 신구문화사, 1965.

박 민, 『님의 노래』, 무등출판사, 1968.

박민수, 「소월시의 존재양식 고찰」, 『국어국문학』, 국어국문학회, 1983.12.

박봉우, 「소월의 시와 생애」, 『여원』, 1958.11.

_____, 『흘러간 사랑의 시인상』, 백문사, 1962.

_____, 「김소월과 진달래꽃」, 『한양』, 1963.12.

박상천, 「김소월의 시론 연구」, 『한국 근대시의 비평적 성찰』, 국학자료원, 1990.

박영사 편집부, 『소월시 전집』, 박영사, 1974.

박이문, 「에로스의 절규」, 『사상계』, 1966.8.

박종화, 「문단의 일년을 추억하야」, 『개벽』, 1923.1.

박종희, 「소월론」, 『원광문화』, 원광대, 1967.7.

박지윤, 「천명과 소월의 문체」, 『논문집』, 부산시교육발전위원회, 1963.10.

박진환, 「김소월 시연구」, 국민대 석사논문, 1982.2.

_____, 「정신분석학적으로 본 김소월」, 『현대시학』, 1982.9~11.

_____, 「소월시의 자연 변증법」, 『시문학』, 1983.12.

_____, 「소월시와 이상시의 비교 연구」, 『현대시학』, 1983.12.

_____, 「소월시의 地平과 垂直」, 『문학예술』, 1990.9.

_____, 「김소월 시의 공간구조와 '길', '산'의 의미구조」, 『한국어문교육』, 한국교원대, 1990.10.

_____, 「김소월시에 있어서의 새의 이미지」, 『시와 시평』, 1989.4.

박철석, 「김소월론」, 『현대시학』, 1981.8.

_____, 「한국시와 이별의 의미—만해·소월·상화·영랑의 경우」, 『시문학』, 1980.4.

_____, 「한국 낭만주의 시연구」, 세종대 박사논문, 1987.

박철희, 「한국 근대시와 자기인식—김소월과 한용운의 경우」, 『현대문학』, 1977.7.

_____, 「김소월 시 작품의 정체」, 『김소월연구』, 새문사, 1982.

______, 「김소월론」, 『서정과 인식』, 이우출판사, 1982.

박춘우, 「고전 이별시가와 현대시의 비교 고찰」, 『우리말글』, 2000.12.

박충록, 「김소월의 시문학」, 『한국민중문학사』, 열사람, 1988.

박항식, 「산유화」, 『원광문화』, 원광대, 1965.4.

______, 「한국현대시인과 그 대표작에 대한 연구」, 『논문집』, 원광대, 1967.12.

______, 「신시 60년 그 산맥을 따라」, 『중앙일보』, 1968.3.5.

박혜숙, 「김소월과 정지용의 전통시 실험에 대한 연구」, 『논문집』, 대유공업전문대, 1989.

______, 「현대 한국 민요시의 전개양상 연구」, 건국대 박사논문, 1987.

______, 「소월시와 목월시의 비교 연구」, 『논문집』, 동국대, 1985.2.

______, 「김소월 시의 형태 변화와 내용 변이와의 관계」, 『어문학』, 건국대, 1995.

박호영, 「소월시의 위상」, 『김소월 연구』, 새문사, 1982.

______, 『한국 시문학의 비평적 탐구』, 삼지원, 1985.

박화목, 『소월시 감상』, 홍신문화사, 1980.

방인태, 「김소월 시의 연구」, 『국제어문』, 국제대, 1983.

변은정, 「김소월 시 연구─사계절의 이미지를 중심으로」, 목포대 석사논문, 2002.

배철호, 「김소월 시의 현실인식 연구」, 단국대 석사논문, 1993.

백 석, 「소월에 대해」, 『조선일보』, 1939.5.1.

백순재, 「소월시의 문학적 특성과 서지 해설」, 『완본 소월시집』, 정음사, 1973.

백순재·하동호, 『못잊을 그 사람』, 양서각, 1966.

백승철, 「한의 시학─김소월 연구」, 『심상』, 1974.10.

백 철, 「김소월의 신문학사적 위치」, 『문학예술』, 1955.12.

______, 「소월의 신시사적 위치」, 『김소월연구』, 새문사, 1982.

______, 『닭소리』, 신구문화사, 1959.

백한룡, 「소월시의 언어 표현미」, 『청구문학』, 청구대, 1958.11.

삼중당 편집부, 『진달래꽃』, 삼중당, 1975.

서문문고 편집부, 『소월시집』, 서문문고, 1972.

서승옥, 「새 자료로 본 두 시인의 생애─김소월편」, 『문학사상』, 1973.5.

서안나, 「소월시와 지용시의 대비연구─화자를 중심으로」, 제주대 석사논문, 1991.

서우석, 「김소월 : 전통운율의 효과시와 리듬」, 『시와 리듬』, 문학과지성사, 1981.

서정범, 「저승세계와 이승세계의 넘나듦─김소월의 「산유화」」, 『시와시학』, 1991년 봄호

서정출판사 편집부, 『소월시집』, 서정출판사, 1971.

서정주, 「조선에 있어서의 상징─소월시의 「초혼」을 중심으로」, 『신천지』, 1947.1.

______, 「김소월 시론─근대시인론 2」, 『해동공론』, 1947.4.

______, 「소월시에 있어서의 정한의 처리」, 『현대문학』, 1959.6.

______, 「소월의 자연과 유계와 종교」, 『신태양』, 1959.5.

______, 「김소월의 시에 나타난 사랑의 의미」, 『예술논문집』, 예술원, 1963.

______, 「소월에 있어서의 肉親, 朋友, 隣人, 스승의 의미」, 『현대문학』, 1960.12.

______, 『한국 현대시인 연구논문집』 4~5, 예술원, 1965~66.

______, 『한국의 현대시』, 일지사, 1969.

______, 「김소월과 그의 시」, 『서정주 문학전집』 2, 일지사, 1972.

______, 「김소월 父子」, 『월간중앙』, 1971.11.

서정희, 「소월과 그 문학」, 『국어국문학』, 국어국문학회, 1955.10.

석숙희, 「김소월·한용운 시의 비교연구」, 충북대 석사논문, 1982.

석정자, 「김소월 시에 의한 한국가곡의 유형적 고찰」, 계명대 석사논문, 1978.

성기옥, 「소월시의 율격적 위상」, 『관악어문연구』, 서울대 국어국문학회, 1977.

______, 「김소월의 「초혼」—고복의식의 문화적 재현과 임의 확산적 지평」, 『한국현대시 작품론』, 문장, 1981.

______, 『한국 시가율격의 이론』, 새문사, 1986.

성기조, 「소월의 산유화에 관하여」, 『교수논총』, 한국교원대, 1986.

성락희, 「김소월론」, 『청파문학』, 숙명여대, 1967.4.

성문사 편집부, 『못잊어』, 성문사, 1963.

성영식, 「소월시의 색채어에 관한 고찰」, 『국어과교육』, 부산교대, 1973.2.

손종분, 「김소월 시의 언어미학적 특성—기호학적 방법을 중심으로」, 『인천어문학』, 인천대, 1991.2.

손진은, 「시 「왕십리」의 상호텍스트성 연구—김소월, 박목월, 김종삼의 시를 중심으로」, 『어문학』, 한국어문학회, 2002.6.

송명희, 「소월시의 반성」, 『세계의 문학』, 1979년 겨울호.

______, 「소월시의 운율과 의미」, 『김소월연구』, 새문사, 1982.

송문원, 「소월시의 항일의식에 대한 고찰」, 『문리대 학보』, 중앙대, 1981.

송 욱, 「현대시의 반성—정형시, 자유시, 산문시」, 『문학예술』, 1957.3.

______, 「기분의 시학과 뉘앙스의 시학」, 『문화비평』, 1969.4.

______, 「소월의 시론에 대한 비평」, 『시학평전』, 일조각, 1969.

송재일, 「소월시의 혼에 대한 고찰」, 『국어국문학』, 국어국문학회, 1988.6.

송하선, 『한국현대시 이해』, 금화출판사, 1981.

송효섭, 「「진달래꽃」의 기호학과 恨의 소재론」, 『한국문학과 구조주의』, 문학과비평사, 1988.

송희복, 「소월시의 주제론적 연구」, 동국대 석사논문, 1988.

______, 「시적 부사어의 탈선」, 『청파 서남춘교수 정년퇴임기념논총』, 경운출판사, 1990.

______, 「텍스트 비판의 세 가지 의미—소월시를 중심으로」, 『현대시학』, 1993.10.

______, 「김소월 시의 주제론적 연구—사회적인 질감을 중심으로」, 『동악어문논집』, 동국대, 1988.12.

______, 『김소월 연구』, 태학사, 1994.

______, 「북한에서 김소월은 어떻게 보아 왔나」, 『시와시학』, 2002년 봄호.

______, 「한국 현대시인론」, 『두류국어교육』, 두류국어교육학회, 2001

신규호, 「김소월론—그의 회한의식을 중심으로」, 『비평문학』, 한국비평문학회, 1989.8.

신달자, 「소월과 만해시의 여성지향 연구」, 숙명여대 박사논문, 1991.

신동욱, 「김소월의 시에 있어서의 자아와 현실관계 연구」, 『예술논문집』, 1979.11.

______, 『김소월—작가론 총서』 7, 문학과지성사, 1981.

______, 『우리시의 역사적 연구』, 새문사, 1981.

______, 「「초혼」의 상징적 의미」, 『김소월 연구』, 새문사, 1982.

______, 「김소월의 시에 관한 연구」, 『인문과학』, 연세대, 1990.6.

______, 「김소월론」, 『현대문학작가론—나손선생 추모논총』, 현대문학사, 1991.

신림출판사 편집부, 『못잊어』, 신림출판사, 1980.

신명경, 「일제강점기 로만주의 문학론 연구」, 동아대 박사논문, 1999.

신범순, 「소월시의 서정적 주체에 대한 연구」, 서울대 석사논문, 1985.

______, 「소월의 「시혼」과 서정적 주체」, 『한국현대시사의 매듭과 혼』, 민지사, 1993.

______, 「김소월의 「시혼」과 소월시문학상의 흐름」, 『문학사상』, 1995.10.

______, 「현대시에서 전통적 정신의 존재형식과 그 의미—김소월과 백석을 중심으로」, 『국어교육』, 국어교육연구회, 1998.2.

신상철, 『현대시와 님의 연구』, 시문학사, 1983.

신석초, 「소박한 서민정신」, 『신문예』, 1959.8.

신선규, 「유수와 관조—김소월과 김광섭에 대하여」, 『자유문학』, 1958. 10.

신용협, 「현대 한국시의 시정신 연구—소월·만해·석정·청마시를 중심으로」, 고려대 박사논문, 1989.

______, 「김소월의 시정신 연구」, 『어문연구』, 어문연구회, 1987.12.

신일철, 「소월시의 思想隨感—체념에 대한 片考」, 『한국사상』, 한국사상연구회, 1963.8.

신주철, 「김소월의 「초혼」 소고—초혼 의례자의 내면 의식과 관련하여」, 『어문논총』, 한국외대, 1997.12.

신지연, 「김소월과 모더니티—김소월 탄생 100주년 기념 특집」, 『현대문학』, 2002.8.

신지화, 「소월 시를 가사로 한 나운영, 하대응의 가곡 비교 분석」, 이화여대 석사논문, 1986.

신현락, 「김소월 시에 나타난 자연의 양상」, 『한국어문교육』, 한국교원대, 1997.9.

심명호, 「소월재고」, 『한국학보』, 1981년 가을호.

심선옥, 「김소월 시의 근대적 성격 연구」, 성균관대 박사논문, 2000.

심재옥, 「한국현대시인의 자연관」, 『한국어연구』, 이화여대, 1970.2.

심정구, 「한국현대시의 Poetic Diction考―시사정리를 통한 어휘분석 시론」, 『문호』, 건국대, 1969.5.

심종언, 「소월시의 정과 한―진달래꽃을 중심으로」, 『새전남』, 1973.7.

안란연, 「소월의 임의 문제」, 『국어국문학연구』, 이화여대, 1961.2.

安部和美, 「김소월시와 석천탁목단가의 대비고찰―율조와 의미를 중심으로」, 『논문집』, 한국외대, 1996.6.

양겸규, 「소월시의 고찰」, 『국어국문학』, 국어국문학회, 1966.

양영길, 「「님의 침묵」과 「진달래꽃」의 시간 구조의 비교 연구」, 『백록어문』, 제주대, 1992.9.

양영신, 「소월시에 나타난 불안의 심리」, 연세대 석사논문, 1986.

엄국현, 「한국시의 리듬을 어떻게 읽을 것인가―한국시의 작시법을 찾아서」, 『문창어문논집』, 문창어문학회, 2000.

엄호석, 『김소월론』, 조선작가동맹, 1958.

염창권, 「한국 현대시의 공간구조와 교육적 적용 방안 연구」, 한국교원대 박사논문, 1994.

오규원, 「주요 소월시집의 誤記 異記 비교분석」, 『김소월 전집』, 문장, 1981.

오세영, 「역설의 시어」, 『인문과학논문집』, 충남대, 1974.

______, 「한의 논리와 그 역설적 의미―「진달래꽃」과 「초혼」을 중심으로」, 『문학사상』, 1976.12.

______, 「김소월의 「진달내꽃」―한과 역설의 의미」, 『한국현대시 평설』, 문학세계사, 1983.

______, 「한국현대시의 두 세계―이상과 김소월의 이미지 비교」, 『한국언어문학』, 한국언어문학회, 1975.11.

______, 「식민지상황과 불연속적 삶」, 『세계의 문학』, 1979년 가을호.

______, 「'저만치'의 역설적 거리―소월에 있어서의 자연」, 『시문학』, 1979.9.

______, 「소월 김정식연구」, 『한국낭만주의 시연구』, 일지사, 1980.

______, 『김소월 평전―꿈으로 오는 한사람』, 문학세계사, 1981.

______, 「꿈과 현실」, 『문학사상』, 1985.7.

______, 「한과 허무주의를 통한 식민지 정서 淨化」, 『출판저널』, 1993.4.30.

______, 『김소월, 그 삶과 문학』, 서울대 출판부, 2000.

오용기, 「한국 현대시의 한에 대한 연구―김소월·서정주·박재삼의 시를 중심으로」, 우석대 박사논문, 2001.

오장환, 「조선에 있어서의 상징―소월시의 「초혼」을 중심으로」, 『신천지』, 1947.1.

______, 「소월시의 특성」, 『조선춘추』, 1947.12.

______, 「자아의 형벌」, 『신천지』, 1948.1.
오 준, 「한국 현대시에 나타난 물의 양상—김소월, 서정주, 박목월의 시를 중심으로」, 중앙대 석사논문, 1991.
오탁번, 「한국 현대시사의 대립적 구조—소월시와 지용시의 시사적 의의」, 고려대 박사논문, 1983.2.
오하근, 「김소월 시의 상징성 연구」, 전남대 박사논문, 1989.
______, 「소월시의 언어와 어법」, 『하남 천이두선생 화갑기념논총』, 하남 천이두선생 화갑기념논총간행위원회, 1989.10.
______, 「김소월 시어의 다의성」, 『국문학의 사적 조명』, 자산 이상비박사 화갑기념간행위원회, 1992.
______, 「시작품 해석의 오류—김소월의 「금잔듸」의 경우」, 『한국언어문학』, 한국언어문학회, 1999.5.
______, 『김소월 시어법 연구』, 집문당, 1995.
______, 『정본 김소월전집』, 집문당, 1995.
______, 『원본 김소월전집』, 집문당, 1995.
______, 「재생과 만남의 불과 풀과 나무」, 『한국 현대시 해석의 오류』, 집문당, 2003.
______, 「편저(編著)의 독창성과 도덕성—김용직 편저 『김소월전집』의 경우」, 『문학평론』, 1998년 가을호.
오행자, 『물망초』, 대한출판사, 1971.
오현명, 「김소월시 하대응 작곡 「못잊어」—한국 가곡의 연주와 해석」, 『월간음악』, 1984.3.
Wayne, Peter de Fremery, 「김소월의 「시혼」—영혼과 시의 언어」, 서울대 석사논문, 2002.
왕문사 편집부, 『님의노래』, 왕문사, 1974.
왕해륜, 「한국의 근대시인 김소월과 중국의 근대시인 서지마에 대한 비교연구」, 경희대 석사논문, 1974.12.
원명수, 『김소월 시선집』, 계명대 출판부, 1997.
원형갑, 「소월과 시의 서정성」, 『현대문학』, 1960.12.
유경화, 「김소월 시 연구」, 원광대 석사논문, 2001.
유근조, 「소월시의 상상작용考」, 『현대문학』, 1980.12
______, 「소월과 만해 시의 대비연구—전통적 맥락을 중심으로」, 단국대 박사논문, 1984.2.
유미애, 「김소월 시 연구—자연과 현실인식을 중심으로」, 명지대 석사논문, 1999.
유성호, 「한국 근대시의 초창기와 난숙기를 대표하는 시세계」, 『문학사상』, 2002.7.
유재천, 「님·고향·민족의 변증법—김소월론」, 『현대문학』, 1989.9.
______, 「소월시의 님의 실체에 대한 재론」, 『현대시세계』, 1988년 겨울호.
유종호, 「한국의 페세틱스—소월론」, 『현대문학』, 1960.12.

______, 「임과 집과 길—소월의 시세계」, 『세계의 문학』, 1977년 봄호.

______, 「옷과 밥과 자유—김소월 탄생 100주년 기념 특집」, 『현대문학』, 2002.8.

유지현, 「'집'의 공간 시학과 1920~30년대 시인들의 상실의식 고찰」, 『논문집』, 한경대, 1999.

유창근, 「소월시의 원형 심상연구」, 명지대 석사논문, 1983.

______, 「소월시의 외래요소考」, 『열므나 이응호박사 회갑기념논문집』, 한샘, 1987.

______, 「소월시의 페미니즘 연구」, 명지대 박사논문, 1988.12.

______, 「「시혼」과 '음영'의 소월시론」, 『어문논집』, 동의대, 1991.2.

______, 「소월시의 서정성」, 『장르』, 1990.2.

______, 「김소월의 시세계」, 『동지』, 1993.

유치환, 「소월과 춘성—소월의 시를 말한다」, 『신문예』, 1959.8.

윤병로, 「혈관에서 솟구친 순수시—소월론」, 『현대문학』, 1960.12.

윤석산, 「소월시와 지용시의 대비적 연구」, 『한국현대시 탐구』 1, 민족문화사, 1983.

______, 「소월의 현실의식」, 『한국학논집』, 한양대 한국학연구소, 1985.

______, 「소월의 리듬의식」, 『논문집』, 제주대, 1988.7.

______, 「소월시 연구—화자를 중심으로」, 한양대 박사논문, 1990.2.

______, 『소월시 연구』, 태학사, 1992.

______, 「소월시의 화자 연구」, 『한국학논집』, 한양대, 1990.2.

윤수하, 「소월시에 나타난 애증에 대한 연구」, 『한국언어문학』, 한국언어문학회, 2000.5.

윤숙영, 『못잊어』, 무등출판사, 1970.

윤여탁, 「시적 화자와 시교육—김소월의 시를 중심으로」, 『소라 허형석 화갑기념논문집』, 태학사, 1996.

윤영천, 「1920년대 시의 현실인식」, 서울대 석사논문, 1980.

______, 「소월시의 현실인식」, 『한국근대문학사론』, 한길사, 1982.

윤정룡, 「소월시의 전개과정연구」, 서울대 석사논문, 1983.8.

윤재근, 「소월의 의식과 그 오류」, 『심상』, 1974.10.

윤재웅, 「김소월시의 화자연구」, 동국대 석사논문, 1987.

윤정섭, 「김소월론」, 『이화』, 이화여대, 1956.5.

윤주은, 「김소월시의 개작에 관한 연구」, 계명대 석사논문, 1976.

______, 「김소월 율격의식의 변모과정 고찰」, 『김소월시 전집』, 문화출판사, 1979.

______, 『김소월시 원본연구』, 학문사, 1984.

______, 『밧고랑 우헤서』, 교문사, 1986.

______, 「김소월시의 원문 비평적 연구」, 효성여대 박사논문, 1990.8.

______, 『김소월시의 어휘와 그 활용구조』, 학문사, 1991.

______, 『소월의 이름을 부르노라』, 태성출판사, 1994.

______, 『시혼과 음영』, 울산대학교 출판부, 1998.

윤태수, 「소월시 연구」, 『자하논문집』, 상명여대, 1987.

윤호병, 「김소월 시 「먼 후일」에 반영된 메테를링크 시의 영향」, 『비교문학』, 1997.12.

______, 「시인의 영혼의 밀실과 방법적 갈등—김소월 시에 나타난 미결정의 변증법」, 『국어국문학』, 국어국문학회, 1991.12.

은금련, 「김소월의 리리시즘이 한국현대시에 미친 영향」, 『논문집』, 전주교대, 1986.

을유문화사 편집부, 『소월시 문선』, 을유문화사, 1971.

이가원, 「「산유화」 고찰—「산유화」 연구의 일착」, 『아세아연구』, 고려대, 1965.7.

이건식, 「김소월 시의 현실인식 연구」, 상지대 석사논문, 1995.

이경교, 「맺힘과 풀림의 미학—김소월의 「초혼」을 무속적 입장으로」, 『목멱어문』, 동국대, 1991.3.

이경렬, 「소월시에 나타난 자연」, 경북대 석사논문, 1985.

이경수, 「시에 있어서의 정보의 효용과 한계」, 『세계의 문학』, 1977년 봄호.

이광호, 「개작과정에 나타난 소월시의 문법과 율격」, 『문학과 언어의 만남』, 신구문화사, 1996.

이규호, 「소월의 한시번역考」, 『한국현대시사연구』, 일지사, 1983.

______, 「소월의 한시 번역과정」, 『한국시가의 재조명』, 형설출판사, 1984.

이기문, 「소월시의 언어에 대하여」, 『백영 정병욱 선생 환갑기념 논총 1—국어학연구』, 신구문화사, 1983.

이기준, 「체념과 저항의 시학—김소월 재론」, 『신동아』, 1977.2.

이남호, 「교과서에 실린 문학작품을 어떻게 가르칠 것인가」, 『현대문학』, 1999.7.

이동주, 「實名小說 김소월」, 『현대문학』, 1967.5.

이명재, 「소월 김정식 新考」, 『어문논집』, 중앙대, 1976.

______, 「김소월 재론—체념과 저항의 시학」, 『우리문학연구』, 1978.

______, 「「진달래꽃」의 짜임」, 『김소월 연구』, 새문사, 1982.

______, 「소월시의 분석연구—진달래꽃의 짜임과 의미」, 『김춘수교수 화갑기념 현대시논총』, 논문간행위원회, 1982.

______, 「소월시의 심층과 시대인식」, 『식민지시대의 시인연구』, 시인사, 1985.

이몽희, 「한국근대시와 무속적 구조—김소월·이상화·이육사·서정주를 중심으로」, 동아대 박사논문, 1988.

______, 「1920년대의 한국시에서 살펴 본 무속의 잔영—소월시집 『진달래꽃』을 중심으로」, 『논문집』, 부산경산전문대, 1986.12.

이문걸, 「한국현대시 형태논고」, 『논문집』, 부산대, 1970.3.

______, 「한국 현대시와 공간의 해석」, 『어문논집』, 동의대, 1970.

______, 「현대시에 나타난 자연 심상어의 변용적 의미」, 『새얼어문논집』, 새얼어문학회, 2000.

이병문, 「김소월 시연구」, 『논문집』, 광주보전, 1993.8.

이병헌, 「김소월의 시세계」, 『어문논집』, 고려대, 1987.12.

이봉신, 「김소월과 이상의 수용미학적 연구」, 건국대 박사논문, 1989.

이상문, 「소월시 2편 北서 발굴」, 『경향신문』, 1991.4.9.

이상섭, 「절대적 심상」, 『말과 질서』, 민음사, 1976.

이선영, 『김소월과 이상화』, 뿌리깊은 나무, 1978.8.

이성교, 「김소월시에 나타난 향토색 연구」, 『김소월 연구』, 새문사, 1982.

______, 「김소월론」, 『현대시의 모색』, 맥밀란, 1982.

이 순, 「김소월의 연구시론」, 『연세어문학』, 연세대, 1982.

이숭원, 「소월시에서의 자연과 인간」, 『관악어문』, 서울대, 1984.

______, 「소월시와 만해시의 자연표상」, 『근대시의 내면구조』, 새문사, 1988.

______, 「김소월 시와 진짜 서정시」, 『현대시』, 1995.6.

______, 「작품의 본 의미와 멀리 떨어진 해석―김소월 시 연구의 문제점」, 『문학사상』, 1996.11.

이승훈, 「소월시의 시간분석」, 『문학과 시간』, 이우출판사, 1983.

______, 「「진달래 꽃」의 구조분석」, 『문학사상』, 1985.7.

______, 「김소월의 대표시 20편은 무엇인가」, 『문학사상』, 1985.7.

______, 「김소월의 「진달래꽃」 분석」, 『한국문학과 구조주의』, 문학과비평사, 1988.

______, 「김소월의 시론」, 『한국현대시론사』, 고려원, 1993.

______, 「산유화에 나타난 '저만치'의 의미―김소월 탄생 100주년 기념 특집」, 『현대문학』, 2002.8.

이시연, 「김소월 시교육 방법론 연구」, 건국대 석사논문, 2001.

이양하, 「소월의 진달래와 예이츠의 꿈」, 『이양하교수 추념문집』, 민중서관, 1964.

이어령, 「고독한 오솔길―소월의 시를 말한다」, 『신문예』, 1959.8.

______, 「김소월」, 『한국현대작가 전기연구』 상, 동화출판공사, 1975.

이영걸, 「소월과 예이츠」, 『논문집』, 한국외대, 1992.6.

______, 「안서, 소월, 타고르의 시」, 『외국문학연구』, 한국외대 외국문학연구소, 1998.2.

이영길, 「소월시의 어조연구」, 고려대 석사논문, 1983.

이영광, 「김소월의 수미 상관과 전통의 창조적 계승」, 『어문논집』, 고려대, 1997.9.

이영섭, 「김소월시 연구」, 연세대 박사논문, 1988.

이영지, 「소월시에 있어서의 긴장관계」, 『명지어문학』, 명지대, 1990.6.

이영춘, 「김소월 시에 반영된 무속성 연구」, 경희대 석사논문, 1988.

이영희, 「한국시 전통의 현대적 변용」, 『어문집』, 경희대, 1986.
______, 「한국 현대시에 나타난 삶의 인식방법 연구-한용운·김소월·서정주의
　　　　시를 중심으로」, 경희대 박사논문, 1987.
이원섭, 『이밤의 밀어-소월시의 향기』, 현암사, 1966.
______, 『소월시 감상』, 현암사, 1973.
이옥련, 「소월시의 詩語考」, 『논문집』, 숙명여대, 1985.
______, 「소월시에 나타난 민속신앙-시속에 나타난 닭소리를 중심으로」, 『숙대학
　　　　보』, 숙명여대, 1988.2.
이용훈, 「한국시와 자연」, 『선청어문』, 서울대, 2001.9.
이우영, 「사랑받는 詩-'사랑받는 시'의 주제와 문법」, 『장르』, 1989.5~6.
이유식, 「김소월시 연구-공간구조를 중심으로」, 성균관대 박사논문, 1990.
______, 「시공간에 있어서 단절양상-김소월시의 공간구조 연구」, 『어문학』, 명지
　　　　대, 1990.6.
이은숙, 「김소월시에서 본 고려가요와의 맥락연구」, 효성여대 석사논문, 1982.
이인복, 「한국문학에 나타난 죽음의식연구-소월과 만해의 대비연구를 중심으로
　　　　하여」, 숙명여대 박사논문, 1978.
______, 『죽음의식을 통해본 소월과 만해』, 숙명여대 출판부, 1979.
이인섭, 「김소월과 김광균의 작품에 대한 문체론적 고찰」, 서울대 석사논문, 1967.
______, 「소월과 김광균시의 문체연구」, 『월간문학』, 1976.8.
이정강, 「김소월의 시에 나타난 꿈과 사랑과 불의 세계」, 이화여대 석사논문, 1966.
______, 「소월과 만해의 시에 나타난 내면적 공간세계 비교」, 『연구논문집』, 덕성여
　　　　대, 1973.
이정기, 「소월시는 형이상학적이 아니다-김용직씨의 「형이상학론」에 대한 반론」,
　　　　『중앙일보』, 1971.10.20.
이정미, 「소월과 만해시의 자연형상화 연구」, 연세대 석사논문, 1989.
이주미, 「김소월 시의 문체 연구」, 조선대 석사논문, 1999.
이준상, 「김소월 시의 미적 특성 연구-자연 이미지를 중심으로」, 연세대 석사논문, 1997.
이찬희, 「김소월 시 연구」, 충북대 석사논문, 1999.
이　탄, 「민요시와 「먼동틀제」」, 『현대시학』, 1992.5.
______, 「소월·만해의 그릇」, 『현대시학』, 1992.1.
이필영, 「김소월의 「산유화」에 관하여」, 『문학과 언어의 만남』, 신구문화사, 1996
이해령, 「영원한 정한-김소월의 「꽃」」, 『현대시학』, 1974.5.
이해산, 「김소월의 唐詩韓譯을 논함」, 『어문학연구』, 목원대, 1996.4.
이혜원, 「현대시 교육을 위한 제언-운율 지도를 중심으로」, 『한국어문교육』, 고려

대, 1994.12.

______, 「한용운·김소월 시의 비유구조와 욕망의 존재방식」, 고려대 박사논문, 1996.

이희중, 「김소월의 시 창작방법 연구―어법·구성·배경을 중심으로」, 고려대 박사
　　　논문, 1994.

______, 「김소월 시의 율격 연구―7·5조 정형 음수율 실험을 중심으로」, 『교육논
　　　집』, 전주대, 1998.2.

______, 「죽음, 경계 또는 관문―김소월 탄생 100주년 기념 특집」, 『현대문학』, 2002.8.

이형기, 「하나가 된 수주와 소월」, 『현대춘추』, 1964.7.

______, 「20년대 서정의 결정―만해, 소월, 상화」, 『심상』, 1974.4.

―記者, 「고 김소월씨 유고」, 『신동아』, 1935.2.

인태성, 「신시 60년 그 산맥을 따라」, 『중앙일보』, 1968.3.5.

일신서적 편집부, 『못잊어』, 일신서적, 1970.

일종각 편집부, 『진달래꽃』, 일종각, 1980.

임문혁, 「한국 현대시의 전통 연구―설화의 수용을 중심으로」, 한국교원대 박사논
　　　문, 1993.

임영춘, 「향수에의 길―미완의 소월을 논함」, 『국어문학』, 전북대, 1956.3.

임영환, 「김소월시 연구―한과 진달래꽃의 이미지를 중심으로」, 『연구종합지―학
　　　술·학위연구보고』, 육군사관학교, 1986.

임종찬, 「소월시의 구조적 접근」, 『새결 박태권선생 회갑기념논총』, 논문간행위원
　　　회, 1985.

임헌영, 「보수와 전통―소월의 「진달래꽃」을 중심으로」, 『현대문학』, 1967.5.

임홍균, 「김소월 연구」, 중앙대 석사논문, 1985.

장도준, 「유기체론과 영혼주의―김억과 김소월의 '시혼'의 거리」, 『한국말글학』, 2004.

장만영, 「소월시를 빛낸 안서 김억 선생」, 『신동아』, 1971.5.

장성중, 「소월의 숨소리가 들린다―나는 이렇게 본다」, 『문예중앙』, 1978년 봄호.

장영우, 「소월시의 계보학―한국시의 계보, 김소월 편」, 『현대시』, 2000.9.

장윤익, 「소월의 시에 나타난 한의 심리」, 『문학이론의 현장』, 문학예술사, 1980.

장　의, 「소월시의 전통적 정서」, 『국어국문학』, 공주사대, 1985.

장　호, 「소월시와 엠마뉘엘 시뇨레―「초혼」과 「사랑의 노래」를 중심으로」, 『현대
　　　문학』, 1979.3.

전규태, 「詩의 이미지 贅論」, 『국어문학』, 전북대, 1985.8.

전광용, 「소월과 그의 소설―단편 「함박눈」」, 『지성』, 을유문화사, 1958.12.

______, 「소월과 소설」, 『김소월 연구』, 새문사, 1982.

전도현, 「소월시의 전통성과 창조성에 대한 일고찰―전통적 소재의 인유 방식을 중

심으로」, 『시와시학』, 2002년 가을호.

전봉건, 『시와 인생의 뒤안길에서』, 중앙사, 1965.

_____, 『초혼』, 자유문학사, 1988

전봉관, 「1920년대 한국 낭만주의 시의 미적 특성에 관한 연구―이상화·김소월을 중심으로」, 서울대 석사논문, 1996.

전장춘, 『초혼』, 자유문학사, 1988.

전재수, 「개편 고등국어교과서의 현대시 해설―고등 국어교과서의 현대시·시조학습을 위하여」, 『시문학』, 1975.7.

전정구, 「소월시의 언어예술적 특성」, 『정산정익섭박사 정년기념논문집』, 논문집간행위원회, 1989.2.

_____, 「소월시의 의미구조」, 『하남천이두선생 화갑기념논총』, 논총간행위원회, 1989.10.

_____, 「소월의 『진달래꽃』에 관하여」, 『한국언어문학』, 한국언어문학회, 1983.12.

_____, 「김소월시의 언어시학적 특성 연구―개작과정을 중심으로」, 전남대 박사논문, 1990.

_____, 「한국의 낭만주의와 소월시」, 『전북문학』, 1990.10.

_____, 「『진달내꽃』 교열 원칙과 그 실제」, 『현대문학이론연구』, 한국현대문학이론연구회, 1993.6.

_____, 『소월 김정식 전집』 1~3, 한국문화사, 1994.

전정구·김병선, 『소월의 시어와 그 쓰임새』 1~2, 한국문화사, 1994.

전현규, 『세상모르고 살았노라』, 신라출판사, 1990.

정끝별, 「한국 현대시의 패러디 구조 연구」, 이화여대 박사논문, 1996.

_____, 「겨운 봄날의 사랑과 사랑의 그늘, 김소월 탄생 100주년 기념 특집」, 『현대문학』, 2002.8.

정문출판사 편집부, 『사랑』, 정문출판사, 1970.

정비석, 「天衣無縫한 소박성―소월의 시를 말한다」, 『신문예』, 1959.8.

정순진, 「꿈으로 오는 한 사람―소월 시에 나타난 꿈 모티브의 분석」, 『국어국문학』, 충남대, 1991.12.

정연길, 「안서·소월의 민요시와 7·5조」, 『시문학』, 1977.11~12.

정영모, 「한국시에 있어서의 전통과 현대―시사를 위한 도표의 모색」, 중앙대 석사논문, 1964.

정   우, 「시인 소월의 재발견―觀叔母의 수기를 통해본 그의 생애」, 『조선일보』, 1965.9.26, 10.3, 10.10.

_____, 『해가 산마루에 저물어도』, 정음사, 1980.

정은임, 「소월시의 민요적 특질」, 고려대 석사논문, 1981.

정음사 편집부, 『정본 소월시집』, 정음사, 1962.

정익섭, 「소월시의 음영과 전통성」, 『국어국문학』, 국어국문학회, 1959.11.

______, 「김소월론—그의 「시혼」을 중심으로」, 『국문학보』, 전남대, 1958.10.

정정교, 「소월과 백석 시의 향토성 비교 연구」, 전남대 석사논문, 1992.2.

정창범, 「배제의 서정」, 『심상』, 1974.10.

정태용, 「민요시인 김소월」, 『현대문학』, 1957.6.

______, 「김소월의 체념적 애수의 세계」, 『현대문학』, 1960.12.

정한모, 「소월시의 이해—소월의 시를 말한다」, 『신문예』, 1959.8.

______, 「근대민요와 두 시인—소월과 안서의 작품론」, 『문학사상』, 1973.5.

______, 「한국현대시 연구의 반성」, 『현대시』 1, 문학세계사, 1983.

______, 「한국시에 있어서 전통이란 무엇인가」, 『심상』, 1976.10.

______, 「소월시의 정착과정연구」, 『성심어문논집』, 1977.8.

______, 「「금잔디」論」, 『김소월 연구』, 새문사, 1982.

______, 『한국현대시 문학사』, 일지사, 1974.

______, 『한국현대시의 정수』, 서울대 출판부, 1979.

정한숙, 「소월 별견—정본 소월시집을 중심으로」, 『동아일보』, 1956.9.28.

정현기, 「'존재함'과 '존재됨'의 시적 변증법—김소월의 「산유화」」, 『시와시학』,
          1991년 봄호.

정현종, 「시의 리듬과 의미」, 『문학사상』, 1973.5.

정홍교·박종원, 『조선문학개관』 I, 인동, 1988.

정효구, 「소월과 이상시의 구조연구—텐션의 측면을 중심으로」, 서울대 석사논문, 1983.

______, 「「산유화」의 구조론적 구조분석」, 『한국문학과 기호학』, 문학과비평사, 1988.

______, 「김소월시의 기호체계 연구」, 서울대 박사논문, 1989.8.

______, 「「招魂」의 구조주의적 분석」, 『한국문학과 구조주의』, 문학과비평사, 1988.

______, 「깊고 다양한 시세계 발전에 기여한 소월시 문학상」, 『문학사상』, 1995.10

______, 「빼앗긴 땅, 꿈꾸는 노동—김소월 탄생 100주년 기념 특집」, 『현대문학』, 2002.8.

정희성, 「김소월시에 투영된 비극적 삶의 인식」, 동국대 석사논문, 1995.2.

조남현, 「개작과정으로 본 소월시의 이막」, 『문학사상』, 1976.12.

______, 「소월시에 나타난 사계절의 의미」, 『김소월 연구』, 새문사, 1982.

______, 「소월시와 시어의 결」, 『문학사상』, 1987.2.

조동구, 「김소월론—시에 나타난 소월의 의식세계 연구」, 연세대 석사논문, 1981.

조동민, 「소월의 7·5조 재고—형태면을 중심으로」, 『문호』, 건국대, 1964.5.

조동일, 「현대시에 나타난 전통적 율격의 전승」, 『아세아 연구』, 1976.

______, 「김소월, 한용운, 이상화의 님」, 『문학과지성』, 1976년 여름호.

______, 『우리 문학과의 만남』, 기린원, 1986.

______, 「김소월시에서 님이 존재하는 시간」, 『김소월 연구』, 새문사, 1982.

______, 『한국시가의 전통과 율격』, 한길사, 1982.

조무주, 「소월시의 압운에 대하여」, 『어문논총』, 청주대, 1975.2.

조병무, 「소월의 시세계」, 『현대시학』, 1972.2.

조병춘, 「김소월의 시세계에 대한 연구」, 명지대 석사논문, 1972.9.

______, 「소월시의 부사어 기능 고찰」, 『국어국문학』, 국어국문학회, 1976.

______, 「김소월시 연구—민요시를 중심으로」, 『현대문학』, 1979.10.

______, 「김정식 시의 민중성」, 『한국현대시사』, 집문당, 1980.

______, 「소월시에 나타난 전통적 서정성 연구」, 『한국문예비평 연구』, 한국문예비
평학회, 1999.6.

조선길, 「소월과 목월시의 자연관 비교 고찰」, 『한성어문학』, 한성대, 1983.

조용훈, 「한국 근대시의 고향상실 모티브 연구—김소월·박세영·정호승·이용악
을 중심으로」, 서강대 박사논문, 1994.

조영암, 『소월의 밀어』, 신태양사, 1959.

조재훈, 「소월시의 불교적 고찰—산유화를 중심으로」, 『충남문학』, 예총충남지부, 1972.7.

______, 「소월시의 형태考」, 『금강문학』, 공주사대, 1972.

조정행, 「소월과 만해 대비연구—님과 죽음 의식을 중심으로」, 동국대 석사논문, 1991.8.

조창환, 「1920년대 시의 구조적 특성에 관한 연구—소월과 만해의 형태구조를 중심
으로」, 서울대 석사논문, 1976.

______, 「소월시의 구조—한국근대시의 전통리듬 계승에 관한 연구」, 『국어국문학』,
국어국문학회, 1984.5.

______, 「한국시의 여성편향적 성격—영랑·소월·만해·미당의 시들을 대상으로」,
『국어문학』, 전북대, 1980.

______, 「김소월시의 운율론적 연구」, 서울대 박사논문, 1986.

______, 『한국현대시의 운율론적 연구』, 일지사, 1986.

조충신, 「김소월과 박목월 시의 대비연구—주로 시간의식을 중심으로」, 중앙대 석
사논문, 1994.

직문사 편집부, 『원본 소월시 감상』, 직문사, 1958.

조형호, 「「초혼」과 「빼앗긴 들에도 봄은 오는가」의 공간미의식연구—하늘과 땅 사
이를 중심으로」, 『어문학』, 계명대, 1990.2.

진영환, 「소월시의 연구」, 『인문사회과학논문집』, 대전공전, 1969.6.

채수영, 「동일성이미지와 시적 교감」, 『비평문학』, 비평문학회, 1991.10.

채영진, 「소월시의 율격과 의미 구조연구」, 경기대 석사논문, 1984.

천이두, 「소월의 멋」, 『현대문학』, 1960.12

______, 「임의 미학」, 『종합에의 의지』, 일지사, 1974.

최동선, 「김소월 연구」, 성균관대 석사논문, 1983.8.

최동호, 「소월시의 내면적 변형과 조율의 의미」, 『어문집』, 고려대, 1976.2.

______, 「서정시의 시적 형상에 관한 의식비평적 이해」, 『월암 박성의박사 환갑기
         념논총』, 논총간행위원회, 1977.9.

______, 「혼의 좁힘과 상승의 시학—소월시의 정신사적 접근」, 『현대문학』, 1979.10.

______, 「김소월시의 무덤과 부서진 혼」, 『김소월 연구』, 새문사, 1982.

______, 「서정시의 자기혁신을 위하여—역대 소월시 문학상 수상시인들」, 『문학사
         상』, 1991.1.

최락경, 『소월시 목판화집』, 열화당, 1989.

최만종, 「김소월 시에 있어서 '장소애'의 현상학적 연구」, 서강대 석사논문, 2001.

최미정, 「소월시 연구—부정과 모색」, 『한국학논집』, 계명대 한국학연구소, 1986.

최상덕, 「소월시 연구—소월시에 나타난 죽음의 의식과 형상화」, 이화여대 석사논
         문, 1981.2.

최석도, 『초혼』, 서문당, 1980.

최성심, 「소월시의 이미지 연구—물과 불의 융합양상을 중심으로」, 동국대 박사논
         문, 1995.2.

최세조, 『못잊어』, 성문사, 1960.

최양혜, 『진달래꽃』, 마당문고사, 1988.

최 윤, 「민족문학으로 본 소월의 위치와 그의 시」, 『성균』 성균관대, 1956.9.

최 오가레트·구효서, 대담 : 「문학방법론이 다른 남과 북—동구권에서도 활발히 연
         구되는 김소월」, 『문학사상』, 1988.8.

최일수, 「소월의 시정신」, 『서울신문』, 1955.7.7.

최정석, 「소월과 만해—그 동질성과 이질성」, 『연구논문집』, 효성여대, 1970.7.

최종금, 「일제하 한국 현대시에 나타난 고향의식」, 『한국어문교육』, 한국교원대, 2000.2.

최창록, 「한국 시문체의 전통적 요소와 현대적 요소」, 경북대 석사논문, 1962.

______, 「한국전통시의 계보 1—민요시를 중심으로」, 『어문학』, 어문학연구회, 1969.

최하림, 「식민지시대 시인의 초상」, 『한국 현대시문학대계 6—김소월』, 지식산업사, 1980.

케빈 오록, 『한국근대시의 영시 영향 연구』, 새문사, 1984.

키스터 다니엘 A., 라종혁 역, 「김소월과 프로스트의 시와 자연」, 『상징의 숲』, 서강
         대 출판부, 1996.

탁인석, 「소월시에 있어서 예이츠와 시몬즈의 영향」, 『연구논문집』, 광주개방대, 1985.

하동호, 「처녀작 주변─김소월편」, 『신아일보』, 1967.3.18.

______, 「金素月遺詩文拾志」, 『월간중앙』, 1975.11.

하희정, 「한용운 시와 근대적 서정성 형성 문제─주요한·김소월과의 비교를 중심
        으로」, 『만해학보』, 1998.6.

하희주, 「전통의식과 한의 정서」, 『현대문학』, 1960.12.

허기추, 「소월 시의 형식주의적 특성─언어의 독특한 사용을 중심으로」, 『청람어문
        학』, 한국교원대, 1988.2.

한진희, 「소월시의 민족의식연구」, 전북대 석사논문, 1986.

한하운, 「영원한 민족의 서정시」, 『신문예』, 1959.8.

한림출판사 편집부, 『소월의 명시』, 한림출판사, 1980.

함윤수·최세조, 『소월시 감상』, 홍익출판사, 1963.

허기추, 「소월시의 형식주의적 특성─언어의 독특한 사용을 중심으로」, 『청람어문
        학』, 한국교원대, 1988.

허정옥, 「김소월 연구」, 고려대 석사논문, 1979.8.

허형만, 「소월시에 나타난 '물'의 심상과 의식연구」, 『설태 박요순선생 화갑기념논
        문집』, 화갑기념논총간행위원회, 1987.6.

허형석, 「소월시에 나타난 자연과 전통성」, 『논문집』, 군산수전, 1975.6.

______, 「김소월론」, 『한국현대작가연구』, 유림사, 1983.

현종호, 「김소월과 그의 시」, 『문학현대작가론』 1, 조선작가동맹, 1961.

혜원출판사 편집부, 『산유화』, 혜원출판사, 1980.

홍경표, 「소월시의 원초적 '이미지' 분석」, 『어문학』, 어문학연구회, 1979.6.

______, 「소월시의 모성적 '이미지'考─원형비평적 접근」, 『여성문제연구』, 효성여
        대 한국여성문제연구소, 1982.12.

______, 「김소월시 「산유화」 구조」, 『국문학연구』, 효성여대, 1987.6.

홍기백, 「石川啄木詩歌と 金素月詩の 比較研究」, 건국대 석사논문, 1978.

홍농영이, 「소월·일본어 작품의 유형」, 『연구논문집』, 국제대, 1982.

홍수성, 「소월시에 나타난 한의 양태」, 원광대 석사논문, 1993.2.

홍정선, 「이상화와 김소월」, 『황해문화』, 2000.3.

홍효민, 「소월의 예술적 한계─그의 문학을 말함」, 『신문예』, 1959.8.

황규수, 「시에서의 시간 연구─만해와 소월시를 중심으로」, 인하대 석사논문, 1988.

황석연, 「소월시의 운·율분석」, 『논문집』, 서울대, 1969.

황시영, 「김소월의 『진달래꽃』 분석」, 『동악어문논집』, 동국대, 1999.12.

황은오, 「한국 근대시에 나타난 영화적 기법에 관한 고찰─에이젠쉬쩨인과 소월 시
        의 비교」, 고려대 석사논문, 1999.

황희영, 「김소월의 시세계」, 『문장개론』, 새문사, 1980.

황패강, 「한은 한국적 비극정신」, 『동서문화』, 동서문화연구원, 1978.

　소월 김정식 연구에 필요하다고 판단되는 자료 목록을 정리했다. 초고와 재고를 비롯하여 이본 목록을 작성하였고 산문과 가곡화된 소월시 목록도 제시했다. 이러한 목록에는 필자의 견해가 반영되어 있다. 따라서 기존의 목록과 차이가 있을 수 있다. 이것은 이본과 정본에 대한 연구자의 견해가 다르기 때문이다.

　단편적인 글과 소월의 이름 정도가 거론되는 연구목록을 제외시켰고[15] 출판사와 제목만 바꿔서 두 번 발간한 경우 뒤의 것을 제시했다.[16] 비슷한 내용의 글을 두 번 발표했어도 연구사적 의의가 있는 것은 연구 목록에 삽입했다. 동일한 제목의 글이 두 번 게재된 것은 어느 하나를 정하여 연구사에 넣었다.[17] 중복된 연구 목록이나 동일한 내용의 글이 두 번 이상 발표된 경우 선별이 필요하나 한 개인의 노력으로 수행하는 것은 한계가 있다.

6. 어휘 뜻풀이

　현대 독자에게 익숙하지 않은 표기는 현행의 것을 감안하여 약간의 조정을 가했다. 같은 어휘라도 표기형태가 다른 경우는 별도 항복으로 처리했다. 김정식 작품에 국한되어 쓰이는 의미에 덧붙여 일반적인 의미도 첨가했다.

가
가늣한(「꿈으로오는」-1) : 가느다란.[18]

---

15) 「소월의 시」(『청란』, 성신여자중고, 1956.6), 「요절시인 소월연구」(『벗』, 수도공고, 1968.12), 「소월의 시세계-형태적 고찰을 중심으로」(『휘문』, 1973.1), 「우리문예의 방향」(『조선문단』, 1925.11) 등이 여기에 해당한다.

16) 『내가 기른 소월』(장문각, 1968)이 『약산 진달래는 우련 붉어라』(문학세계사, 1982)로, 『소월방랑기』(정음사, 1959)가 『소설 김소월』(상록사, 1985)로, 「소월 김정식」에 관한 항목이 서술된 『한국문단사』(일지사, 1973)가 문학과지성사에서 2001년에 다시 발간되었다.

17) 「김소월시선집에 대하여」(『조선문학』, 1956.7)가 남한의 『남북문학사 연표 1945~1989』(한길사, 1990)에 제시되어 있고, 「동일성이미지와 시적 교감」은 『시문학』(1991.3)과 『비평문학』(비평문학회, 1991.10)에 두 번 게재되었다.

18) 긴 작품명은 '다섯 자 내외'로 줄여서 표기함. 『진달내꼿』에 수록된 작품은 '1'로, 수록되지 않은 작품은 '2'로 표시함.

가람(「실제 2」−1) : 강(江). 강의 예스러운 말.

가르커(「어려듯고」−2) : 가르켜.

가름째(「빗」−2) : 가름재. 두 지역이 갈라지는 가름등성이. 가름고개. 갈림길의 언덕. (마음의) 갈림길.

가막덤불(「가막덤불」−2) : 약간 검고 푸른빛을 띤 덤불/수풀. '가막(검은)'과 '덤불(풀숲)'의 합성어.

가엽는(「풀따기」−1) : '가엾은'의 예스러운 말.

가우리다(「자전거」−2) : 가오리다.

가이업게(「풀따기」−1) : 가엾게.

가주난(「가을아츰에」−1) : 갓 낳은. 금방 낳은.

가주닐은(「건강한잠」−2) : 갓 일어난. 금방 일어난.

가즈란히(「바라건대는」−1) : 가지런히.

가트면(「깁흔구멍」−2) : 같으면.

각금(「전망」−1) : 가끔.

간다사(「세모감」−2) : 간다고 하면. 간다고 한들.

갇숩새(「저녁때」−1) : 갈 숲새. 갈 숲 사이.

갈(「산유화」−1) : 가을. 추(秋).

갈기는(「달밤」−2) : 시비를 따지는.

갈대말라고(「벗마을」−2) : 갈대말타고. 갈대 말을 타고 갈대를 가랑이에 넣고 놀던 말놀이의 일종.

갈발(「오는봄」−1) : 갈 발[足]. 가는 발(걸음).

갈숩(「마른강두덕」−1) : 갈대[蘆] 숲.

감도록(「닭은꼬꾸요」−1) : (눈을) 감을수록.

감발하고(「두사람」−1) : 발감개하고. 버선 대용으로 발[足]에 천을 두르고

감색(紺色)치마(「봄밤」−1) : 검은빛을 띤 푸른 색 치마. 감색은 청색(靑色)과 자색(紫色)의 간색(間色).

감장치마(「이요」−2) : 검정치마.

감핫고(「봄과 봄밤」−2) : 가맣고. 흑(黑).

갓가웁는(「비난수하는」−1) : 가까운. 선어말 어미 '−오/우−'는 발화자의 의도를 나타내는 기능이 있음. 소월 작품에서 자주 나타남.

갓가힌(「합장」−1) : 가까이는. 가까이에는.

갓난이(「마음의 눈물」−2) : 갓난 아이. 어린아이.

갓득히나(「눈물이 쉬루르」−2) : 가뜩이나.

갓츄끗(「비오는 날」−1) : 추녀 끝.

강(江)장변(「무슴탓에*」 —2) : 길게 이어진 강가의 둑. '강'과 '장변(長邊)'을 합친 한자어.[19]

개굴까(「상쾌한아츰」 —2) : 개울가.

개버드나무(「열락」 —1) : 개[渚]버드나무. 개울가 버드나무. '버드나무'는 버드나무과의 낙엽 교목. 높이가 10m 이상이고 잎의 끝이 뾰족함. 개울가나 들에서 자람. 버들. 양류(楊柳).

개아미(「개아미」 —1) : 개미.

개여오네(「자주구름」 —1) : 개여 오네. 흐리거나 궂은 날씨가 맑아지다.

개여울(「개여울」 —1) : 개울. '개[渚]'와 '여울'의 결합형. '개'는 강이나 내에 바닷물이 드나드는 냇가, 혹은 개울. '여울'은 물살이 세고 빠르게 흐르는 곳.

개챵버들(「춘강」 —2) : 갯버들.

거게서도(「봄바람」 —2) : 거기에서도.

거드채우며(「바다까의밤」 —2) : 걷어치우며. 그만두며.

거러안자(「묵념」 —1) : 걸어앉아. 걸터앉자. 높은 곳에 궁둥이를 붙이고 두 다리를 늘어뜨리고 앉다.

거룻배(「나공곡」 —2) : 돛 없는 작은 배.

거름겨름(「진달내꼿」 —1) : 거름거름. 걸음걸음.

거츤(「무심」 —1) : 거친. 거칠어진. '거츤벌'은 구성군 남시의 들판. '벌'은 '넓은 들(판)'을 뜻함.[20]

검으스럿한(「봄밤」 —1) : 검은 듯한.

것가(「절제」 —2) : 것인가.

겹지(「널」 —1) : 겹지. '—겹지'는 정도가 지나쳐 배겨 내기 어려운 상태나 기분. (힘)겹다.

고락(苦樂)(「귀뚜람이」 —1) : 괴로움과 즐거움. 감고(甘苦).

고만두풀(「고마두 풀노래」 —2) : 고마리. 마디풀과의 한해살이풀.

고목(枯木)(「열락」 —1) : 말라 죽은 나무.

고목동굴(枯木洞屈)(「열락」 —1) : 고목동굴(枯木洞窟).

고적(孤寂)(「님의 노래」 —1) : 외롭고 적적함.

고조곤도하고(「꿈자리」 —2) : 고요하기도 하고

고지낙한(「기억 1」 —1) : 고즈넉한. 호젓하고 인적이 드문. 조용하고 사람의 발길이 적은.[21]

고초(苦椒)(「님과벗」 —1) : 고초(苦草). '고추'의 원말. '고추'의 평북방언.

---

19) '*'이 표시된 작품명은 필자가 부여한 것임. 이 책의 제목 부여 부분 참조 바람.
20) 탑출판사 '북한자료총서'(1989) 『조선말사전』 상, 과학원출판사, 1960 참조.
21) 「記憶」은 두 편이 있음. 작품명 바로 뒤에 '1'과 '2'로 구분하여 표시함.

고흔(「님의 노래」 −1) : ‘고은’을 예스럽게 표기한 형태. ‘곱다[麗]’의 관형사형.

고흘(「춘강」 −2) : 고흔.

곱지서밝(「대수풀노래」 −2) : (날이 밝아 해가) 높이 떴음. 삼간(三竿). 일고삼장(日高三仗). 일고삼척(日高三尺).

곳장(「돈타령」 −2) : 곧장.

구라파(歐羅巴)(「봄바람」 −2) : 유럽(Europe)의 한자어 표기. 서구(西歐).

구엽은(「흘러가는 물」 −2) : 귀여운. 귀엽다.

구우(舊友)(「깁피밋든심성」 −1) : 옛날의 친구. 옛날의 벗.

구적(俱寂)(「묵념」 −1) : ‘만뢰구적(萬籟俱寂)’의 구적. 밤이 깊어 아무 소리도 없이 적막 하고 고요함. ‘만뢰(萬籟)’는 자연 속에서 나는 온갖 소리. ‘구적(俱寂)’은 아주 고요하고 적막함.

구중궁궐(九重宮闕)(「애모」 −1) : 깊은 대궐. 구중심처(九重深處).

굴껍플(「하다못해」 −1) : 굴 껍질.

굴며(「개여울의노래」 −1) : 구르며

귀노(「푸른밤창쌀*」 −2) : 구노. (못살게) 구느냐.

귀뚜람이(「월색」 −1) : 귀뚜라미. 귀뚜라미과에 딸린 곤충. 땅속에서 알로 겨울을 나다가 8~10월에 나타나 풀밭이나 뜰 안에 살면서 가을밤에 수컷이 짧게 끊으며 욺. 실솔(蟋蟀). 청렬(蜻蛚). 촉직(促織). 준말은 ‘귀뚜리’.

그네(「널」 −1) : 그네. 추천(鞦韆).

그네들이(「훗길」 −1) : 그들이.

그네의(「이한밤」 −2) : 그 여자의.

그대인가고(「나의집」 −1) : 그대인가 하고.

그럼자(「열락」 −1) : 그림자.

그럿튼한(「의와 정의심」 −2) : 여일(如一)한.

그려울줄도(「예젼엔 밋처」 −1) : 그리울 줄도.

그림장(張)(「전망」 −1) : 그림을 그린 종이.

그림지니(「낭인의봄」 −2) : 그림자 지니.

그무립니다(「서울밤」 −1) : 그무러집니다. (전등) 불빛이 꺼질 것처럼 약해지거나, 흐릿해지다.

그물안개(「여자의냄새」 −1) : 그물과 같은 모습 / 모양의 안개.

그뭇거리는데요(「소소소무덤」 −2) : 그무러지는 데요.

그아마(「야의 우적」 −2) : 그 아마.

그어(「봄비」 −1) : 그어. 그치어. 멈추어. 긋다.

그지업시(「녀름의달밤」 −1) : 그지없이.

금(金)금래빗(「엄마야누나야」 −1) : 금모래빗. 금모래 빛.

금리어(「봄바람」 −2) : 금 잉어.

금상(今上)님(「차와선」 −2) : 현재의 임금.

금장(金帳)(「사계월」 −2) : 금장(錦帳). 비단으로 된 휘장이나 장막.

긔여(「녀름의달밤」 −1) : 기는. 기어 (오르는).

기구(崎嶇)(「고락」 −2) : (인생행로가) 평탄하지 못하고 어려움. 기험(崎險). 산길이 험함.22)

기대(企待)(「오일밤산보」 −2) : 이루어지기를 바람.

기면기라고락도(「돈과밥과맘」 −2) : 그러하다면 그렇다고. '−기라고락도'는 소월식의 어법.

기슴(「바라건대는」 −1) : 가슴.

긴단장(「기억 1」 −1) : 긴단장(短墻). 길고 나지막한 담.

긴자(「기원」 −2) : 긴자(銀座). 일본 수도 도교의 번화가.

길신가리(「님의말슴」 −1) : 길일(吉日)을 정해 죽은 사람의 복을 빌어주는 것. '길신'(吉辰)과 '가리'의 결합형.

길심매고(「두사람」 −1) : 길 떠날 때 옷차림새를 단단하게 여미고.

길쎄(「강촌」 −1) : 날씨. 날(이 저문). 평북방언 '길쎄'는 '날씨'를 뜻함.

길얼음(「생과돈과사」 −2) : 길이 나뉘는 곳. 길의 분기점. (생사의) 갈림길. '길'과 '어름'의 결합형.

길에어여도(「흘러가는 물」 −2) : (길에서) 이리저리 빙빙 맴돌아도 에돌아도 (목적지로) 곧장 가지 않고 빙 돌감.

길차부(「길차부」 −2) : 길채비. 길 떠나는 채비.

깁그물(「잠」 −2) : 비단그물. '깁'은 '비단', 즉 '라비단(羅緋緞)'을 말함.

깁섬(「닭은 꼬꾸요」 −1) : 비단 섬. '깁'과 '섬'의 합성어. 대동강의 섬 '능라도(綾羅島)'를 지칭함.

깃나래(「봄밤」 −1) : '깃'과 '날개'의 합성어.

까막까치(「칠석」 −2) : 까마귀와 까치. 오작(烏鵲).

까부린다(「성색」 −2) : 까불거린다.

까토리(「집생각」 −1) : 까투리. 암꿩.

깨친(「닭은 꼬꾸요」 −1) : 깬. (꿈을) 깨다.

껄림(「깁붐이나앞음*」 −2) : 걸림. '걸림'의 센말.

---

22) 「四方발쌀리」, 혹은 「무겁은짐축기고」 등은 「苦樂」(『삼천리』, 1934.11)의 초고본임. 따라서 어휘 색인의 대상은 결정본 「苦樂」이어야 함.

꼿촉(燭)불(「꼿촉불켜는」−1) : 화촉(花燭) 불.
꾀여드는(「바리운몸」−1) : (반딧불이) 꾀여드는. 모여드는.
끊지라(「성색」−2) : 그치어라. 그만두어라.
끗캇네(「돈타령」−2) : 끊겠네.
끗티도(「금잔듸」−1) : 끗테도. 끝에도

나

나다려(「달밤」−2) : 나더러. 나에게.
나무리면(「먼후일」−1) : 꾸짖으면. 원망하면.
나무리벌(「나무리벌노래」−2) : 황해도 북서부 재령강 유역의 재령평야(載寧平野).
극성평야(棘城平野), 혹은 남물리(南勿里) 벌로 알려진 나무리 벌의 북률무사미(北
栗無砂米)는 진상미(進上米)로 유명함.
나뷔버리(「춘강」−2) : 나비와 벌.
나쟈부터(「맘에속잇사람」−2) : 나고부터. 태어나고부터.
나히차라지면서(「꿈으로오는」−1) : 나이 차면서. 나이 들면서.
낙양자(樂羊子)(「넷날의낙양자*」−2) : 하남(河南)의 남자. '낙양'은 중국 '하남'의 다
른 이름이고, '자'는 남자를 지칭함. '낙양자'는 후한인(後漢人)으로, 곧은 아내를 둔
덕에 물욕을 버리고 공부에 열중하여 성공한(「낙양자처(樂羊子妻)」, 『후한서(後漢
書)』) 사람임.
난벌(「무심」−1) : 넓게 탁 트인 벌판. 구성군 남시 마을에서 멀리 떨어진 큰 벌판.
'난−'은 '난바다'나 '난물'의 '난−'과 같은 의미를 지닌 것으로 판단됨. 큰물을 '난
물', 육지에서 멀리 떨어진 바다를 '난바다'라고 함.[23]
난호여(「바다까의밤」−2) : 나뉘어. 헤어져서. 옛말 '난호다'의 화석형.
날긇다(「팔벼개 노래」−2) : 나를 그르다(고 하다).
날졈을는(「날졈을는눈*」−2) : 날결물는. 날이 저무는.
남(藍)빗(「바다」−1) : 남색(藍色). 쪽빛. 파랑과 보라의 중간색.
남귀(「뛰어떠오르는*」−2) : '나무'의 주격형태.
남아되든(「접동새」−1) : 남짓 되던.
남이장군(南怡將軍)(「물마름」−1) : 조선시대의 장군(1441~68). 17세에 무과(武科) 장
원 급제하여 세조의 총애를 받았음. 이시애(李施愛)의 난을 평정하였고, 28세에 병
조판서가 됨. 유자광(柳子光)의 모함을 받아 주살(誅殺)됨.
낫스랴만(「의와정의심」−2) : 나왔으랴만. 출(出).

---

23) 『조선말사전』, 과학원출판사, 1960 참조.

낮추(「저녁때」-1): 낮게. '낮다'에서 사동형 접사 '-추'가 결합된 사동사.

내넉슬(「무덤」-1): 내 넋을. 나의 혼을.

내력(來歷)(「담배」-1): 겪어온 자취. 지나온 경로(經路).

낸내(「비난수하는」-1): 연기(煙氣). 연기의 냄새.

냉랭쇄(冷冷鎖)(「사계월」-2): 막혀 차디찬.

너출(「니불」-2): 길게 뻗어나가 휘감긴 식물의 줄기. 덩굴.

넉마지(「님의말슴」-1): 죽은 사람 넋을 맞이하던 민속(民俗).

널쪽(「여수」-1): (홍수에 떠내려가는) 널(판자)쪽.

년갑(「흘러가는 물」-2): 연갑(年甲). 나이.

년년(「칠석」-2): 연연(連延). 연이어 늘어서 있는. 연이어 이어진. 연연(連連).

노구라붓고(「박넝쿨타령」-2): 오구라 붙고. 시들어 말라붙고.

노눌(「술과 밥」-2): 나눌.

놀돈(「거츤풀허트러」-2): 놀든. 놀던.

누거워오니(「오과의읍」-2): 눅어 오니. 축축해 오니. 습기가 배다.

누된달(「생과돈과사」-2): 누가 된들. 폐를 끼친들.

누이니(「춘향과이도령」-1): 누이님.

눅궈도(「고락」-2): 눅눅하게. 부드럽게.

눅잣추는(「녀름의달밤」-1): 눅신하게 잇달아 풍겨오는. '눅잣추다'는 '눅'과 '잣추다'의 결합형.

눈띄(「기원」-2): 눈매. '눈맵시'의 준말.

눈석이물(「찬저녁」-1): 눈석임물. 눈이 녹은 물. 설수(雪水).

눌하게(「옷과밥과자유」-2): 누렇게.

느러젓다데(「왕십리」-1): (휘청거리듯 길게) 늘어졌다데.

느리우고(「묵념」-1): 늘리고. 아래로 두 다리를 길게 늘어지게 하다.

는함끠(「그리워」-2): 늘함께. 늘 함께.

늣기면서(「엄숙」-1): 느끼면서.

닐자(「바다까의밤」-2): 일어나자.

님이래랴(「항전애창명쥬」-2): 임이라고 하랴. 임이라고 하겠는가.

다

다독(茶毒)(「물마름」-1): 도독(茶毒). 씀바귀의 독. 심한/지독한 독(毒)을 뜻함.

다리삿츨(「봄바람」-2): 다리[橋脚] 샅을. 원래 '샅'은 (인간의) 다리가 갈라지는 부분을 의미함. 고간(股間). 서혜(鼠蹊).

다말고(「자전거」-2): 다 그만 두고.

다못(「옛니야기」 −1) : 다만.

다복(多福)(「잠」 −2) : 복이 많을.

다북동(茶北洞)(「물마름」 −1) : 다복동(多福洞). 홍경래(洪景來 : 1780~1812)가 거사(擧事)의 본거지로 삼았던 평안북도 가산(嘉山)의 동(洞) 이름.

다시금(「기억 1」 −1) : '다시'를 강조한 의미. '다시'와 '−금'의 결합형. '−금'은 중세국어의 '−곰'임. '−곰'은 '강조'를 나타내는 특수조사.

다심(多心)(「돈과밥과맘」 −2) : 여러 갈레의 마음.

다정랑(多情郎)(「일야우」 −2) : 다정한 낭군. 정든 임.

다치면(「자전거」 −2) : 닥치면.

닥기고(「오과의읍」 −2) : 닫히고.

달게소리(「오과의읍」 −2) : 닭의 소리. 속격 '−의'가 '−에'로 쓰임.

달내가(「하다못해」 −1) : 달래강(江)가(?). 달려가(?).[24]

달지안어(「비소리」 −2) : 다르지[異] 않아.

담모도리(「찬저녁」 −1) : 담 모퉁이.

답지않게(「술과 밥」 −2) : 아무 것도 아니게. 하찮게.

닷든(「추회」 −1) : 달리던. 주(走).

닷주엇든(「무신」 −1) : 닻 주었던. 닻을 내리었던.

당정(「생의 감격」 −2) : 다정. 단정.

당치마귀(「비단안개」 −1) : 당(唐)치마의 귀. '당(唐)옷'이나 '당의(唐衣)'는 중국으로부터 전래된 옷으로, 조선시대 여자들이 저고리 위에 덧입었던 예복의 하나임. 일명 '당저고리'라고도 함. 당치마가 있었는지는 확실치 않음. '당치마귀'는 당 옷의 끝자락에 덧붙인 긴 헝겊 조각을 의미하거나, 혹은 당치마의 끝자락에 덧붙인 긴 헝겊 조각을 뜻함.

대수풀노래(「대수풀노래」 −2) : 「죽지사(竹枝詞)」를 풀어 쓴 말. 「죽지사(竹枝詞)」는 원래 중국 악부(樂府)의 명칭. 당의 유우석이 낭주로 폄직되어 갔을 때 굴원(屈原)의 「구가(九歌)」를 모방하여 지은 「신사(新詞) 구수(九首)」가 그 시초임. 조선 후기에 여러 편의 「죽지사」가 전해 내려오고 있음. 『여성(女性)』(41호, 1939.8)에 "이는 유우석(劉禹錫)의 죽지가(竹枝詞)를 본(本) 받음이니 모두 열한 편(篇)이라. 그 말에 가다가다 야(野)한 점(點)이 있을는지는 몰라도 이 또한 제게 메운 격(格)이라 하리니 꾀장고(長鼓)에 맞추며 춤에도 맞추어 노래로 노래할 수 있으리로다."라는 설명이 작품 첫머리에 붙어 있음. 이 작품은 소월의 창작시가 아니라 번안작으로 판단됨.

댈세(「춘강」 −2) : 데일세. 곳일세.

---

24) 낱말 뒤의 '?' 표시는 필자가 전후 문맥으로부터 추정한 의미임.

댕추(「어려듯고 자라」, -2) : 당초(唐椒). '고추'의 평북방언. 고초당초(苦椒唐椒)의
'당초'.

더덥음(「찬저녁」, -1) : 덧 없음.

더욱여(「바다까의밤」, -2) : '더욱'과 '-여'의 결합형.

더튼한(「불탄자리」, -2) : 믿음직하고 깐깐한. 알뜰한 (솜씨).

데군데군(「찬저녁」, -1) : 군데군데.

도-교(「기원」, -2) : 동경(東京). 일본의 수도(首都).

독엣물(「님의말슴」, -1) : 물동이에 담아 놓은 물.

돌바우(「안해몸」, -1) : 돌 바위.

동구(洞口)(「벗마을」, -2) : 동네 입구.

동마루(「거츤풀허트러」, -2) : (강) 둔덕 / 언덕의 높은 곳. 소월이 살던 부근 둔덕 마루.

동방(洞房)(「은대촉」, -2) : 신방(新房). 결혼한 남녀가 첫날밤을 치루는 침실.

두던(「저녁」, -2) : 두덩. 둔덕. 언덕.

두동달이베개(「원앙침」, -1) : 두동베개. 부부가 함께 베는 긴 베개. 주로 신혼부부가
베고 자는 베게. 원앙침(鴛鴦枕).

두새없는(「몹쓸꿈」, -1) : 이랬다저랬다 갈피를 잡지 못하는. 두서(頭緖) 없는.

두여들(「부귀공명」, -1) : 둘 여덟. 열여섯 살. 이팔청춘(二八靑春).

둘도(「바다까의밤」, -2) : 양인(兩人)도. 두 사람도

뒤노는(「닭소래」, -1) : (가슴이) 안정되지 않고 흔들리는. (마음이) 어수선하여 갈피
를 잡지 못하는.

뒤설닌(「춘효」, -2) : 뒤설레는.

뒤재이는(「그를꿈꾼밤」, -1) : 뒤척이는. (잠들지 못하고) 몸을 이리저리 뒤집는.

드럿노라(「나는 세상모르고」, -1) : 드럿노라. 들었노라.

드룩(「관작루에올라」, -2) : 두루. 널리. 드룩 눈은 보고자[欲窮千里目].

든델진댄(「사노라면」, -1) : 든다고 할진댄.

들가시나무(「반달」, -1) : 들판에 있는 가시나무.

들꽃츤(「들도리」, -1) : 들에 피는 꽃은.

들도리(「들도리」, -1) : 들돌이. 들놀이. '들[野]'과 '돌[回]' 및 명사파생접사 '-이'의
결합형.

듯거워라(「나공곡」, -2) : 기쁘지 않아라. 즐겁지 않다. 불희(不喜).

등전(灯電)(「서울밤」, -1) : 전등(電燈).

듸룽듸룽(「빗」, -2) : 디룽디룽. (목매달아) 늘어진 몸이 이리저리 움직이는 모습.

딸으지만(「돈타령」, -2) : 따르지만.

때러라(「비단안개」, -1) : 때더라.

떠지나요(「못니저」−1) : 떨어지나요. 떠나게 되나요.

떨치고나자(「자전거」−2) : 떨치고 나가자.

뚤허노코(「깁흔구멍」−2) : 뚫어놓고.

뜻갈은(「돈과밥과맘」−1) : 뜻을 달리한. 뜻이 갈라진. 뜻이 같지 않은. ‘뜻’과 접미

사 ‘−갈[−가르]’의 합성어.

뜻는(「귀뚜람이」−1) : 뜯는. (비) 내리는.

라

라이옹(「기원」−2) : 라이온(lion). 치약.

레−드푸드(「봄바람」−2) : 레드 후드(red hood). 붉은 두건.

마

마론(「물마름」−1) : 마른.

마름(「물마름」−1) : 늪에서 자라는 물풀.

마쇼(「저녁때」−1) : 말과 소 우마(牛馬).

마자(「초혼」−1) : 마저.

마조(「등불과 마조」−2) : 마주.

마천가지(「바다까의밤」−2) : 마찬가지.

막코(「돈타령」−2) : 마코. 담배.

만뢰(萬籟)(「묵념」−1) : 자연계에서 일어나는 여러 가지 소리. 중뢰(衆籟).

만산편야(滿山遍野)(「전망」−1) : 온 산과 들에 그득히 덮임.

만수산(萬壽山)(「나는 세상모르고」−1) : 개성 ‘송악산’의 다른 이름. 중국 북경시 북

서쪽 교외에 있는 산. 경치가 아름답기로 유명한 명승지로서 ‘완소우산’이라고 불

림. 태종 이방원의 시조에도 ‘만수산’이 등장함. 소월의 고향 근처 산을 지칭한다는

견해도 있음.

만종석(萬鍾石)(「고락」−2) : 많은 곡식.

말로(「배」−2) : 마을로. ‘말’은 ‘마을’의 준말.

말하마듸(「단장(1)」−2) : 말한마듸. 말 한 마디.

맘세(「그리워」−2) : 마음 씀씀이. 마음 됨됨이. ‘마음새’의 준말.

맘해보아요(「풀따기」−1) : 마음에 두어 보아요

맛딸아기(「이요」−2) : 맏딸아기.

맛여구리(「이요」−2) : 맏며누리. 맏며느리.

맛찹은(「생과돈과사」−2) : 마땅한. 마침맞은. 꼭 맞는. 적당한. 알맞은.

망두석(望頭石)(「절제」−2) : 무덤 앞에 세우는 여덟 모로 깎은 한 쌍의 돌기둥. 망주

석(望柱石). 화표주(華表柱).

망상거림(「오는봄」-1) : 이리저리 생각만 하고 태도를 정하지 못하는 모습. 주저하
면서 망설이는 태도

매든든(「비난수하는」-1) : 매든. 맺은. 맺힌 (이슬).

매마쟈고(「맘에잇는말」-1) : 사자고. 거래하자고. 매매(賣買)하자고.

머구리(「묵념」-1) : 개구리.

머리낄(「오는봄」-1) : 머리카락.

먼첨(「묵념」-1) : 먼저.

멍클도하다(「빗」-2) : 뭉클도 하다.

메기슭(「무신」-1) : 산기슭.

메든(「물마름」-1) : 메던. 메이던. 막히던.

멧봉오리(「길손」-2) : 산봉우리.

명쥬딸기(「항전애창명쥬」-2) : 명두(明斗)가 된 딸아기. '명주(溟洲)'는 큰 바다에
있는 섬, 또는 강릉의 옛 이름.

모단(「봄바람」-2) : 모던(modern). 현대.

모도리(「찬저녁」-1) : 모퉁이. 모서리.

모두쳐(「실제 2」-1) : (물결이) 모여들어 한데 뒤섞여 부딪쳐.

모둡고(「푸른밤창쌀*」-2) : 모으고.

모둥켜지면(「고락」-2) : 모여 합쳐지면. 모여 엉켜지면.

모래동(「거츤풀허트러」-2) : 모래 둑. 모래흙으로 쌓은 제방. 소월 고향 부근 동산.

모루(「해 넘어 가기전」-2) : (산이나 물) 모퉁이의 휘어(굽어) 돌아들어 간 곳.

모르갓네(「생과돈과사」-2) : 모르겠네.

모작별(「달마지」-1) : 삼성(參星)의 다른 이름.

모지른(「야의우적」-2) : 둥글지 않고 모가 난.

목노리(「분얼골」-1) : 목노리. 목소리(?). (가야금과 같은 현악기에 맞추어 부르는)
'노래 소리'(?)의 비유.

몰이라지(「술」-2) : 물[水]이라지.

몸둥이(「단장(2)」-2) : 몸. 인체(人體).

몸이길래(「삭주구성」-1) : 몸이기에.

못갈은다고(「맘에잇는말」-1) : 못 나눈다고. 가르지 못한다고.

못겟소(「푸른밤창쌀*」-2) : 못하겠소

못고(「무슴탓에*」-2) : 못하고

뫼우헤(「엄숙」-1) : 뫼[山] 위에.

무듬(「칠석」-2) : 무덤(?). 뫼 / 묘(?).

무산(茂山)(「물마름」−1) : 함경북도 무산군의 군청 소재지. 두만강 너머 중국 간도 지방 근처의 국경 요충지대.

무쇠다리(「봄과 봄밤」−1) : 쇠로 만든 다리. 주철(鑄鐵)로 된 다리.

무어준(「부부」−1) : 인연을 맺어준. 인연을 쌓은. 북녘에서 잘 쓰이는 말로 어떤 관계를 맺는 일.25)

무엔고(「인생생활」−2) : 무엇인고.

무흠(無欠)(「절제」−2) : 흠이 없는.

묵거(「여수」−1) : 묶어.

묵을네라(「낭인의봄」−2) : 묵을 것이다.

문견폐(門犬吠)(「門犬吠」−2) : 문견폐(聞犬吠). 개짖는 소리를 들음.

문의여(「오일밤산보」−2) : 무늬[紋徽]에. (푸르스름한) 무늬 / 빛깔에. 오월 풀밭의 '빛깔 / 무늬'의 비유.

문허치고(「기회」−2) : 무너뜨리고.

문휘(紋徽)(「장별리」−2) : 무늬.

물걸닌(「옷」−2) : (옷을 오랫동안) 빨지 않은. 빛깔이 곱지 못한. (옷의 상태가) 원래와 같지 않고 우중충한.

물고흔(「자주구름」−1) : 빛깔이 고운. (물건 / 대상의) 모양이나 상태가 보기 좋은.

물구슬(「꿈길」−1) : 물방울. '새벽 안개'의 비유.

물김(「낭인의봄」−2) : 아지랑이.

물꽃(「산우헤」−1) : 물꽃. '안개'의 비유. (흩어지는) 물꽃(안개).

물나라(「애모」−1) : 물의 나라. '바다'의 비유.

물낡은(「옷」−2) : (옷) 빛깔이 바랜. 원래의 색깔이 변한.

물마을(「가을저녁에」−1) : 소월 고향 부근 마을. 호수나 바다에 비친 '마을'의 비유.

물면(面)으로(「봄못」−2) : 수면(水面)으로.

물베(「녀름의달밤」−1) : 물에서 자라는 벼. 논에 심은 벼.

물소용(「봄못」−2) : 물 소용돌이.

물질녀와라(「새벽」−1) : 붉은 햇살이 바다물결에 밀려오는 모습.

못낫네(「단장(1)」−2) : 못낫네. 못났네.

뭇잡소(「장간행」−2) : 삼가 묻다. '−잡−'은 겸양(객체 높임)의 선어말어미의 화석형.

미욱한(「개여울의노래」−1) : 됨됨이가 어리석고 미련한.

밀말(「배」−2) : [밀물에]밀려오는 마을. '밀려오는 밀[물]'과 '마을'의 소월식 합성어.

---

25) 조재수, 「말이 올라야 나라가 오른다」, 『한겨레』, 2004.11.10 참조.

바

바다가 (…중략…) 뽕나무 밭 된다고(「바다가변하야」 -1) : 뽕나무밭이 변하여 푸른 바다가 됨. 세상의 변화가 크게 일어난 것. 상전벽해(桑田碧海). 창상지변(滄桑之變).

바다가질(「신앙」 -2) : 받아가질.

바다난(「개여울의 노래」 -1) : 바다 난(간). 바다쪽 (난간).

바다을(「둥근해」 -2) : 바다를.

바닷놀(「어인」 -1) : 바다 노을.

바람가비(「술」 -2) : 바람개비.

바람들 세고(「늦은 가을비」 -2) : 바람 들세고. 바람이 드세고.

바렷슬러라(「흘러가는 물」 -2) : 버렸슬러라. 버렸다.

바리운몸(「바리운몸」 -1) : 버림받은 몸.

바이(「맛나려는심사」 -1) : 아주. 전혀.

바재이고(「길차부」 -2) : 망설이고. 멈칫거리고.

반짝는(「엄마야누나야」 -1) : 반짝이는.

발뿌리(「실제 1」 -1) : 발끝. 족첨(足尖).

밟고(「실제 2」 -1) : 밝고. (호젓한 보름달이) 밝다.

밤도아(「개여울의노래」 -1) : 밤새도록.

밥발라(「술과밥」 -2) : 밥 빌라(러)(?). 밥 달라(?).

밧구여(「반달」 -1) : 바꾸어.

방불일랑(「이요」 -2) : 밤물일랑. 밤에 (여인이 우물에서)긷는 물.

배달나라(「인종」 -2) : 우리나라.

배밧비(「신앙」 -2) : 배바삐. 드바삐. 몹시 바쁘게. 분주하게. 배(드)바쁘다.

배암(「장별리」 -2) : 뱀. 사(蛇).

백년처권(百年妻眷)(「강촌」 -1) : 처와 권속(眷屬). 백년가족. 백년식구.

백양(白楊)(「오는봄」 -1) : 사시나무. 황철나무. 버드나뭇과의 낙엽 교목.

뱌죽히(「저녁」 -2) : 비죽이. (저녁놀이) 나타나는 모습.

버리(「춘강」 -2) : '벌'에 접사 '-이'가 첨가된 형태.

벌불(「푸른밤창쌀*」 -2) : 아궁이 불(?).

벌새(「왕십리」 -1) : 벌샛과에 속하는 새의 총칭. 몸길이가 5~22cm로서 새 가운데 가장 작음.

범녀(「항전애창명쥬」 -2) : 범여(范蠡). 초나라 사람. 중국 춘추시대 말기(기원전 5세기) 월왕 구천의 충신. 월나라 재상으로 월왕 구천을 도와 오를 멸망시키고 구천이 진상했던 미녀 서시(西施)를 구출하여 오호(五湖)에 묻혀 살았음.

법국(「자전거」 -2) : (새) 소리.

베르렌(「비오는 날」 −2) : 프랑스 시인 베르렌(Verlaine).

베틀 누나(「칠석」 −2) : 베틀의(에 있는) 누나. '직녀'(?)의 비유.

변개머리(「원앙침」 −1) : 벼개머리. 베게머리.

별(別)로(「이주가」 −2) : 특별히. 유별나게.

별납은(「부부」 −1) : 별(別)난. 보통 것과 다른.

별러서(「물마름」 −1) : 벼리어서. 무딘 연장의 날을 날카롭게 갈아서.

병발(病發)(「돈타령」 −2) : 병의 근원.

보섭(「바라건대는」 −1) : 보습. 땅을 가는데 쓰는 농기구. 쟁기나 극젱이의 술바닥에 맞추어 끼우는 삽과 비슷한 모양의 쇠 조각.

복쇠나무(「춘강」 −2) : 복숭아나무.

볼사록(「저녁때」 −1) : 볼수록.

볼씨잇는(「의와 정의심」 −2) : 볼품 있는. 모양새 있는. 보기 좋고 맵시 있는 모습이나 모양.

봉숫불(「봄」 −2) : 봉화(烽火).

뵈틀(「밤가마귀」 −2) : 베틀.

부랏슈(「기원」 −2) : 브러쉬(brush). 칫솔.

부승기는(「달밤」 −2) : 부추기는(?). 안달 나는(?).

부어(鮒魚)(「이요」 −2) : 붕어. 민물 물고기의 일종.

부평(浮萍)(「고향」 −2) : 부평 초(草). 물에 뜬풀.

부훈(膚薰)(「사계월」 −2) : 살갗의 향기. 여자의 몸에서 나는 향기로운 냄새.

북(「밤가마귀」 −2) : 베틀에 실꾸리를 넣고 날실 사이로 오가면서 씨실을 넣어 베가 짜여지도록 하는 배[舟] 모양의 나무통.

북고여라(「불운에우는」 −1) : 물결이 기운차게 몰려와 거품을 일으켜 고이는 모습.

북관(北關)(「대수풀노래」 −2) : 함경남북도 지방의 별칭.

불귀신(鬼神)(「개여울의노래」 −1) : 불을 맡아 다스리거나 불을 낸다고 하는 귀신(鬼神).

불결(「불탄자리」 −2) : 불길.

불말(「배」 −2) : [순풍만]부는 마을. '불다'와 '마을'의 축약형. 소월식 합성어.

불설워(「접동새」 −1) : 몹시 서러워. '불'과 '섧다'의 결합형. (살림이 곤궁하여) 매우 가엾은 신세.

불숫는(「낭인의봄」 −2) : 불어 스치는. '불−[吹]'과 '스치다'의 결합형. 소월식 합성어.

불신(不信)만전(「흘러가는 물」 −2) : 불신망정. 믿지 않을망정.

불칭추평(不稱錘秤)(「불칭추평」 −2) : 저울질 하지 않음.

붉갓튼(「붉은조수」 −1) : 불과 같은. 붉은 (해).

붉어라(「길손」 −2) : 붉어라. 붉다[赤].

붓안기는(「무신」, -1) : 붙안기는. 부둥켜안기는. 꽉 껴안은. '붙다'와 '안기다'의 합성어.
붓튼게라고(「돈타령」, -2) : (남자와 여자가 서로 좋아하여) 붙은 것이라고 (남녀가 좋아하여) 잠자리를 같이 한 것이라고
비난수(「묵념」, -1) : 무당이 푸닥거리 할 때 귀신에게 소망하는 것을 기원(祈願)하며 중얼거리는 소리.
비단안개(「비단안개」, -1) : 비단처럼 곱게 드리운[펼쳐진] 안개.
비야망정(「비오는 날」, -2) : 비야 그럴망정. 비야 그렇거니와.
비위(脾胃)(「맘에잇는말」, -1) : 비장(지라)와 위. 무엇을 먹고 싶거나 하고 싶은 기분이나 생각. 잘 삭여지거나 원만하게 상대방에게 대하는 성미. (음식이) 비위에 맞다.
비취(翡翠)(「함구」, -2) : 비취옥. 반투명체의 새파란 빛깔의 구슬.
빗기는(「여자의냄새」, -1) : (바르지 않게 옆으로 비스듬히) 비끼는. 접두사 '빗-'은 '바로 곧지 않게', '가로 비스듬하게', '잘못'의 뜻임. 빗길 샤[斜](『類合』下 62). "해 비겟도다[日斜]"(『杜解』3 : 26). 빗글 횡(橫)(『訓蒙』下 17). "빗디 아니하며[不橫]"(『圓覺』上一之二, 117).
빗꼬이윤(「고락」, -2) : (마음이) 뒤틀려 그릇된 방향으로 나간. 비꼬인. '비꼬다'의 피동형.
빗보고(「꿈으로오는」, -1) : 잘못보고. 착각하고. 실제와 다르게 보다.
빗줄은(「상쾌한아츰」, -2) : 비 줄기는.
뾰죽뾰죽(「건강한잠」, -2) : '뾰족뾰족'의 큰말.

사

사계(莎鷄)(「사계월」, -2) : 베짱이. 여치과에 딸린 곤충. 어미벌레는 8월에 나와 사람이 사는 집근처 풀 섶에 살며 등불에 날아듦. 낙위(絡緯), 사계(梭鷄), 종사(蟲蜥). 사계월(莎鷄月)은 '베짱이와 달'의 합성어로 '달밤의(에 우는) 베짱이'를 뜻하며 한시에서 취한 어구로 판단됨.
사냥바치(「전망」, -1) : 사냥꾼. '사냥'과 '-바치'의 결합형. '-바치'는 인칭접미사.
사랏스면(「나는 세상모」, -1) : 살았으면.
사랑튼(「단장(2)」, -2) : 사랑하던.
사랑(「제이,엠,에쓰」, -2) : 사랑.
사뭇차도록(「밤」, -1) : 사무치도록.
사봉(「기원」, -2) : 프랑스어 사봉(savon). 비누.
사사모사(「밤가마귀」, -2) : 간절히 그리워함. '창연(悵然)한 그리움'의 비유.
사슴이(「초혼」, -1) : '사슴[鹿]'에 '-이'가 첨가된 형태. 평북방언형.

사시나무(「여수」-1) : 백양(白楊). 버드나무과의 낙엽 활엽 교목. 산 중턱 밑의 화전
(火田) 터에 많이 있음.

삭냥한(「건강한 잠」-2) : 상냥한.

삭망(朔望)(「왕십리」-1) : 음력 초하룻날과 보름날. '삭망전(朔望奠)'의 준말.

삭주구성(朔州龜城)(「삭주구성」-1) : 삭주(朔州)와 구성(龜城). 삭주는 평안북도 삭
주군의 면. 구성은 평안북도 구성군의 읍.

산(山)뎔(「합장」-1) : 산절. 산에 있는 절. 산사(山寺).

산(山)마루(「실제 1」-1) : 산등성이의 가장 높은 곳. '산등성마루'의 줄임말.

산(山)모루(「낭인의봄」-1) : 산모퉁이. 산굽이. 산모퉁이의 굽어 휘돌아간 곳.

산경(山耕)(「바라건대는」-1) : 산밭을 가꾸는 것.

산뜩키(「바다까의밤」-2) : 산뜩하게.

산란(散亂)(「닭소래」-1) : 어지럽고 어수선함. 원래 '산란'은 파동(波動)이나 입자선
(粒子線)이 물체에 부딪쳐 여러 방향으로 불규칙하게 흩어지는 모습.

살(「님의말슴」-1) : 화살. 시(矢).

살(「여자의냄새」-1) : 살. 육(肉).

살음즉이(「부귀공명」-1) : 사는 것 같이.

살죽는(「생과돈과사」-2) : 살고 죽는. '살다'와 '죽다'의 합성동사로서 '죽-살다'와
같은 동사합성형태.

살지락도(「생과돈과사」-2) : 살지라도 '-락도'는 소월식 어법.

살틀히(「못니저」-1) : 살뜰히.

삼각산(三角山)(「춘향과이도령」-1) : 서울의 삼각산. 서울 북쪽과 경기도 고양군에
걸쳐 있는 산. 평안북도 태천군 강동면과 창성군 청산면 사이에 또 다른 삼각산이
있음.

삼거리(「왕십리」-1) : 천안 청룡동의 삼거리. 옛날 경상감영으로 가는 진천로(鎭川
路)와 전라감영으로 가는 공주로(公州路)가 갈리는 분기점. 민요 〈천안삼거리〉로
널리 알려짐.

삼성(「달마지」-1) : 삼성(參星). 오리온(orion) 자리에 있는 삼성. '오리온 자리'는 겨
울철 남쪽 하늘의 별자리인데, 눈에 띠기 쉬워 겨울 밤하늘의 왕자라고 할 수 있는
별자리임. 그리스 신화의 용사 오리온을 상징하며, 3개의 별은 용사의 띠에 해당함.
모작별.

삼수갑산(三水甲山)(「산」-1) : 삼수(三水)와 갑산(甲山). '삼수'는 함경남도 삼수군
의 읍. '갑산'은 함경남도 갑산군의 면. 함경남도 오지에 있는 두 고을 이름으로 옛
날 귀양지.

삼질(「가는봄삼월」-2) : '삼짇날'의 준말.

삼천리(三天里)(「팔벼개 노래조」-2) : 삼천리(三千里).

상각하는(「월색」-1) : 생각하는.

새들게(「몹쓸꿈」-1) : 지껄이는. 들떠서 (혼자) 까불거리는.

새라새롭은(「밧고랑우헤서」-1) : 더욱 새로운. 새롭고도 새로운. '새롭다'의 강조.

새암(「생의감격」-2) : 샘. 천(泉).

새업시(「담배」-1) : '사이[間]' 없이. 경황없이.

새여오며(「묵념」-1) : 새여 오며. (날이) 밝아 오는.

서느럽은(「녀름의달밤」-1) : 서늘한.

서도(西道)(「팔베개 노래」-2) : 황해도와 평안도.

서로가락(「돈과밥과맘」-2) : 서로가. 소월식 어법.

서리워(「무덤」-1) : 서리게 되어.

석가래(「불탄자리」-2) : 서까래.

석양(夕陽)손(「추회」-1) : 석양 무렵.

선뜻(「기원」-2) : 선뜻(?).

설리도(「가는봄삼월」-2) : 서럽게도.

설잠(「춘효」-2) : 선잠. 깊이자지 못하는 잠.

설흔(「눈물이쉬르르」-2) : 서러운.

섭나무(「가을아츰에」-1) : 잎나무. 가지에 잎이 붙은 땔나무. 옛말 '섶'은 '잎나무'
를 뜻함. 신(薪). 시(柴). "서브로 혼 門을 正히 아니하야[柴門不正]"(『杜解』7 : 3).
"가온뎃 서블딛고[中薪]"(『杜解』9 : 14).

섯서(「실제 2」-1) : 서서. 서다. 입(立).

성긋한(「가을저녁에」-1) : 성깃한. 드문드문. 빽빽하지 않은.

성수(星數)(「항전애창명쥬」-2) : 운수(運數). 인간의 능력을 초월하는 천운(天運)과
운기(運氣).

성품끗는(「돈과밥과맘」-2) : 성품이 끌리는. 성품이 시키는.

세벽(「몹쓸꿈」-1) : 새벽.

소남글(「의와 정의심」-2) : 소나무를. '솔[松]'과 '나무[木]'의 합성어. 나무의 평북
방언형은 '남기 / 남글'임.

소리개(「들도리」-1) : 솔개. 수릿과의 새. 몸빛은 암갈색이며 가슴에 흑색의 세로무
늬가 있음.

소삭(蕭索)한(「전망」-1) : 소삭한. 쓸쓸하고 고요한.

소살(蕭殺)스럽은(「희망」-1) : 숙살(肅殺)스럽은. 쌀쌀한 (가을) 기운이 풀이나 나무
를 꺾어 누름.

소삽(疏澁)스럽은(「깁흔구멍」-2) : 소삽스러운. (길이) 낯설고 막막한.

소솔비(「애모」 −1) : 소슬비.

속살거려라(「가을아츰에」, −1) : 속살거려라. 잇달아 속닥거리는 소리가 나다.

속속드리(「불칭추평」 −2) : 깊은 속까지 샅샅이.

손(「벗마을」 −2) : 길손. 나그네[客].

솔곳이(「산우혜」 −1) : 솔깃이. 형용사 '솔곳하다'의 어근에 부사파생접사 '−이'가 결합한 형태. '솔깃하다'를 표준어로 삼음.

솔대갓치(「꽃촉불 켜는」 −1) : 소나무와 대나무 같이.

솜솜하게도(「닭은 꼬꾸요」 −1) : 솜솜하게도 잊혀지지 않아 눈앞에 아른거리는 모습.

솟구뜨는(「푸른밤창쌀*」 −2) : 솟아 뜨는. 솟아오르는.

수심가(愁心歌)(「고만두 풀노래」 −2) : 슬픈 가락의 서도 민요 평안도 지방의 잡가.

수아(樹芽)(「수아」 −1) : 나무 가지 끝에 처음으로 돋아난 눈. 어린 잎. 나무의 싹.

수양(垂楊)(「널」 −1) : '수양버들'의 준말.

수정렴(水晶簾)(「함구」 −2) : 수정 발.

숙기지니(「칠석」 −2) : 차차 줄어지니. 점점 수그러드니.

숙낭자(「항전애창명쥬」 −2) : 정숙한 처녀. 양귀비(楊貴妃)를 지칭하기도 함.

숙살(肅殺)스럽은(「전망」 −1) : 을씨년스런. 스산하고 썰렁한.

숙에서(「벗마을」 −2) : 속에서.

순막집(「귀뚜람이」 −1) : 주막집. 길손이 쉬어가는 집.

순즉한(「돈과밥과맘」 −2) : 순직(純直)한.

숨치우는(「꿈자리」 −2) : 숨[息]차지 않는(?). '숨'과 '치우다'의 결합형(?).

숫기된(「물마름」 −1) : 숯이 된. (가슴이) 까맣게 탄.

스러지고(「황촉불」 −1) : (차츰차츰) 사라지고 (서서히) 없어지고

스무날(「왕십리」 −1) : 초하룻날에서 스무 번째 되는 날. '염일(念日)'이라고도 함.

슬지는(「낭인의봄」 −2) : 스러지는. 사라지는.

슷듯이(「녀름의달밤」 −1) : 스치듯이.

싀멋업시(「월색」 −1) : 생각 없이 멍하니. 망연히.

싀진한(「비소리」 −2) : 시진(澌盡)한. 기운이 빠져 잦아드는.

시골(屍骨)(「여수」 −1) : 죽은 사람의 뼈.

시닥나무(「가을」 −1) : 단풍나뭇과에 속하는 낙엽 활엽 교목. 6~7월에 노란 꽃이 피는 갈잎큰키나무.

시담회(試膽會)(「기원」 −2) : 담력을 겨루는 모임.

시름(「춘강」 −2) : 근심. 걱정. 수(愁).

시메산(山)골(「산」 −1) : 두메산골. 깊은 산골.

시아이(「기원」 −2) : '시합(試合)'의 일본어.

식새리(「녀름의달밤」 −1) : 쓰르라미. 매미과에 딸린 곤충. 여름에서 가을에 걸쳐 나타나며 아침과 해질녘에 애처롭게 욺. 저녁매미. 조진(蜩蟪). 한선(寒蟬).

신틀 오빠(「칠석」 −2) : 신틀의(에 있는) 오빠. '견우(?)'의 비유.

신틀(「칠석」 −2) : 미투리나 짚신 따위를 삼을 때 실낱을 걸어 놓는 틀.

실벗듯한(「기억」 −1) : 실이 벋어나간 듯한. '가는[細] 가지'의 비유.

심사(心事)(「니젓든맘」 −1) : 마음속으로 생각하는 일.

심사(心思)(「맛나려는심사」 −1) : 마음. 생각.

심성(心誠)(「홋길」 −1) : 성심(誠心). 정성스러운 마음.

십년사(十年事)(「여긔 이만 섯쟈*」 −2) : 십 년 간의 일.

싯치든(「마른강두덕」 −1) : 씻기던. (물에) 씻긴.

쌀악비(「비오는 날」 −2) : 가랑비.

쌍병(雙柄)(「은대촉」 −2) : 양쪽 손잡이.

쌔우친다(「바다까의밤」 −2) : 세게 몰아친다. '쌔'는 '새'의 센말. 한꺼번에 (바람이) 세게 몰아치는 상태.

쌔울지라도(「마른강두덕」 −1) : 쌓일지라도. '쌔우다'는 '쌓이다'의 평안방언. 소월 시에서 '쌓다'의 피동형 '쌓이다'는 '쌔우다'로 나타남.

쌔하얏케(「오시는눈」 −1) : 새하얗게. 매우 하얗게. '쌔'는 '새'의 센말.

쎄이고(「무신」 −1) : 써이고. 기본형은 '써다'임. (밀물이) 밀려나가 줄어들고 (괸 물이) 새어서 줄어들고 귀조(歸潮). 퇴조(退潮). 조수(潮水) 현상으로 물이 들어듦. 조수는 달의 인력에 의하여 일정한 시간을 두고 주기적으로 바다면의 높이가 낮아졌다 높아졌다 하는 현상.

쏘다쳐나리는(「열락」 −1) : 쏟아 치듯이(붓듯이) 내리는 (비).

쏘라냅니다(「달밤」 −2) : 쏠아냅니다. 잘게 물어뜯거나 끊어 바수다.

쓸아 린(「가을아츰에」 −1) : 쓸아린. 쓰라린 (가슴).

씨달핀(「달밤」 −2) : 시달린. 성가심이나 괴로움을 받은.

씨름(「푸른밤창쌀*」 −2) : 시름. 근심.

씩어리는(「찬저녁」 −1) : 씨근거리는. '시근거리다'의 센말.

아

아니도(「자나깨나」 −1) : '아니'와 '도'의 결합형. '도'는 강조를 나타내는 특수조사.

아니라우(「의와 정의심」 −2) : 아니라오.

아득이노라(「어려듯고 자라」 −2) : 어찌해야 좋을지 막막한.

아래선(「둥근해」 −2) : 아래서는. 아래에서는.

아른대여라(「분얼골」 −1) : 아른거리어라. 눈앞에서 왔다 갔다 하다.

아무런줄도(「봄밤」, -1) : 아무런 까닭도

아수여움(「생의감격」, -2) : 아쉬움.

아슴푸러한(「상쾌한아츰」, -2) : 어둑하고 희미한 빛, 혹은 뚜렷하지 않고 희미한 사물의 모습 / 형체(形體).

아우래비(「접동새」, -1) : 아홉 오래버니.

아주나(「눈물이 쉬르르」, -1) : '아주'와 '-나'의 결합형.

아주바다(「산우혜」, -1) : '아주'와 '바다'의 결합어. 다양한 의미를 불러일으키는 소월식의 조어. '아주 먼 바다' 정도의 의미.

안노(「거친풀허트러」, -2) : 않느냐.

안득입니다(「산우혜」, -1) : 아득합니다.

안젓스랴면(「등불과마조」, -2) : 앉아 있으려고 하면.

안죽(「인종」, -2) : 아직.

안해여(「부부」, -1) : 아내여. 마누라여.

않노라심은(「개여울」, -1) : '않노라'와 '하심은'의 융합형.

압히는(「가을」, -1) : 아프게 하는.

애끈친(「물마름」, -1) : 애가 끊긴. 애가 없어진. '애(哀)'와 '그치다'의 결합형.

애스러라(「구름」, -1) : 가엽구나. '애(哀)'와 '-스럽다'의 결합형.

애쓴다고는(「사노라면 사람」, -1) : 애쓴다고(는).

애틋한(「몹쓸꿈」, -1) : 애틋한. 애가 타는 듯 한. 아쉽고 은근하고 안타깝다.

액(厄)막이(「묵념」, -1) : 앞으로 닥칠 액운(厄運)을 미리 막는 일.

야(夜)밤중(中)(「그를꿈꾼밤」, -1) : 한밤중.

야말로(「고락」, -2) : 그야말로. 이야말로. 첫 글자를 생략한 것.

야삼경(夜三更)(「접동새」, -1) : 한밤중. '야(夜)'와 '삼경(三更)'의 결합형. '삼경'은 밤 11부터 새벽 1시까지임.

야속히도(「무신」, -1) : 야속하게도

야저시(「꿈으로오는」, -1) : 의젓하게. '의젓이'의 작은 말.

약산(藥山)(「진달내꼿」, -1) : 평안북도 영변 서쪽에 있는 산. 관서팔경(關西八景)의 하나인 약산동대(藥山東臺)가 있음. 옛날부터 진달래가 유명함.

얄망구즌(「성색」, -2) : 얄망궂은. 야릇하고 짓궂은.

양자(樣姿)(「그리워」, -1) : 모습. 모양.

어그점인들(「부부」, -1) : 어긋난 것인들.

어내곳고(「사계월」, -2) : 어느 곳인가. 의문형 어미 '-고'는 설명의문문에 사용됨.

어느덧(「고향」, -2) : 어느덧.

어득어득(「하다못해 죽어」, -1) : 어둑어둑.

어렵은(「어려듯고」 -2) : 어렵은. 어려운.

어렷하기도(「공원의밤」 -2) : 흐릿하기도. 명확하지 않고 침침한.

어룰업시(「봄비」 -1) : 얼굴 없이. '어룰'은 '얼굴'과 대응하는 평안방언. 전후 문맥
상 '덧없이' 또는 '속절없이' 정도의 의미해석이 가능함.

어린버레(「녀름의달밤」 -1) : 어린 벌레.

어린엄(「상쾌한아츰」 -2) : 어린 움. 새싹.

어벼이(「인종」 -2) : 어버이.

어스렷합니다(「서울밤」 -1) : (빛이) 밝지 않고 희미합니다. (불빛이) 어스레하다. 빛
이 어둑어둑하다.

어스름(「여수」 -1) : 새벽이나 저녁의 어스레한 빛.

어우러져(「여자의냄새」 -1) : 어우러져. 한 덩어리가 되어.

어울만이오(「져녁」 -2) : (큰 둔덕과 작은 둔덕이 어울린) 만(灣)이오. '만'은 육지로
깊숙이 휘어져 굽어진 바다의 부분임. 휘어 굽어진 해안선에 둘린 바다 수역(水域).

어이(「제비 2」 -2) : 어미. 원래는 부모를 지칭함.

어이는(「벗마을」 -2) : 에이는. 칼로 벤 듯이 쓰리고 아픈.

어즈리는(「여자의냄새」 -1) : 어지럽히는.

어쩨면(「못니저」 -1) : 어찌하면.

어쩨타(「니젓든맘」 -1) : '어쩨'에 '-타'가 결합하여 의미를 강조한 형태.

얼결(「남의나라땅」 -1) : 엉겁결. 갑자기. 일띨결에.

얼는이는(「비난수하는」 -1) : 어른대는. 어른거리는. 소월시에서 '-거리다'·'-대
다'가 '-이다'로 교체된 경우가 많음.

얼른(「오일밤산보」 -2) : 어른거리는. 어른대는 (달빛).

얼신얼신(「봄과 봄밤과」 -2) : 얼씬얼씬. 눈앞에 물체가 어른거리는 모양.

얼업시(「흘러가는 물」 -2) : 일없이(?). 넋을 잃고(?). 멍하니(?).

엄남기(「고락」 -2) : '엄나무'의 주격형태. 음나무. 두릅나무과의 낙엽 교목. 자동(刺
桐). 해동(海桐).

엄서(「야의 우적」 -2) : 업서. 없어.

업드러친(「어려듯고 자라」 -2) : 엎어져버린. 엎어버린.

엇듬가는(「춘향과이도령」 -1) : 으뜸가는.

엇저녁(「닭은 꼬꾸요」 -1) : '어제 저녁'의 준말.

엇지면(「바라건대는」 -1) : 어찌하면.

엉긔한(「찬저녁」 -1) : 엉기한. (질서 없이) 듬성듬성 여기저기 널려 있는.

엉머구리(「저녁때」 -1) : 맹꽁이.

에도는(「소소소무덤」 -2) : 에도는. 곧장 가지 않고 빙 도는. 근처에서 이리저리 빙

빙 돌아다니는. 회(廻). "에도디 말고[休廻避]"(『老解』下, 42).

엘화(「단장(1)」−2) : 에루화. 감탄사.

여드래 스무날(「왕십리」−1) : 스무 여드레 날. 28일. '스무'와 '여드레'의 도치.

여보우(「자전거」−2) : 여보오. 여보시오

여울턱(「나의집」−1) : 여울목. 여울물의 턱진 곳. 물살이 세게 흐르는 곳이 여울임. 천탄(淺灘).

여튼인새(「춘강」−2) : 옅은 꽃가루(꿀).

연(連)다라(「가는길」−1) : 연이어. 계속해서 이어지는.

연광(年光)(「부귀공명」−1) : 세월. 광음(光陰).

연분(緣分)의 긴 실(「부부」−1) : 남녀, 또는 사람들 사이에서 맺어지는 깊은 인간관계. 하늘이 베푼 인연. 전설상의 노인인 월하노인(月下老人)이 남녀의 인연을 맺어주는 실. 월하빙인(月下氷人).

연지(臙脂)(「사계월」−2) : 잇꽃의 꽃잎에서 뽑아 만든 붉은 빛 물감. 여자들이 단장할 때 입술, 뺨, 미간 등에 바름.

열락(悅樂)(「열락」−1) : 기뻐하고 즐거워함.

염그는(「무슴탓에*」−2) : 여무는.

영(嶺)(「두사람」−1) : 재. 산고개.

영명사(永明寺)(「대수풀노래」−2) : 평양 금수산(錦繡山)에 있는 절.

영변(寧邊)(「진달내꼿」−1) : 평안북도 영변군의 면.

영창(映窓/暎窓)(「애모」−1) : 방과 마루 사이에 낸 두 쪽의 미닫이 창.

예(「물마름」−1) : 여기.

예는(「돈과밥과맘」−2) : 예는. 가는[去].

예대로(「무심」−1) : 예전대로.

옛낫(「옛낫」−1) : 옛 낯. 옛날의 얼굴. 지난 시절의 모습.

오과(午過)(「오과의읍」−2) : 오후(午後). 오하(午下).

오굴쇼굴한(「비오는 날」−2) : 좁은 장소에 (병아리가) 많이 모여 있는 모양.

오리나무(「산」−1) : 자작나뭇과의 낙엽 활엽 교목. 적양(赤楊).

오요(奧突)(「애모」−1) : 깊숙하고 가장 구석진 (곳). 원래 오(奧)는 방(方)의 서남쪽 모퉁이를, 요(突)는 방의 동남쪽 모퉁이를 뜻함.

오일(五日)밤(「오일밤산보」−2) : 오월(五月)밤.

오작교(烏鵲橋)(「춘향과이도령」−1) : 칠석날 견우와 직녀의 상봉(相逢)을 위해 까막까치가 놓은 다리. 남원 광한루 연못의 다리 이름.

오호(五湖)(「항전애창명쥬」−2) : 범여(范蠡)가 미인 서시를 데리고 속세를 벗어나 묻혀 살았던 호수.

오히려(「어려듯고 자라」 −1) : 오히려.

옥병(玉屛)(「사계월」 −2) : 옥으로 꾸민 아름다운 병풍.

온천함(「드리는노래」 −2 : 온 천하(?).

온체(「장간행」 −2) : 원체. 전혀. 온통.

왕십리(往十里)(「왕십리」 −1) : 서울시 성동구 하왕십리동과 행당동 일대. 예로부터
서울 동부 중심지의 하나였음.

외다(「술」 −1) : '오이다'의 준말.

외야지꽃(「대수풀노래」 −2) : 오얏꽃. 이화(李花).

외오는(「흣길」 −1) : 외우는.

외인(「봄못」 −2) : 외진. 인적이 뜸한.

요응연(繞凝軟)(「사계월」 −1) : 옅게 어리어 붙음.

용녀(龍女)(「애모」 −1) : 용왕의 딸.

우긋한(「녀름의달밤」 −1) : 우긋한.

우끼끼(「기원」 −2) : 웃기기(?). 우기기(?). 일본어(?).

우둑허니(「합장」 −1) : 우두커니.

우럴어(「신앙」 −2) : 우러러. 존경하여.

우명구멍(「전망」 −1) : 울퉁불퉁. 평탄하지 못한 모양. 고르지 않은 상태.

우무주러진(「희망」 −1) : 우(아)물어 줄어든. 움츠러들어 작아진.

우없으리(「절제」 −1) : 위[上]에 없으리. 그 이상 더 없을 것이니.

우적(雨滴)(「야의우적」 −2) : 빗방울.

울것다(「원앙침」 −1) : '울'과 '−것다'의 결합형.

울냐거든(「왕십리」 −1) : 울려고 하거든

울리움(「인간미」 −2) : 울림. '울리다'에 동명사 파생접사 '−ㅁ'이 결합된 형태.

울지는(「하다못해」 −1) : 울부짖는. 울며 눈물짓는.

웃득(「오일밤산보」 −1) : 우뚝.

웃지방(「빗」 −2) : 윗중방(中枋). 상인방(上引枋). 윗중방. 창이나 문짝의 상부에 가로
지르는 인방(引枋). 인방은 문짝의 아래위 틀과 평행되게 기둥과 기둥 사이에 문이
나 창을 사이로 위아래에 가로지르는 나무.

원마다(「세모감」 −2) : 원마다. 술집마다. 기생집마다.

원앙침(鴛鴦枕)(「원앙침」 −1) : 원앙을 수놓은 베개.

월출동정(「항전애창명쥬」 −2) : 월출동정(月出洞庭). 동정호에 달이 올라옴.

위로와(「불탄자리」 −2) : 외로와.

위선(爲先)(「맘에잇는말」 −1) : 우선.

위아(「기원」 −2) : 위아(?). 뒤아(?).

유벽거(油璧車)(「소소소무덤」－2) : 유벽거는 벽면에 유칠(油漆)하고 비단으로 장식
하여 꾸민 부인이 타는 수레. 아름다운 여인 소소소(蘇小小)가 이 수레를 항상 타고
다녔음.

은대축(銀臺燭)(「은대촉」－2) : 은대에 놓인 촛불.

은(銀)봉채(「대수풀노래」－2) : 은비녀[釵].

음즉이며(「무덤」－1) : 움직이며.

읍월색(泣月色)(「사계월」－2) : 달빛 속에서 울다.

이룰(「벗과벗님의」－2) : 이 누리. 이 세상.

이르집네(「세모감」－2) : (오래된 일을) 들추어냄. 없는 일을 만들어 말썽을 일으킴.

이마즉(「합장」－1) : 아마직. 거리의 정도를 나타내는 '이만큼'의 약한 말인 '이마큼'.

이바루(「우리집」－1) : 이 근처. 일정한 정도의 거리나, 대략적인 거리의 정도를 지
칭하는 말.

이울어(「고락」－2) : 시들어. 조(凋).

이체조차(「오일밤산보」－2) : 이제조차.

이태삼년(三年)(「널」－1) : 삼년이 두 번. 여섯 해. 6년.

인(印)눌린(「가을」－2) : 도장 찍힌. 낙인찍힌. 답답하게 눌린 '마음'의 비유.

인생부득갱소년(人生不得 更少年)(「돈타령」－2) : 인생은 다시 소년이 되기 어려움.

인전(「푸른밤창쌀*」－2) : 이제는. 이제로부터는.

일곱별(「잠」－2) : 북두칠성(北斗七星).

일레요(「후살이」－1) : '일일래요'의 준말.

일로조차(「사노라면사람」－1) : 이것으로 조차 (그러면). 이것으로 비추어 본다면.

일리우는(「밧고랑우헤」－1) : 일렁거리는. (바람에) 움직이는.

일면서(「고만두 풀노래」－1) : 일어나면서.

일야중(一夜中)(「은대촉」－2) : 한밤중.

일히신(「녀름의달밤」－1) : 일하신.

입주렴(入珠簾)(「은대촉」－2) : 주렴에 들어감.

자

자갯돌(「기억」－2) : 납작납작한 작은 돌. 자갈. 조약돌.

자곡자곡(「나무리벌노래」－2) : 자국자국. 자욱자국. (발)자국 / 자욱.

자쥬(「자주구름」－1) : 짙은 남빛에 붉은 빛을 띤 색깔. 자주색. 자줏빛. 자주(紫朱).

자축(「마른강두덕」－1) : 자취.

자톄(「둥근해」－2) : 자체(自體).

잔즈르는(「고만두 풀노래」－2) : 잔지러지는. 가늘고 여리게 이어짐.

잦는(「바다」 -1) : 잦는. (물결이) 잠잠해지는. 가라앉는.

잦닐어(「바다까의밤」 -2) : (바다물결이) 잦아졌다가 다시 일어나는. 물결이 잇달아 잦고 일어나는 모습.

장별리(將別里)(「장별리」 -2) : 이별할(하는) 골(곳). 유명한 유흥 장소의 하나.

장본(張本)(「돈과바과맘」 -2) : 어떤 일이 크게 되는 근원.

장사(葬死)(「여자의냄새」 -1) : 장사(葬事). 죽은 사람을 묻거나 화장하는 일.

장산고지(「대수풀노래」 -2) : 장산곶. 황해도 장연군 반도 남쪽 에 위치한 뾰족한 땅.

재갈이든(「물마름」 -1) : 재깔대던. 재깔거리던. 재잘거리던.

잽시(「실제 1」 -1) : 날쌔게. 매우 빠르게

쟁쟁(錚錚)하신(「춘강」 -2) : 쨍쨍하신. 밝고 환하게 비추는 쨍쨍하게 비치는 (햇빛 / 인격).

쟈개(「불칭추평」 -2) : 조개껍질.

저물손(「바라건대는」 -1) : 저물 무렵.

저볏는(「기회」 -2) : 어떻게 하면 좋을지 몰라 주저주저하면서 멈칫거리는.

저어(「건강한 잠」 -2) : 저어하는. 조심하는. 두려워하는. 공(恐).

저저마다(「꽃촉불 켜는밤」 -2) : 저마다 각각. 사람마다 각각. 저희들 각각.

저즌(「삭주구성」 -1) : 젖은.

저푸고(「엄숙」 -1) : 저어하고. 두렵고 무섭고 '젛다'에 형용사 파생접사 '-ㅸ / 브 -'의 결합형.

적유령(狄踰嶺)(「옷과밥과자유」 -2) : 평안북도 희천(熙川)과 강계(江界) 사이에 있 는 고개를 말함. 이외에도 서울시 동소문 밖 정릉 신흥사 남쪽의 고개를 비롯하여 충청남도 공주시 동쪽에 있는 고개도 '적유령'으로 불림.

적이(「기억 1」 -1) : 적잖이. 얼마간. 적지 않게 (파릇함).

적적(寂寂)히 : 쓸쓸히. 조용하고 고요하게.

전유리(轉琉璃)(「함구」 -2) : 유리 보석에 구르는. '유리'는 야청빛 나는 보석. '아름 다운 빗소리'의 비유.

점도록(「가는봄삼월」 -2) : 저믈도록.

접동새(「접동새」 -1) : 두견새. 소쩍새. 두견이과에 속한 새. 뻐꾸기와 비슷하나 훨 씬 작음. 귀촉도(歸蜀道). 자규(子規). 두견(杜鵑). 시조(時鳥).

정주곽산(定州郭山)(「길」 -1) : 정주와 곽산. 곽산군은 1914년 행정구역 개편에 따라 정주군에 통합됨. 정주군 곽산면.

정주성(定州城)(「물마름」 -1) : 평안북도 남서해안에 위치한 정주군 내의 성(城). 1881년(순조 11년) 12월 2천여 병력을 동원하여 평서대원수(平西大元帥)를 자칭하 며 난을 일으켰던 홍경래가 정주성에서 최후를 마침.

정중(庭中)(「사계월」―2) : 마당 가운데.

정코(「의와 정의심」―2) : 정녕. 진정으로.

제각금(「맘에잇는말」―1) : 제 각기(各其). 저마다 각각. 사람마다 각각.

제로라고(「돈타령」―2) : 저 이로라고 자기이라고

제물포(濟物浦)(「밤」―1) : 제물(濟物)의 포구(浦口). 원래 '제물'은 인천의 옛 이름임.

제석산(啼釋山)(「나는 세상모르고」―1) : 제석산(帝釋山). 높이 218m의 잔구(殘丘)로 정주평야에 있는 작은 산.

제이 엠 에쓰(「제이 엠 에쓰」―2) : 제이 엠 에스(JMS). 고당(古堂) 조만식(曺晩植)의 영문(英文) 이름 첫 글자.

제이십년(十年)(「후살이」―1) : 이제 십년.

조미조미하기도(「해 넘어 가기전」―2) : 조마조마하기도

조수(潮水)(「붉은조수」―1) : 달의 인력(引力)에 의해 바다물의 높이가 주기적으로 낮아졌다가 높아졌다가 하는 현상. 아침에 밀려들었다가 나가는 바닷물. 해조(海潮).

조악돌(「마른강두덕」―1) : 조약돌. 평북방언.

조요(照耀)(「묵념」―1) : 빛이 밝게 비침.

좀(「항전애창명쥬」―2) : 작은 벌레.

좀(「해넘어 가기전」―2) : 조금.

좃니는(「바다」―1) : 쫓아다니는.

종적(蹤跡)(「꿈자리」―2) : 뒤에 남는 자취나 모습.

죠히(「첫눈」―2) : 조용히. '조용히'에 대응하는 함북방언 '죵히'가 있음. 시어의 다의성을 고려한다면 '좋게'·'깨끗이' 정도의 의미도 가능함.

죵경소래(「오는봄」―1) : 종경(鐘磬) 소리.

죽어업서젼(「단장(2)」―2) : 죽어업서진. 죽어 없어진.

죽울것가(「절제」―2) : 죽을 것인가. 의문형 어미 '―가'는 판정의문문에 사용됨.

즐겁어도(「인종」―2) : 즐거워도

줄도업시(「봄밤」―1) : 까닭도 없이.

중그마리(「이요」―2) : 미꾸라지.

쥭지(「님의말슴」―1) : 죽지. 날개.

즈려밟고(「진달내꼿」―1) : 지르밟고. 지그시 눌러 밟다.

즌퍼리(「고만두 풀노래」―2) : 진펄. 진창으로 된 벌.

증북(「성색」―2) : 징과 북.

지연(紙鳶)(「지연」―1) : 종이 연. 종이에 대가지를 붙여 실로 꿰어 공중에 날리는 장난감. 풍연(風鳶). 풍쟁(風箏).

진두강(津頭江)(「접동새」―1) : '진두'와 '강(江)'의 합성어(?). '진두(津頭)'는 '나루'를

뜻함. 평북 박천의 '진두강'(?).

집난이(「첫치마」, -1) : 시집간 여자. 출가녀(出嫁女).

짓까불든(「불탄자리」, -2) : 마냥 까불던.

째째시(「벗과벗의녯님」, -2) : 뚜렷이(?).

쪽하면(「돈과밤과맘」, -2) : 쩍하면. 번쩍하면. '번쩍하다'의 준말.

찌었지마는(「님의말슴」, -1) : (물이) 말라서 줄어들었지만.

차

차라로(「생과돈과사」, -2) : 차라리.

차라지면서(「꿈으로오는」, -1) : (나이가) 차면서. (나이가) 들게 되면서.

차부업는(「흘러가는 물」, -1) : 채비 없는. 준비 없는. '차부'와 '-없는'의 결합형. 갖추어 차림이 없는. 갖추어 차리는 준비가 없는.

차차차자(「춘향과이도령」, -1) : 차자차자. 찾아 찾아.

창파(滄波)(「집생각」, -1) : (큰 바다의) 푸른 물결.

천금산진(千金散盡)(「돈타령」, -2) : 천금이 흩어짐. 많은 돈이나 재물이 없어짐.

천애일방(天涯一方)(「고향」, -2) : 하늘 끝의 한 귀퉁이.

천함(「드리는 노래」, -2) : 천하(?).

청(靑)가시(「한식」, -2) : 팥배나무. 능금나무과에 딸린 큰키나무. 높이 약 10m. 가지는 붉으스레한 흑갈색에 회백색의 섬이 있으며 잎은 서의 달걀 모양, 또는 길고 둥근 모양이고 끝이 뾰족하며 어긋맞게 나고 굵은 톱니가 있음. 4~5월에 흰 꽃이 방상 꽃차례로 피고, 이과(梨果)는 10월에 익으며 열매는 식용임. 산지에 저절로 나는데, 열매는 먹을 수 있음. 우리나라·일본·만주 등에 분포함. 당리(棠梨).26)

청(靑)노새(「강촌」, -1) : 푸른빛을 띤 노새.

청(靑)풀판(「오일밤산보」, -2) : 청(靑)풀밭. 푸른 풀밭.

청령(蜻蛉)(「거츤풀허트러진」, -2) : 잠자리.

청삼(靑衫)(「은대촉」, -2) : 남빛 도포.

체지(體地)(「해 넘어 가기전」, -2) : 체지(體肢[枝]).

쳐권(「돈타령」, -2) : 처권(妻眷).

---

26) '청가시나무'나 '해당화'로 잘못 해석한 경우가 있음. 청가시나무는 청미래과에 딸린 갈잎 덩굴나무. 줄기에 가는 가시가 있으며 잎은 알 모양에 그물맥이 뚜렷하고, 잎겨드랑이의 턱잎은 덩굴손으로 변함. 꽃은 초여름에 산형 꽃차례로 핌.
　해당화(海棠花)는 장미과에 딸린 갈잎 떨기나무. 가시가 많으며 잎은 깃꼴겹잎이고 7~9개의 작은 잎은 길고 둥근 모양에 톱니가 있고 잎 뒤에 선점(腺點)과 잔털이 났음. 5월에 짙은 홍색의 다섯 잎 꽃이 가지 끝에 핌.

첩첩(「산수갑산」 −2) : 첩첩(疊疊). 겹겹.

청맹간이(「깁웁이나앞을*」 −2) : 청맹(靑盲)과니. 겉보기에 눈동자가 멀쩡하나 앞을 보지 못하는 사람.

청하눌(「안해몸」 −1) : 푸른 하늘. 청천(靑天).

초산(楚山)(「옷과밥과자유」 −2) : 평안북도 중앙에 위치한 군.

초파일(「널」 −1) : 초파일. 본음은 '초팔일'. 불교에서는 '팔일(八日)'을 '파일'이라고 함.

초혼(招魂)(「초혼」 −1) : 죽은 사람의 넋을 부르는 의식.

촉도지난(蜀道之難)(「삼수갑산운」 −2) : 험난한 세상살이. 촉도는 중국 사천성으로 통하는 길고 험난한 잔도(棧道). 이백(李白 : 701~762)의 "촉도지난 / 난어상청천(蜀道之難 / 難於上靑天)" (蜀道難)의 한 구절.

추회(追悔)(「추회」 −1) : 지난 뒤에 후회함.

축겨써도(「성색」 −2) : 추어올려 덮어도 머리까지 덮어도 (이불을) 머리까지 끌어 올려 덮음.

축업은(「님에게」 −1) : 축축한.

춘채(春荣)(「춘채사」 −2) : 봄채소

춘향(春香)과 이도령(李道令)(「춘향과이도령」 −1) : 판소리 「춘향가」에 나오는 주동 인물. 서로 사랑하는 연인관계.

츠렁츠렁(「나무리벌노래」 −2) : 치렁치렁.

츰즛한(「불탄자리」 −2) : 드문드문 있는. 성깃한.

치다라(「하눌꿋」 −1) : 치달아. 힘차게 냅다 달리다.

카

켱기는(「맘켱기는날」 −1) : (마음이) 켕기는.

타

타발켓나요(「고락」 −2) : 타박했나요. (마음속으로) 원망하여 두덜대다. '타발'은 '타박'의 평북방언.

탁목조(啄木鳥)(「열락」 −1) : 딱따구리. 삼림지대에 살며 암수가 다른 빛깔임. 부리가 송곳처럼 날카롭고 뾰족함. 나무를 쪼아 구멍을 내고, 그 속의 벌레를 잡아먹는 익조(益鳥).

탄탄대로(坦坦大路)(「고락」 −2) : 평평하고 큰 길.

태와(「개여울의노래」 −1) : 태워.

터서랴(「수아」 −1) : (새 싹이) 트는구나.

터야 아니랴(「마른강두덕」 −1) : 터가 아니겠는가.

터올(「불탄자리」−2) : (먼동이) 터오는.

터진개(「무심」−1) : 소월이 살던 부근의 개여울. '터진'과 '개(여울)'의 합성어.

테니쓰(「기원」−2) : 테니스(tennis).

파

파는(「깁움이나앞음*」−2) : (가슴을) 파헤치는.

파린(「춘강」−2) : 여윈. 마른 (연못).

퍼르스럿한(「찬저녁」−1) : 파르스름한.

퍼르죽죽한(「실제 2」−1) : 푸르스름한 빛이 도는 (불길).

퍼스럿한(「가을아츰에」−1) : 푸르스름한. '퍼[青]'에 접사 '−스려'가 붙은 말.

포스그니(「님의 노래」−1) : 포근히. 편안하게.

폽풀라(「마음에서오늘날*」−1) : 포플라(poplar). 미류(美柳)나무.

푸러도지면(「깁움이나앞음*」−1) : 푸러지면. (몸이) 풀어도 지면.

푸른말빗치(「녀름의달밤」−1) : 푸른달빗치. 푸른 달빛이.

풀대(「녀름의달밤」−1) : 풀줄기.

풀무(「술」−2) : 불을 피울 때 바람을 일으키는 도구. 골풀무와 손풀무가 있음. 야로(冶爐). 풍상(風箱).

풀엄(「건강한잠」−2) : 풀의 움. 풀의 싹. '풀'과 '엄'의 합성어.

품겨나(「봄못」−2) : 뿜겨나.

풍설(風說)(「고적한날」−2) : 떠도는 말.

풍채(風采)(「제에 엠 에스」−2) : 보기 좋은 / 빛나는 사람의 겉모습. 풍신(風神). 풍의(風儀). 풍자(風姿). 풍표(風標).

하(「비소리」−2) : 감탄사. 기쁨·상탄(賞嘆)·슬픔·걱정·노여움·한탄 등의 감정을 가볍게 나타내는 소리. 하(몰라라).

하

하갓네(「단장(2)」−2) : 하것네. (시키는 대로) 하겠네.

하나이(「자나깨나」−1) : 하나가. 소월시에서 주격조사 '가'를 대신하여 '이'가 사용되는 경우가 많은데, 이것은 평북방언의 형태론적 특징임.

하느편(便)(「합장」−1) : 하늬쪽. 서쪽.

하도(「눈물이 쉬루르」−1) : 부사 '하'의 강조 말. (원인을 나타내는 경우나 의문문 등에서) '많이' '크게' 등을 의미함, 하도 (그리워).

하마(「인종」−2) : 이미. 벌써.

하올(「기원」−2) : 타월(towel). (세수) 수건.

하욤업시(「담배」−1): 하염없이.

하우(「자전거」−2): 하오.

한긋(「못니저」−1): 한편.

한길갓치(「훗길」−1): 한결같이.

한긋(「맘에속읫사람」−2): 한껏. 마음껏

한다락(「관작루에올나」−2): 한 다락. 누의 한 층을 오름[상일층루(上一層樓)].

한바다르(「산우혜」−1): 한바다로. (넓고) 큰 바다로.

한숏이(「기분전환」−2): 한 소디. 일의 진도가 거의 한계나 한량(限量)에 다다른 정도를 나타내는 말.

한아(「죽으면?」−2): 하내[一].

한평생(限平生)(「부부」−1): 일평생.

할터운(「불탄자리」−2): 얇은.

함빡히(「꿈꾼그옛날」−1): 넉넉히. 충분히. '흠뻑'의 작은 말.

합태돈(「의와정의심」−2): '작록(爵祿)'의 비유.

해(海)까(「바다까의밤」−2): 바닷가. 해변(海邊).

해거멍(「절제」−2): 해 저물녘의 어둠(어둔 빛).

해적여라(「합장」−1): 헤적여라. 헤적거려라.

해적해적(「풀따기」−1): 해작해작. 물이 찰랑거리며 잔잔하게 움직이는 모양. '헤적헤적'의 작은말.

해족이(「성색」−2): 해죽이. 만족한 듯이 귀엽게 슬쩍 웃는 모양.

해족이는(「봄바람」−2): 해죽이는.

햇듯햇듯(「봄과 봄밤」−2): 해뜩해뜩. 흰 빛깔이 군데군데 뒤섞인. '비 줄기가 내리는 모습 / 모양'의 비유.

향그르는(「니블」−2): 향기로운.

향로(香爐)(「서름의덩이」−1): 향을 피우는 조그마한 화로. 향정(香鼎). 훈로(薰爐).

향안(香案)(「집생각」−1): 향로를 바치는 상.

향탑(香榻)(「집생각」−1): 향합(香盒). 향을 담는 합. 향을 담는 그릇.

허겁픈(「생과돈과사」−2): 허전하고 어이없는. 마음이 빈 듯 튼실하지 못한.

허수한(「자나깨나」−1): 공허하고 서운한.

허주한(「제이 엠 에쓰」−2): 허줄한. 초라하고 남루한 (차림새).

헐한갑스로(「맘에잇는말」−1): 헐한 값으로. 싼 값으로.

험(險)구진(「야의우적」−2): 험악하고 궁벽진.

헤날(「야의우적」−2): 헤어날. 벗어날 (길).

헤내는(「무덤」−1): 헤어나게 하는. 벗어나게 하는.

헴친다(「둥근해」−2): 헤엄친다.

호단(孤單)(「꿈자리」−2): 고단(孤單).

호젓한(「분얼골」−1): 호젓한. 고요하고 쓸쓸한.

호쥬군한(「바다까의밤」−2): 호졸근한. 후줄근한. 풀기가 빠져서 초라한.

홍릉(洪陵)(「불칭추평」−2): 경기도 남양주군 미금시 금곡(金谷)에 있는 고종 황제
와 명성왕후 민씨의 능. '홍릉에'는 '홍릉의'를 뜻함. 소월시에서 처소격 '에'가 소
유격 '의'의 기능을 대신하는 경우가 있음.

홍문(紅門)(「여수」−1): '홍살문'의 준말. 능(陵)·원(園)·묘(廟)·궁전(宮殿) 등의
정면에 세웠던 붉은 색칠을 한 문. 지붕 없이 둥근 기둥 두 개를 세우고 붉은 살을
박은 문.

화전(火田)망정(「고락」−2): 화전일망정. 화전이라도

환고향(還故鄕)(「집생각」−1): '금의환향(錦衣還鄕)'을 풀어 쓴 말. 성공하여 고향에
돌아옴.

환연(煥然)한(「애모」−1): 한 점의 의혹도 없이 맑은.

황촉(黃燭)불(「황촉불」−1): 밀초 불. 밀랍으로 만든 초에 켜진 불.

홰치는(「꿈으로오는」−1): (닭이나 새가) 날개를 탁탁치는 (소리).

회친회친(「봄과 봄밤과」−2): 꼿꼿하지 못하고 맥없이 휘어지면서 한들거리는 모양.

효성(曉星)(「은대촉」−2): 샛별. 새벽에 동녘 하늘에 반짝거리는 금성(金星). 계명성
(啓明星). 명성(明星). 신성(晨省).

후(後)살이(「후살이」−1): 다시 시집가서 사는 것. 개가(改嫁). 후가(後嫁). 재가(再嫁).

후닥닥(「자전거」−2): 후다닥. 빨리. 잽싸게.

후정화(後庭花)(「회진에배를」−2): 악부청상곡(樂府淸商曲). 오성가곡명(吳聲歌曲名).
조선 시대 가곡의 하나로 불리기도 했음.

홋길(「홋길」−1): 후(後)길. 미래의 기대나 희망.

휘들니(「낭인의봄」−2): 휘들닌. 휘어 들어간.

흐드겨(「서울밤」−1): 흐느껴. 흐느끼어.

흐릅디다려(「가는길」−1): '흐릅디다'와 '그려'의 융합형. 소월식의 어법.

흘늣겨(「열락」−1): 흐느껴(?).

흘레(「눈물이 쉬루르」−2): 흘러. 흐르는 (눈물).

흥정일(「무신」−1): 흥정하는 일. 장사하는.

희그무려히(「반달」−1): 희끄무레히. 희끄무레하게.

희멀끔하여(「반달」−1): 희고 멀끔하여.

희미(稀微)(「녀름의달밤」−1): 또렷하지 못하고 어렴풋한. 희미한 (여름밤 하늘).

희미(憙微)(「은대촉」−2): 희미(稀微).

희젓이(「죽리관」-2) : 희게.

기타
「緣ノ切目ハ命ノ切目」(「단장(2)」-2) : 인연이 다하면 목숨도 끊어짐. 당시 신문 기사 제목.
「オレハ河原——枯ススキ」(「인종」-2) : 이 몸은 강기슭의 마른 갈대. 당시 불리던 대중가요 〈船頭小唄〉의 한 구절.

결정본 중심으로 낱말풀이를 했다. 정본확정 작업의 지연으로 어절색인이 완벽하지 못하다. 소월스타일의 어휘나 정주방언/평북방언의 주석 작업에서 미진한 부분이 있다. 기회가 주어지는 대로 보강할 계획이다.